高职经管类精品教材

会计学

第 2 版

主　编　张灵军　叶　武

编写人员（以姓氏笔画为序）

　　　　叶　武　李飞凤　张文芹
　　　　张灵军　汪允文

中国科学技术大学出版社

内 容 简 介

本教材以我国现行会计准则为依据,讲述会计学的基本概念、基本方法和基本原则。第一部分是会计学原理,主要介绍会计的基本原理,使读者掌握会计的基本理论、基本方法和基本技能。第二部分是财务会计,主要是介绍会计要素的确认、计量的原则和方法以及会计实务操作。第三部分是财务会计报告的列报与分析,主要是介绍会计报表的编制与基本的报表分析方法。本书内容丰富,体系合理,便于灵活组合。本教材针对非会计学专业学生的需求,在编写时注重讲解会计的基本原理、会计处理中各种政策与方法的选择,不求细而全,只求少而精。本教材适用于高等职业院校非会计专业教学,也可用于自学。

图书在版编目(CIP)数据

会计学/张灵军,叶武主编. — 2版. — 合肥:中国科学技术大学出版社,2016.8
ISBN 978-7-312-04023-8

Ⅰ. 会… Ⅱ. ①张… ②叶… Ⅲ. 会计学 Ⅳ. F230

中国版本图书馆 CIP 数据核字(2016)第 185530 号

出版　中国科学技术大学出版社
　　　安徽省合肥市金寨路 96 号,230026
　　　网址:http://press.ustc.edu.cn
印刷　安徽省瑞隆印务有限公司
发行　中国科学技术大学出版社
经销　全国新华书店
开本　787 mm×1092 mm　1/16
印张　13.5
字数　337 千
版次　2011 年 8 月第 1 版　2016 年 8 月第 2 版
印次　2016 年 8 月第 2 次印刷
定价　30.00 元

第 2 版前言

高职高专教育是我国高等教育的组成部分,承担着培养高素质技术、技能型人才的重任。随着高职高专教育的发展和人才需求的变化,社会对高职高专教育人才培养提出了新的要求。要加快高职高专教育改革和发展的步伐,就必须对课程体系和教学模式等问题进行探索和创新。而教材是体现教学内容和教学要求的知识载体,是进行教学的基本工具。教材的建设和改革对于人才培养起着至关重要的基础性作用,高质量的教材是培养高素质人才的保证。为了进一步培养高素质专门人才,实现高等职业教育培养目标,我们按照非会计专业的学生对会计知识的需求,编写了本书。主要目的就是为了让非会计专业学生通过这门课程的学习,概括地了解和掌握会计信息的生成及简单的账务处理,认识会计在市场经济及企业经营发展中的作用,并逐渐对会计形成完整的认识,使他们在今后的各项工作中能够理解会计信息、掌握会计信息、使用会计信息。

2014 年财政部对部分会计准则进行了修订并新发布了三个会计准则,2015 年 5 月全面实现了营业税改为增值税,为适应新情况,满足高职人才培养模式和非会计专业学生对会计知识的需求,我们有针对性地对《会计学》(中国科学技术大学出版社 2011 版)教材进行了修订。本次修订的内容主要有:

(1) 对第 1 版中有关内容、编辑、排版等方面存在的纰漏和差错进行订正。通过修订,力求做到概念准确、表述正确、数字精确。

(2) 与时俱进,针对非会计专业学生的需求,对有关章节的教材内容和条目顺序进行调整、充实、更改甚至重写。通过修改,使本教材内容与最新会计准则及相关政策相吻合。

(3) 对有关章节的例题、习题及复习思考题进行了更新。通过更新,力求达到资料翻新、个案全新、思考创新,符合非会计专业学生学习会计知识的要求。

本次修订的目的在于进一步强调会计基本原理、知识、方法,强调会计资料的分析理解。

本次修订工作由张灵军主持,叶武、汪允文、张文芹、李飞凤参与讨论与修订。

本书由淮南联合大学的张灵军与安徽水利水电职业技术学院的叶武担任主编。参加本书编写工作的还有安徽水利水电职业技术学院的汪允文、淮南联合大学的张文芹和李飞凤。具体编写分工如下:汪允文编写第一章、第五章;叶武编写第二章;张灵军编写第三章;张文芹编写第四章、第六章;李飞凤编写第七章。本书是淮南联合大学省级会计特色专业(2013tszy)阶段性成果。

本书在编写过程中得到了淮南联合大学各校领导和系部老师的支持和帮助,谨在此表示衷心的感谢。同时,本书在编写过程中参考了国内外公开出版的有关教材,借鉴了许多专家、学者的相关论著和研究成果,在此表示诚挚的感谢!由于撰稿、定稿时间仓促,编者学识水平有限,书中难免有不当甚至错误之处,恳请各专家学者和广大读者批评指正。

编 者

2016 年 5 月

第2版前言

前　言

高职高专教育是我国高等教育的重要组成部分,承担着培养高素质技术、技能型人才的重任。随着高职高专教育的发展和人才需求的变化,社会对高职高专人才培养提出了新的要求。要加快高职高专教育改革和发展的步伐,就必须对课程体系和教学模式进行探索创新。教材是体现教学内容和教学要求的知识载体,是进行教学的基本工具,教材的建设和改革在教学创新中起着至关重要的作用,高质量的教材是培养高素质人才的保证。为了进一步培养高素质专门人才,实现高等职业教育培养目标,我们按照财政部2006年2月颁布的《企业会计准则》编写了本书。

编写本书的主要目的就是让非会计专业学生通过这门课程的学习,了解和掌握会计信息的生成及简单的账务处理,认识会计在市场经济及企业经营发展中的作用,逐渐对会计形成完整的认识,使他们在今后的各项工作中理解会计信息、掌握会计信息、使用会计信息。

"会计学"课程既不能过分强调实践,也不能只侧重理论教学,而应该科学、合理地把理论与实践结合起来,在理论教学的同时,进行合理有效的技能训练。为此,我们在编写时充分考虑以上指导思想,力求体现以下特色:

第一,在编写内容上力求创新,突出创造性。随着会计理论的不断发展,会计内容在不断丰富,我们根据会计理论和会计实务的最新发展,按照《企业会计准则》等会计规范,结合非会计专业学生的实际情况,遵循"由浅入深、循序渐进"的原则,精心安排了各章节的结构,做到通俗易懂,便于掌握。

第二,在知识覆盖上力求全面,突出系统性。本书涵盖了会计学基础、财务会计和财务报表分析中的最基础知识,简明扼要地介绍了会计的基本概念、核算方法及相关知识,同时阐明会计基本方法的应用,不仅能引导非会计专业的学生很快入门,而且能帮助其了解会计在经济工作和日常生活中的意义和重要性。

第三,在能力培养上力求实际,突出实用性。本书注重理论教学与技能教学的结合,每章设有"复习思考题""实训题"等内容,可以启发和培养学生的理解分析能力,训练学生的动手和操作能力。希望学生能够理论联系实际,对各章的会计方法及理论基础知识有深入的理解。

本书由淮南联合大学张灵军与安徽水利水电职业技术学院叶武担任主编。参加本书编写工作的还有安徽水利水电职业技术学院的汪允文、淮南联合大学的张文芹、淮南联合大学的李飞凤。具体编写分工如下:汪允文编写第一章、第五章,叶武编写第二章,张灵军编写第三章,张文芹编写第四章、第六章,李飞凤编写第七章。本书是淮南联合大学省级会计特色专业(2013tszy)阶段性成果。

编　者

目 录

CONTENTS

第 2 版前言 ……………………………………………………………………………… (i)
前言 ……………………………………………………………………………………… (iii)

第一部分　会计基础理论篇

第一章　会计概述 …………………………………………………………………… (3)
第一节　会计的涵义和职能 …………………………………………………… (3)
第二节　会计对象和会计方法 ………………………………………………… (5)
第三节　会计要素和会计恒等式 ……………………………………………… (8)
第四节　会计核算的前提和会计信息质量要求 ……………………………… (11)
第五节　会计核算基础和会计计量属性 ……………………………………… (16)

第二章　会计信息的生成 …………………………………………………………… (20)
第一节　会计科目、账户和复式记账法 ……………………………………… (21)
第二节　会计凭证 ……………………………………………………………… (33)
第三节　会计账簿 ……………………………………………………………… (46)
第四节　财产清查 ……………………………………………………………… (58)
第五节　财务会计报告 ………………………………………………………… (65)

第二部分　会计要素篇

第三章　资产 ………………………………………………………………………… (75)
第一节　货币资金和应收款项 ………………………………………………… (75)

第二节　对外投资 ·· （89）
　　第三节　存货 ·· （96）
　　第四节　固定资产 ·· （108）
　　第五节　无形资产 ·· （117）

第四章　负债 ·· （130）
　　第一节　流动负债 ·· （130）
　　第二节　非流动负债 ··· （140）

第五章　所有者权益 ·· （146）
　　第一节　实收资本 ·· （146）
　　第二节　资本公积 ·· （149）
　　第三节　留存收益 ·· （151）

第六章　收入、费用、利润 ··· （157）
　　第一节　收入 ·· （157）
　　第二节　费用 ·· （161）
　　第三节　利润及利润分配 ··· （166）

第三部分　财务报表分析篇

第七章　财务报表及分析 ·· （177）
　　第一节　财务报表 ·· （177）
　　第二节　财务报告分析 ·· （188）

参考文献 ·· （208）

第一部分 会计基础理论篇

第一部分　会计基础理论篇

第一章 会计概述

> **学习目标**
>
> 了解会计的产生和发展；
> 掌握会计的定义、基本职能；
> 掌握会计要素的含义、内容；
> 理解会计核算的基本前提；
> 理解会计信息的质量要求；
> 掌握会计等式的内容，理解会计等式的重要意义。

第一节 会计的涵义和职能

一、会计的产生与发展

物质资料的生产是人类社会存在和发展的基础，也是人类最基本的实践活动，它决定着人类所进行的其他一切活动。会计作为核算和监督生产过程的一种管理活动，和其他事物一样，是随着社会生产的发展而产生发展并不断完善起来的。

人类社会生产行为的产生和发展，是会计行为产生的前提。在原始社会后期，当猎物和谷物有了剩余时，人们便逐步产生了计数和计算的要求。在文字产生之前，这种计算只能是结绳记事、刻木记数或是凭头脑的记忆来进行的。这种计算虽然很难称为会计，但会计的萌芽却在这里产生了。由于当时的生产力水平十分低下，物质资料非常贫乏，生产的规模也很小，因此用以计算生产与耗费的会计，也是极为简单和粗略的，它只是生产者在从事生产活动中的一项附带工作。随着社会经济的不断发展，生产规模的不断扩大，剩余产品的大量出现，特别是文字产生以后，人们对物质资料的生产与耗费开始有了文字记载，可以进一步比较劳动的成果与所耗费的劳动是否合算，于是产生了极其简单的会计。此后，随着人们对经济管理要求的提高，会计逐渐从生产职能中分离出来，成为一种专门的、独立的而又与生产活动有密切联系的管理工作。

会计是随着生产力的发展、生产规模的逐步扩大而发展的。它经历了一个漫长的发展过程，在奴隶社会和封建社会，会计主要是用来核算和监督政府的财政开支，为官方服务。随着商品经济的发展，特别是随着资本主义生产的发展，生产规模日趋扩大，经济生活日渐复杂,生产社会化程度日益提高,会计有了长足的发展,成为经济管理的重要组成部分。在商品生产及商品交换日益复杂化的过程中,会计逐渐形成了独特的核算体系,并广泛采用了复式记账的方法,从而可以全面系统地记录各项经济业务,并检查核对账簿记录的正确性。至此,会计不仅具有独立的管理职能,而且逐渐具备了完整的核算方法。

国内外会计长期存在的历史事实说明,会计与社会生产有着密切的联系。它是人们对生产活动进行管理的客观需要,是适应加强经营管理,提高经济效益的需要而产生的,随着社会生产力的发展,生产关系的变革而发展完善起来的。会计对任何社会的生产都是必要的,经济越发展会计越重要。

二、会计的基本涵义

会计从产生到现在经历了一个漫长而曲折的发展过程,在这一过程中会计的内涵及外延都有了不断地丰富和发展。因此,人们对会计本质的认识总是存在着不同的看法,我国会计理论界具有代表性的观点有三种:管理工具论、信息系统论和管理活动论。管理工具论认为会计是人们从事经营管理的工具,它是为管理服务的,会计本身只侧重于会计的核算或反映;信息系统论是把会计的本质理解为一个经济信息系统,认为会计是为提高企业和各单位的经济效益,加强经济管理而建立的一个以提供财务信息为主的经济信息系统;管理活动论把会计的本质理解为一种经济管理活动,认为会计是经济管理的重要组成部分,是以提供经济信息、提高经济效益为目的的一种管理活动。三种不同的观点都有一定的道理,我们倾向于选择第三种观点,即会计是经济管理的重要组成部分,它是以货币为主要计量单位,对企业和行政、事业单位的经济活动进行完整、连续、系统地反映和监督,并在此基础上进行分析预测和控制的一种管理活动。

会计作为一种管理活动有其固有的特点,具体表现在以下三个方面:

(1) 以凭证为依据。对任何经济活动必须取得或填制合法的凭证,并按照有关规定对凭证进行严格审核,经审核无误的凭证才能作为会计核算的依据。

(2) 以货币作为主要计量单位。会计在记录核算和监督经济活动时,主要采用能综合进行计算的货币量度,必要时以实物量度和劳动量度作为辅助记录,只有这样才能取得经营管理中所必需的各种综合核算资料。

(3) 综合、连续、系统、完整地核算和监督经济活动情况。会计对生产或流通领域中的物化劳动和活劳动要进行计算,对生产经营成果要进行考核,提供经营管理所需要的数据资料。其综合性表现在用货币量度总括记录和反映各项经济活动,提供各种总括价值指标;连续性表现在对各项经济活动按其发生的时间先后顺序不间断地进行记录;系统性表现在对各项经济活动既要进行相互联系的记录,又要用科学的方法进行必要的分类;完整性表现在对各项经济活动要进行全部记录,并分清来龙去脉,不允许有任何遗漏。

会计与社会政治经济等方面的环境也有十分密切的关系,在不同的社会制度和社会环境中,会计的理论与方法体系也不相同。人们对会计的认识也会有不同的表述,即使是在同一社会制度下,随着政治、法律、文化等上层建筑的变化,会计的理论与方法体系也会有所区别。

三、会计的基本职能

会计的职能是指会计在经济管理中所具有的功能,即人们在经济管理中用会计干什么,根据我国《会计法》的规定,会计的基本职能包括会计核算和会计监督两个方面。

(一)会计核算职能

会计的核算职能主要是指会计对经济活动进行确认、计量和报告的功能,也就是指会计要运用自己的一整套专门的方法,通过对经济活动进行完整、连续、系统的记录、计算、分类、汇总,确认经济活动的归属期,以价值形式反映经济活动的全过程,并在一定时期报告经济活动的状况及其成果。会计核算是会计的首要职能,也是全部会计管理工作的基础,记账、算账、报账是会计核算职能的主要形式,但会计核算职能并不仅仅表现在对经济活动的事后反映,它还可以利用会计信息的反馈,通过预测和参与决策、参与计划,对经济活动进行事前的核算。

(二)会计监督职能

会计的监督职能主要是指会计在进行核算的同时,根据国家有关方针、政策和财经法令、制度以及计划定额等对经济活动实行审查监督,有效地控制各项经济业务的正常进行,促使各单位按照客观经济规律办事,不断强化经营管理,提高经济效益。

会计的核算职能和监督职能是密切联系、相辅相成的。会计核算是会计监督的基础,没有核算所提供的各种信息,监督就失去了依据;而会计监督又是会计核算质量的保证,只有核算,没有监督,就难以保证核算所提供信息的真实性、可靠性。会计这两个基本职能之间的关系也体现着会计对各单位的经济管理既有服务,又有监督,服务中有监督,监督是为了更好地服务,只有把服务和监督结合起来,才能充分发挥会计在经济管理中的作用。

第二节 会计对象和会计方法

一、会计对象

(一)会计对象的含义

会计的对象是指会计所核算和监督的内容。

任何企业要想从事经营活动,就必须拥有一定的物质基础,这些物质基础是企业进行生产经营活动的前提,在市场经济条件下,这些物资又都属于商品,有商品就要有衡量商品价值的尺度,即一般等价物——货币。当各项财产物资用货币来计量其价值时,就形成了一个会计概念,即资金。也就是说进行生产经营活动必须拥有资金,但企业所拥有的资金不是闲置不动的,而是随着物资流的变化而不断地运动变化的。因此,凡是特定主体能够以货币表现的经济活动,都是会计核算和监督的内容,也就是会计的对象。以货币表现的经济活动通常又称为价值运动或资金运动。

资金运动包括各特定对象的资金投入、资金运用(指资金循环与周转)和资金退出等过程。

(二) 工业企业会计核算和监督的内容

工业企业进行生产经营活动,首先要用货币资金去购买材料物资为生产过程做准备;生产产品时再到仓库领取材料物资;生产出产品后还要对外出售;售后还应收回已售产品的收入。这样,工业企业的资金就陆续经过供应过程、生产过程和销售过程,资金的形态也在发生变化。用货币购买材料物资的时候,货币资金转化为储备资金,车间生产产品领用材料物资时储备资金又转化为生产资金,将车间加工完毕的产品验收入库后,此时生产资金又转化为成品资金,将产成品出售又收回货币资金时,成品资金又转化为货币资金,通常把资金从货币形态开始,依次经过储备资金、生产资金、成品资金,最后又回到货币资金这一运动过程叫做资金循环。周而复始的资金循环叫做资金周转。工业企业的资金在供、产、销三个阶段不断地循环周转,上述只是资金在企业内部的循环周转,就整个资金运动而言,还应包括资金的投入和资金的退出。资金的投入包括所有者的资金投入和债权人的资金投入,前者构成了企业的所有者权益,后者形成了企业的债权人权益,即企业的负债,投入企业的资金一部分形成流动资产,另一部分形成企业的固定资产等非流动资产;资金的退出包括按法定程序返回投资者的投资,偿还各项债务以及向所有者分配利润等内容,它会使一部分资金离开企业,游离企业资金运动之外。

由此可见,工业企业因资金的投入、循环周转和退出等经济活动而引起的各项资源的增减变化,各项成本费用的形成和支出,各项收入的取得以及损益的发生、实现和分配,共同构成了工业企业会计对象。

(三) 商业企业会计核算和监督的内容

商品流通企业的经营过程分为商品购进和商品销售两个过程,在前一个过程中,主要是采购商品,此时货币资金转换为商品资金,在后一个过程中主要是销售商品,此时资金又由商品资金转换为货币资金。在商业企业经营过程中也要消耗一定的人力、物力和财力,它们表现为商品流通费用,在销售过程中也会获得销售收入,实现经营成果。因此,商业企业的资金是沿着货币资金—商品资金—货币资金路线运动的。而这一完整的资金运动也就形成了商业企业的会计对象。

(四) 行政、事业单位会计核算和监督的内容

行政、事业单位为完成国家赋予的任务,同样需要一定数量的资金,但其资金来源主要是国家财政拨款。行政、事业单位在正常业务活动过程中,所消耗的人力、物力和财力的货币表现,即为行政费用和业务费用。一般来说,行政、事业单位没有或只有很少一部分业务收入,其费用开支主要是靠国家财政预算拨款,因此,行政、事业单位的经济活动,一方面按预算从国家财政取得资金,另一方面又按预算以货币资金支付各项费用,其资金运动的形式

就是资金拨入—资金付出。行政、事业单位会计对象就是预算资金及其收支。

二、会计核算的方法

会计对经济活动进行核算和监督,是通过会计核算、会计分析和会计检查等方法来实现的。其中,会计核算方法是基础,会计分析是会计核算的继续和发展,会计检查是对会计核算的必要补充。会计核算的方法,概括地说就是对会计对象进行完整、连续、系统的核算和监督时所采用的方法。具体讲,它由以下七种方法组成:设置账户、复式记账、填制和审核凭证、登记账簿、成本计算、财产清查、编制财务会计报表。

(一)设置账户

设置账户,是对会计对象的具体内容进行分类核算的方法。会计对象包括的内容纷繁复杂,设置账户,就是根据会计对象具体内容的不同特点和经济管理的不同要求,选择一定的标准分类,并事先规定分类核算的项目,在账簿中开设相应的账户的过程。每个账户只能反映一定的经济内容,设置一系列相关的账户,就可以相互联系地反映整个会计对象的内容。

(二)复式记账

复式记账是记录经济业务的一种方法。这种方法的特点是对每一项经济业务都要以相等的金额,同时记入两个或两个以上的有关账户。采用这种方法记账,使每项经济业务所涉及的两个或两个以上的账户发生对应关系;同时,在对应账户上所记金额相等,即保持平衡关系,通过账户的平衡关系,可以检查有关经济业务的记录是否正确。同时,能够全面、系统地反映各项经济业务之间的联系,反映经济活动的全貌。

(三)填制和审核凭证

填制和审核凭证是为了保证会计记录完整、真实、可靠,审查经济业务是否合法而采用的一种专门方法。会计凭证是记录经济业务和明确经济责任的书面证明,是登记账簿的依据。对于已经发生的经济业务,必须由经办人或单位填制原始凭证,并签名盖章。所有原始凭证都要经过会计部门和其他有关部门审核。只有审核无误的原始凭证,才能作为填制记账凭证和登记账簿的依据。可见,填制和审核凭证是保证会计资料真实性、正确性的有效手段。

(四)登记账簿

账簿是用来全面、连续、系统地记录各项经济业务的簿籍,也是保存会计数据资料的重要工具。登记账簿就是把所有的经济业务按其发生的顺序,分门别类地记入有关账簿,以便为经营管理提供完整、系统的数据资料。登记账簿必须以凭证为依据,同时按照规定的会计科目在账簿中分设账户,把所有的经济业务记入有关账户,并定期进行结账、计算和累计各项核算指标,还要定期核对账目,使账簿记录同实际情况保持一致。账簿所提供的各种数据资料,是编制财务会计报表的主要依据。

(五) 成本计算

成本计算通常是指对工农业产品的成本计算,就是计算每种产品从原材料采购到产品生产再到销售过程中所耗费的人力、物力和财力,确定该种产品的总成本和单位成本。产品成本是综合反映企业生产经营活动成果的一项重要指标。通过产品成本计算,可以考核企业对原材料和人工的消耗及其他费用支出是否节约,以便采取措施降低成本。通过成本计算,还可以为编制成本计划和产品生产计划提供必要的数据资料。除了工农业生产单位必须计算成本外,其他企业如交通运输和商业企业也要计算运输成本和商品销售成本,实行经济核算制的一切企业,必须进行成本计算。

(六) 财产清查

财产清查就是盘点实物、核对账目,查明各项财产物资和资金的实有数额及占用情况。通过财产清查,可以检查会计记录的正确性,保证账实相符。通过财产清查,还能查明各项财产物资的保管和使用情况以及往来款项的结算情况,以便对积压或残损的财产物资和逾期未收回的款项,及时采取措施进行清理,从而挖掘物资潜力,加速资金周转。

(七) 编制财务会计报表

编制财务会计报表是根据账簿记录的数据资料,采用一定的表格形式,概括地、综合地反映各单位在一定时期内经济活动过程和结果的一种方法。编制财务会计报表,是对日常核算的总结,是将账簿记录的内容定期加以分类整理和汇总,提供经济管理所需要的核算指标。会计报表所提供的一系列的核算指标,是考核、分析财务计划和预算执行情况以及编制下期财务计划和预算的重要依据,也是宏观经济管理必需的参考资料。

上述会计核算的各种方法是相互联系、密切配合的,它们构成了一个完整的会计核算方法体系。这些专门方法,是一环扣一环的完整体系,任何一环没有做好,都会影响会计任务的完成和会计核算工作的顺利进行。

第三节 会计要素和会计恒等式

一、会计要素

把能用货币表现的经济活动作为会计核算的对象,只是对会计核算内容的一般描述,这一概念的涉及面过于广泛,而且也比较抽象,为了便于确认计量、记录和报告,必须对其进行适当的分类,这就形成了会计要素。

会计要素是会计对象的具体化,是会计对象按经济特征所作的最基本的分类,同时也是反映会计主体财务状况和经营成果的基本单位。我国《企业会计准则——基本准则》第十条指出:企业应当按照交易或者事项的经济特征确定会计要素,会计要素包括资产、负债、所有者权益、收入、费用和利润。其中资产、负债、所有者权益是企业财务状况的静态反映,体现的是企业的基本财产关系;收入、费用、利润从动态方面反映企业的经营成果,体现的是企业经营过程中发生的财务关系。

(一) 资产

资产是指企业过去的交易或事项形成的,由企业拥有或者控制的,预期会给企业带来经济利益的资源。企业过去的交易或事项包括购买、生产、建造行为及其他交易或者事项。由企业拥有或者控制是指企业享有某项资源的所有权,或者虽然不享有某项资源的所有权,但该资源能被企业所控制。预期会给企业带来经济利益是指直接或者间接导致现金和现金等价物流入企业的潜力。

企业的资产按其流动性的不同,可以区分为流动资产和非流动资产。

流动资产是指可以在一年或者超过一年的一个营业周期内变现或者耗用的资产,主要包括现金及各种存款、交易性金融资产、应收及预付账款、存货等。

非流动资产是指流动资产以外的资产,主要包括长期投资、固定资产、无形资产等。

(二) 负债

负债是指企业过去的交易或者事项所形成的,预期会导致经济利益流出企业的现时义务。现时义务是指企业在现行条件下已承担的义务,未来发生的交易或者事项形成的义务,不属于现时义务,不能确认为负债。

企业的负债按其偿还期限的不同可区分为流动负债和非流动负债。流动负债主要包括短期借款、应付票据、应付账款、预收账款、应付职工薪酬、应交税费、应付股利、其他应付款等。非流动负债主要包括长期借款、应付债券、长期应付款项等。

(三) 所有者权益

所有者权益是指企业资产扣除负债后由所有者享有的剩余权益,公司的所有者权益又称为股东权益。

所有者权益主要包括实收资本、资本公积、盈余公积和未分配利润。

(四) 收入

收入是指企业在日常活动中形成的、会导致所有者权益增加的、与所有者投入资本无关的经济利益的总流入。

收入的构成主要包括主营业务收入、其他业务收入等。

(五) 费用

费用是指企业在日常活动中发生的、会导致所有者权益减少的、与向所有者分配利润无关的经济利益的总流出。

费用中能予以对象化的部分就是成本,如工业企业的制造成本,不能予以对象化的部分则是期间费用。

（六）利润

利润是指企业在一定会计期间的经营成果，利润包括收入减去费用后的净额、直接计入当期利润的利得和损失等。利得不是经营收入所得，但构成利润的组成部分；损失不是费用，但会减少企业的利润。

利润是一个综合指标，具体指标有：营业利润、利润总额和净利润。

二、会计恒等式

会计恒等式又称会计平衡公式，它是企业财务状况的表达式。从形式上看，它是企业会计对象的具体内容，即会计要素之间关系的表达方式，反映会计对象各要素之间的内在联系。从内容上看，它揭示了会计主体的产权关系和基本财务状况。

企业要开展生产经营活动，首先必须占有一定的经济资源，这些经济资源形成了企业的资产。同时，这些经济资源或来源于投资者的投资，或来源于银行等金融机构的信贷。从理论上讲，企业的经济资源是一个整体，来源和占用是两个方面，在数量上它们应该是相等的。在会计理论中，把企业所拥有或控制的经济资源称为资产，而把对企业经济资源所拥有的权利称为权益。

由此可见，资产与权益是同一资产的两个不同方面，二者同时并存，对立统一，任何资产都来源于某一提供者，没有无权益的资产；另一方面，企业任何一项权利都以一定数量的资产为保障，没有无资产的权益。也就是说，有一定的资产，必然有对这部分资产享有的权益；有一定的权益，也必然表现为一定的资产。资产与权益在量上是恒等的，用公式表示为：资产＝权益。

权益又分为债权人权益和所有者权益两个组成部分。前者是通过借贷方式形成的权益，企业负有在未来一定时期内向债权人交付资产的责任，在会计要素中把这部分权益称为负债，后者是以投资方式形成的权益，它体现的是投资者对企业净资产的所有权，在会计要素中把这部分权益称为所有者权益。因此，上述会计基本公式可以进一步扩展为：资产＝负债＋所有者权益。

这个等式将资产、负债、所有者权益三个会计基本要素用数学符号联系起来，清晰地反映了三者之间的关系，这就是会计的基本平衡公式，它概括地将会计对象公式化，是各种会计方法最重要的理论基础。

会计平衡公式还是复式记账、会计核算和会计报表的基础。正是在这一会计等式的基础上，才能运用复式记账法记录某一会计主体资金运动的来龙去脉，反映会计主体的资产、负债和所有者权益的增减变动情况，才能通过编制资产负债表提供反映企业财务状况的信息。上列公式除了表示资产、负债、所有者权益之间的关系以外，同时也包含着收入、费用、利润的因素。利润是收入减去费用后的差额，而利润的增加总是要表现为资产的增加或者负债的减少，也就是表现为所有者权益的增加。所以，把收入、费用和利润三个要素和上述会计等式联系起来，可以推导出下列公式：

资产＝负债＋所有者权益＋利润

或

资产＝负债＋所有者权益＋（收入－费用）

这一会计等式表明了企业财务状况与经营成果之间的关系。财务状况表现企业一定时点资产的来源与占用情况,反映企业一定时点资产的存量情况。经营成果表现企业一定时期资产增加或减少的情况,反映企业一定时期资产的增量。企业的经营成果这一增量最终要影响到财务状况这一存量。企业盈利,将使企业资产存量增加,或负债减少;企业亏损,将使资产存量减少,或负债增加。

企业的利润进行分配以后,一部分以所得税的形式交给国家,一部分要分配给投资者,这两部分转化为负债。还有一部分留归企业,转化为所有者权益。于是,会计要素之间的关系,又恢复为会计平衡公式。因此,一般称会计平衡公式为会计恒等式。

三、经济业务发生对会计平衡公式的影响

企业的经济活动持续不断地进行着,任何一项业务的发生,都会引起有关会计要素发生增减变化。但是,不管发生什么样的经济业务,"资产=负债+所有者权益"的平衡公式永远不会被破坏,公式两边永远保持着平衡关系。

企业发生的各项经济业务,都会使会计要素随之发生增减变化,这些变化概括起来有以下几种类型:

(1) 经济业务的发生只引起资产方项目的增减变化,不涉及权益方项目的增减变化;
(2) 经济业务的发生只引起权益方项目的增减变化,不涉及资产方项目的增减变化;
(3) 经济业务的发生同时引起资产方与权益方项目的增加;
(4) 经济业务的发生同时引起资产方与权益方项目的减少。

上述四种类型的经济业务中,前两种类型的经济业务对于资产总额并没有影响,只是在等式一方发生增减变化,且增减金额相互抵消。后两种类型的经济业务虽然会使企业的资产总额发生增减变化,但等式的两边发生等额的增减变化,并不影响等式的平衡关系。这一结论从任何企业、任何经济业务中都可以得到证明。因此,会计恒等式是会计核算中设置会计科目及账户,进行复式记账和编制资产负债表的重要理论依据。同时,对于验证会计记录的正确性,组织会计核算工作具有极其重要的理论和现实意义。

第四节　会计核算的前提和会计信息质量要求

一、会计核算的基本前提

会计核算的前提,是指对会计核算所处的时间、空间范围所作的合理设定。由于这些设定都是以合理推断或人为的规定而做出的,所以也称为会计假设。

在经济活动过程中,资金的使用、资金的运动是一个复杂的过程,要想进行正常的会计核算工作,就必须解决摆在会计人员面前的一系列问题。例如,会计要核算的范围有多大,会计为谁核算,给谁记账,会计所要记录的经济业务是否能持续不断地进行下去,会计应该

在什么时候记账、算账，会计在记录过程中应该采用什么计量等，这些问题如果不首先得到解决，就没有办法进行正常的会计工作，因此，对这些问题必须首先以假设的方式来人为地做出限定，这就是我们所说的会计核算的基本前提。我国财政部新颁布的《企业会计准则——基本准则》明确规定了会计核算的基本前提，即会计主体、持续经营、会计分期和货币计量。

（一）会计主体

《企业会计准则——基本准则》第五条指出：企业应当对其本身发生的交易或者事项进行会计确认、计量和报告。这是对会计主体假设的描述，会计主体是指会计工作服务的特定单位或组织，它确定了会计核算的空间范围，即在会计核算中，会计确认、计量和记录所加工整理的会计数据均被界定在一个独立核算的经济实体之内。基于这一假设，会计所反映的只能是它所在的特定单位的经济活动，而不包括企业所有者的经济活动和其他单位的经济活动。一般来讲，凡是独立核算的单位，在会计上都设定为一个会计主体，它包括独立核算的企业以及企业内部的独立核算单位，会计只记录本主体的账簿，只核算和监督本主体所发生的经济业务，只有明确会计主体这一基本前提，才能确定会计的核算范围，才能够使企业的财务状况、经营成果独立地反映出来，企业的所有者和债权人，以及企业的管理人员和企业会计报表的其他使用者，才有可能从会计记录和会计报表中获得有价值的会计信息，从而做出是否对企业进行投资或改进企业经营管理的决策。

会计主体与法律主体不是同一个概念。法律主体是指在政府部门注册登记，有独立的财产，能够承担民事责任的法律实体，它强调企业与各方面的经济法律关系；而会计主体则是按照正确处理所有者与企业的关系以及正确处理企业内部关系的要求而设立的；一般而言，法律主体必然是会计主体，但有些会计主体并不一定是法律主体。会计主体可以是独立的法人，如企业、事业单位，也可以是非法人，如合伙经营组织；可以是一个企业，也可以是企业中的内部单位或企业中的一个特定部分；可以是单一企业，也可以是几个企业组成的联营公司或企业集团。

（二）持续经营

《企业会计准则——基本准则》第六条指出：企业会计确认、计量和报告应当以持续经营为前提，这是对持续经营假设的描述；如果说会计主体作为基本前提是一种空间界定，那么持续经营则是一种时间上的界定。将持续经营作为基本前提条件，是指企业在可以预见的将来，不会面临破产和清算，而是持续不断地经营下去。在持续经营的前提下，企业在会计信息的收集和处理上所使用的会计处理方法才能保持稳定，企业的会计记录和会计报表才能真实可靠。也就是说，企业可以在持续经营的基础上，使用它所拥有的各种资源和依照原来的偿还条件来偿还它所负担的各种债务。会计核算中所使用的一系列的会计处理方法都是建立在持续经营的基础上，对一个企业来说，如果持续经营这一前提条件不存在，那么一系列的会计准则和会计方法也将相应地会丧失存在的基础。

（三）会计分期

《企业会计准则——基本准则》第七条指出：企业应当划分会计期间，分期结算账目和编制财务会计报告。会计期间分为年度和中期,中期是指短于一个完整的会计年度的报告期间,这是对会计分期假设的描述。

会计分期是持续经营的客观要求,企业的经营活动从时间上来看是连续不断的,会计上为了确定损益和编制财务报表,定期为使用者提供信息,就必须将持续不断的经营过程划分为若干个长短相同、期限较短的经营期间,会计分期假设是对会计工作时间范围的具体划分,主要是确定会计年度。中外各国所采用的会计年度一般都与本国的财政年度相同,《会计法》第十一条规定,我国以日历年度作为会计年度,即从公历1月1日起至12月31日止,会计年度终了,必须进行年度决算并编制财务报告。为了更及时了解企业的经营情况,通常将一个会计年度划分为月度、季度、半年度;月度、季度、半年度均称为会计中期。

会计期间的划分,对于确定会计核算程序和核算方法也具有极为重要的作用,有了会计期间,才产生了本期与非本期的区别,才产生了权责发生制和收付实现制,才使不同类型的会计主体有了记账的基准。比如,划分会计期间后,就产生了某些费用要在不同的会计期间进行摊销,分别列为本期费用和下期费用的问题;采用权责发生制后,对于一些收入和费用需要在本期和以后各期进行分配,确定其归属的会计期间。

(四) 货币计量

《企业会计准则——基本准则》第八条指出:企业会计应当以货币计量。这是对货币计量假设的描述,用货币来反映一切经济业务是会计核算的基本特征,因而也是会计核算的一个重要前提。选择货币作为共同尺度,以数量的形成反映会计实体的经营状况和经营成果,是商品经济发展的产物。会计计量是会计核算的关键环节,是会计记录和会计报告的前提。企业经济活动中凡是能够用货币这一尺度计量的,就可以进行会计反映,凡是不能用货币计量的,则不必进行会计反映。

货币计量实际上是对经济活动进行货币估价,而货币估价的习惯做法就是以历史成本计价,是假定货币本身的价值稳定不变,或者变动的幅度不大,可以忽略不计。在以币值稳定为前提的条件下,不同时点的资产价值才具有可比性,不同时期的收入和费用才能进行比较,才能计算确定经营成果。如果出现异常情况,如出现持续的,特别是恶性的通货膨胀,就应修正这个前提条件。

在我国,人民币是法定的货币,所以企业的会计核算以人民币作为记账本位币,企业的生产经营活动一律通过人民币进行核算反映。外商投资企业,可以选定某种外国货币单位作为记账本位币进行会计核算,但这些企业对外提供会计报表时,应当折合为人民币加以反映。我国在境外设立的企业,也可以当地货币进行日常会计核算,但向国内报送会计报表时也应当折合为人民币反映。

二、会计信息质量要求

会计作为一项管理活动,其主要目的之一是向企业的利益相关者提供反映经营者受托责任和供投资者决策有用的会计信息,要达到这个目的,就必须要求会计信息具有一定的质量特征。会计信息质量特征也称会计信息质量要求、会计信息质量标准。根据我国最新颁布《企业会计准则——基本准则》的规定,会计信息质量特征包括以下八项:可靠性、相关性、可理解性、可比性、实质重于形式、重要性、谨慎性、及时性。这些会计信息的质量要求，更能体现基本准则的内容实质。

（一）可靠性

《企业会计准则——基本准则》第十二条规定：企业应当以实际发生的交易或者事项为依据进行会计确认、计量和报告，如实反映符合确认和计量要求的各项会计要素及其他相关信息，保证会计信息真实可靠，内容完整。

可靠性，是指会计核算必须以实际发生的交易或事项和合法的会计凭证为依据，如实反映财务状况和经营成果，做到反映的内容真实、数字准确、资料可靠，可靠性原则是对会计核算工作和会计信息的基本质量要求，它要求在确认会计事项时必须以事实为依据，而不是主观地加以反映，更不能弄虚作假。

会计的计量、记录和会计报告必须真实可靠，不得伪造和掩饰，可靠性原则是杜绝会计信息失真的基本前提。

（二）相关性

《企业会计准则——基本准则》第十三条规定：企业提供的会计信息应当与财务会计报告使用者的经济决策需要相关，有助于财务会计报告使用者对企业过去、现在或者未来的情况做出评价或者预测。

相关性也称有用性，是指企业提供的会计信息，要能够满足有关方面决策的需要，它也是会计信息质量的一项基本要求。信息要成为有用的，就必须与使用者的决策需要相关，当信息通过帮助使用者评估过去、现在或未来的事项或者通过确证或纠正使用者过去的评价，影响到使用者的经济决策时，信息就具有相关性，这就要求信息具有预测价值和确证价值，亦称反馈价值。

（三）可理解性

《企业会计准则——基本准则》第十四条规定：企业提供的会计信息应当清晰明了，便于财务会计报告使用者理解和使用。可理解性，是指会计记录、提供的经济业务资料和编制的会计报表必须清晰、简明，便于使用者了解和利用。在市场经济条件下，会计信息的用户是相当广泛和复杂的，因此，企业提供的会计信息必须按有关规定进行。资料不能过于繁琐、复杂，而应当简单、明了，通俗易懂，力求大众化，使用户能直观地了解企业的经营成果和发展趋势，提高信息的作用效果，满足供需双方的要求。

（四）可比性

《企业会计准则——基本准则》第十五条规定：企业提供的会计信息应当具有可比性。可比性也是会计信息质量的一项重要要求，它包括两个方面的含义，即同一企业在不同时期的纵向可比，不同企业在同一时期的横向可比。要做到这两个方面的可比，就必须做到同一企业不同时期发生的相同或者相似的交易或者事项，应当采用一致的会计政策，不得随意变更；确需变更的，应当在附注中说明。不同企业发生的相同或者相似的交易或者事项，应当采用规定的会计政策，确保会计信息口径一致、相互可比。

（五）实质重于形式

《企业会计准则——基本准则》第十六条规定：企业应当按照交易或者事项的经济实质进行会计确认、计量和报告，不应仅以交易或者事项的法律形式为依据。在会计核算过程中，经常会碰到一些经济实质与法律形式不吻合的业务或事项。例如，融资租入的固定资产，在租期未满之前，从法律形式上讲，所有权并没有转移给承租人，但是从经济实质上讲，与该项固定资产相关的收益和风险已经转移给承租人，承租人实际上也能行使对该项固定资产的控制。因此承租人应该将其视同自有的固定资产，一并计提折旧和大修理费用。实质重于形式的要求体现了对经济实质的尊重，而不管其采用何种形式，这样做能够保证会计核算信息与客观经济事实相符。

（六）重要性

《企业会计准则——基本准则》第十七条规定：企业提供的会计信息应当反映与企业财务状况、经营成果和现金流量等有关的所有重要交易或者事项。重要性是指财务报告在全面反映企业的财务状况和经营成果的同时，应当区别经济业务的重要程度，采用不同的核算方式。

对资产、负债、损益等有较大影响并进而影响财务会计报告使用者据以做出合理判断的重要会计事项，必须按照规定的会计方法和程序进行处理，并在财务会计报告中予以充分、准确的披露，对于次要的会计事项，在不影响会计信息真实性和不至于误导财务会计报告使用者做出正确判断的前提下，可适当简化处理。

重要性的意义在于对会计信息使用者来说，对经营决策有重要影响的会计信息是最需要的，如果会计信息不分主次，反而会有损于使用，甚至影响决策；而且，对不重要的经济业务简化核算或合并反映，可以节省人力、物力和财力，符合成本效益原则。

（七）谨慎性

《企业会计准则——基本准则》第十八条规定：企业对交易或者事项进行会计确认、计量和报告应当保持应有的谨慎，不应高估资产或者收益，低估负债或者费用。谨慎性是市场经济的产物，在市场经济条件下，各项经济活动中必然存在着市场竞争和经营风险以及各种自然灾害；如果企业对风险没有足够的估计，将会给企业生产经营带来极为严重的后果。

谨慎性要求，在处理不确定性经济业务时应持谨慎态度，如果一项经济业务有多种处理方法可供选择，应选择不导致夸大资产、虚增利润的方法，在进行会计核算时，应当合理预计可能发生的损失和费用，而不应预计可能发生的收入和过高估计资产的价值。

（八）及时性

《企业会计准则——基本准则》第十九条规定：企业对于已经发生的交易或者事项，应当及时进行会计确认、计量和报告，不得提前或者延后。任何信息的使用价值不仅要求真实可靠，而且还必须保证时效，在信息的使用者需要使用时能及时得到，随着社会主义市场经济体制的建立，市场变化越来越快，企业竞争日益激烈，各方面对会计信息的及时性要求越来越高，因此这一特征也显得特别重要。

第五节　会计核算基础和会计计量属性

一、会计核算基础

由于企业生产经营活动是连续的,而会计期间是人为划分的,所以难免有一部分收入和费用出现收支期间和应归属期间不一致的情况,于是在处理这类经济业务时,应正确选择合适的会计核算基础,可供选择的会计核算基础包括收付实现制和权责发生制两种。

(一) 收付实现制

收付实现制,亦称实收实付制或现金制,是以款项是否实际收到或付出作为确定本期收入和费用的标准。采用收付实现制会计核算基础时,凡是本会计期间实际收到的款项,不论其是否属于本期实现的收入,都作为本期的收入处理,凡是本会计期间付出的款项,不论其是否属于本期负担的费用,都作为本期的费用处理。目前,收付实现制只允许在政府、机关、学校、社会团体等行政事业单位使用。

(二) 权责发生制

权责发生制,亦称应收应付制,它是按照权益和责任是否发生为标准来确定本期收益和费用的标准。采用权责发生制会计核算基础时,凡在本会计期间应收的收益和应付的费用,不论是否在本期间收到或付出,都作为本会计期间的收益和费用处理。

我国企业会计准则要求企业应当以权责发生制为基础进行会计确认、计量和报告。坚持会计核算的权责发生制基础,对于合理确认企业特定时期的收入、费用和财务成果,以及正确考核企业在各会计期间内实际的权和责都有极其重要的作用。

下面举例说明权责发生制和收付实现制的区别。

某公司 2010 年 4 月发生如下交易事项,分别以权责发生制和收付实现制为基础的确认结果如表 1.1。

表 1.1　权责发生制和收付实现制的对比结果

序号	经济业务	权责发生制是否确认	收付实现制是否确认
1	以支票支付本月水电费 5 000 元	√	√
2	收到上月的销货款 40 000 元,款项存入银行	×	√
3	以支票预付下半年的房屋租金 60 000 元	×	√
4	销售产品一批,货款 6 000 元,存入银行	√	√
5	销售产品一批,货款 9 000 元,货款尚未收到	√	×

二、会计计量属性

会计计量是为了将符合确认条件的会计要素登记入账并列报于财务报表而确定其金额的过程。企业应当按照规定的会计计量属性进行计量,确定其金额。会计计量反映的是会计要素金额确定的基础,主要包括历史成本、重置成本、可变现净值、现值和公允价值等。

(一) 历史成本

在历史成本计量下,资产按照购置时支付的现金或者现金等价物的金额,或者按照购置资产时所付出的对价的公允价值计量。负债按照因承担现时义务而实际收到的款项或者资产的金额,或者承担现时义务的合同金额,或者按照日常活动中为偿还负债预期需要支付的现金或者现金等价物的金额计量。

(二) 重置成本

在重置成本计量下,资产按照现在购买相同或者相似资产所需支付的现金或者现金等价物的金额计量。负债按照现在偿付该项债务所需支付的现金或者现金等价物的金额计量。

(三) 可变现净值

在可变现净值计量下,资产按照其正常对外销售所能收到现金或者现金等价物的金额扣除该资产至完工时估计将要发生的成本、估计的销售费用以及相关税费后的金额计量。

(四) 现值

在现值计量下,资产按照预计从其持续使用和最终处置中所产生的未来净现金流入量的折现金额计量。负债按照预计期限内需要偿还的未来净现金流出量的折现金额计量。

(五) 公允价值

在公允价值计量下,资产和负债按照在公平交易中,熟悉情况的交易双方自愿进行资产交换或者债务清偿的金额计量。

企业在对会计要素进行计量时,一般应当采用上述计量属性进行计量,应当保证所确定的会计要素金额能够取得并可靠计量。

本 章 小 结

会计是由社会经济管理需要而产生的,又随着社会经济的不断发展而发展和完善。会计是经济管理的重要组成部分,它是以货币为主要计量单位,对企业和行政事业单位的经济活动进行完整、连续、系统地反映和监督,并在此基础上进行分析预测和控制的一种管理活动。

会计具有会计核算和会计监督两大职能,其中会计核算职能是最基本的职能。会计职能的实现必须借助一定的手段,即会计方法。

我国会计准则中规定会计假定包括会计主体、持续经营、会计分期和货币计量四项。会计信息质量要求是对企业财务报告中所提供会计信息质量的基本要求,一般包括8项要求。

会计要素是对会计对象按其经济特征所作的基本分类,是会计对象的具体化,它包括反映财务状况的三大会计要素(资产、负债和所有者权益)和反映经营成果的三大会计要素(收入、费用和利润)。会计六大要素存在着必然联系,形成会计等式。

企业会计核算基础是权责发生制。企业应采用历史成本、重置成本、可变现净值、现值和公允价值等计量属性对会计要素进行计量。

复习思考题

1. 什么叫会计?会计是如何产生和发展的?
2. 会计有哪些方面的基本职能?相互之间有何关系?
3. 什么是会计要素?我国企业会计准则中对会计要素是如何划分的?他们之间关系如何?
4. 会计基本假设有哪些?为什么要进行会计假设?
5. 会计信息要求有哪些?
6. 会计核算的基本方法有哪些?它们的关系如何?

实 训 题

一、单项选择题

1. ( )是指会计核算和监督的内容。
   A. 会计职能   B. 会计本质   C. 会计对象   D. 会计方法
2. 资产、负债、所有者权益三要素是企业资金运动的( )。
   A. 静态表现   B. 动态表现   C. 综合表现   D. 以上都不对
3. 企业以银行存款购入50万元设备,这项业务发生后( )。
   A. 资产总额与权益总额同增   B. 资产总额与权益总额均不变
   C. 资产总额与权益总额同减   D. 资产总额减少,权益总额增加
4. ( )是指所有者在企业资产中享有的经济利益。
   A. 资产   B. 投入资本   C. 利润   D. 所有者权益
5. 下列项目中,属于负债的是( )。
   A. 应收账款   B. 预收账款   C. 累计折旧   D. 长期待摊费用
6. 收入是指企业在销售商品、提供劳务及让渡资产使用权等日常活动中所形成的( )。
   A. 经济利益的总流入   B. 投资人享有的经济利益
   C. 全部收入   D. 经营成果
7. 某企业资产总额500万元,负债200万元,在将100万元负债转作投入资本后,资产总额为( )。
   A. 500万元   B. 600万元   C. 200万元   D. 400万元

8. 某企业2010年5月份销售一批商品20 000元,货款需到6月份才能收回;5月中旬收回某单位前欠款8 000元,存入银行;5月下旬又销售一批商品,价款35 000元,存入银行,按权责发生制原则,该企业2010年5月份的收入应是(　　)元。

　　A. 55 000　　　　B. 40 000　　　　C. 63 000　　　　D. 48 000

9. 以下属于会计核算方法的是(　　)。

　　A. 货币计量　　　B. 复式记账　　　C. 会计要素　　　D. 历史成本

10. 确定会计核算的空间范围的是(　　)。

　　A. 会计监督　　　B. 会计主体　　　C. 会计分期　　　D. 持续经营

二、多项选择题

1. 下列关于会计监督的说法正确的有(　　)。

　　A. 对特定主体的经济活动的真实性、合法性和合理性进行审查

　　B. 主要通过价值指标来进行

　　C. 包括事前监督和事中监督,不包括事后监督

　　D. 会计监督是会计核算质量的保障

2. 根据会计等式可知,下列哪类经济业务不会发生(　　)。

　　A. 资产增加,负债减少,所有者权益不变

　　B. 资产不变,负债增加,所有者权益增加

　　C. 资产有增有减,权益不变

　　D. 债权人权益增加,所有者权益减少,资产不变

3. 下列等式正确的是(　　)。

　　A. 资产＝负债＋所有者权益

　　B. 资产＝负债＋所有者权益＋(收入－费用)

　　C. 资产＝负债＋所有者权益＋利润

　　D. 资产－负债＝所有者权益＋利润

4. 下列说法正确的是(　　)。

　　A. 所有者权益是指企业所有者在企业资产中享有的经济利益

　　B. 所有者权益的金额等于资产减去负债后的余额

　　C. 所有者权益也称为净资产

　　D. 所有者权益包括实收资本(或股本)、资本公积、盈余公积和未分配利润等

5. 下列属于流动资产的是(　　)。

　　A. 预收账款　　　B. 预付账款　　　C. 应收账款　　　D. 应收票据

三、判断题

1. 会计是以货币为主要计量单位,反映和监督一个单位经济活动的一种经济管理工作。(　　)

2. 会计的基本职能是会计核算和会计监督,会计监督是首要职能。(　　)

3. 企业会计的对象就是企业的资金运动。(　　)

4. 资金的退出指的是资金离开本企业,退出资金的循环与周转,主要包括提取盈余公积、偿还各项债务,上交各项税金以及向所有者分配利润等。(　　)

5. 会计主体必须是法律主体。(　　)

第二章 会计信息的生成

> **学习目标**
> 掌握会计科目的概念及分类,理解会计要素与会计科目关系;
> 掌握账户的概念、分类和基本结构,理解会计科目与账户的关系;
> 理解借贷记账法的记账规则,掌握会计分录的编制;
> 掌握账户记录的试算平衡;
> 掌握会计凭证的基本内容,填制与审核方法;
> 掌握会计账簿的种类、内容、启用与记账规则;
> 掌握会计账簿的格式和登记方法;
> 掌握总分类账户与明细分类账户的平行登记;
> 掌握对账、结账和错账更正方法;
> 掌握财产清查的方法,掌握财产清查结果的账务处理;
> 掌握财务会计报告的构成,熟悉会计报表的种类。

会计是向有关方面提供会计信息的一种经济管理活动,那么,当企业的经济业务发生或完成后,如何向企业内部和外部提供客观的会计信息?

企业经济业务的发生,首先是取得原始凭证(如发票、收据等),会计人员对发生的原始凭证进行审核、整理;然后将经济业务按会计要素进行分类,运用复式记账方法编制记账凭证;再按照记账凭证内容进行归类,登记到相应的账簿中;在期末以一定的程序编制会计报表并提供会计信息,供企业内部和外部使用。这也就是会计信息加工生成的过程,如图2.1所示。

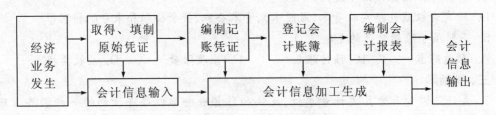

图2.1 会计信息生成示意图

第一节 会计科目、账户和复式记账法

一、会计科目

(一) 会计科目的概念

企业在经营过程中发生的各种各样的经济业务,会引起各项会计要素发生增减变化。由于企业的经营业务错综复杂,即使涉及同一种会计要素,也往往具有不同性质和内容。只用六种会计要素去概括繁杂的经济业务,不仅使得会计核算过于粗略,而且也不能满足会计信息使用者的需要。例如应付账款和长期借款,虽然都是负债,但他们的形成原因和偿付期限也是各不相同的。为了实现会计的基本职能,要从数量上反映各项会计要素的增减变化,这不但需要取得各项会计要素增减变化及其结果的总括数字,而且要取得一系列更加具体的分类和数量指标。因此,为了满足管理需要,还必须在会计要素的基础上进行进一步的分类,即设置相应的会计科目。

会计科目是指对会计要素的具体内容进行分类核算的项目。通过设置会计科目,可以分类反映不同的经济业务,将复杂的经济信息变成有规律、易识别的经济信息,并为其转换为会计信息准备条件。

(二) 会计科目的内容

根据财政部颁布的《企业会计准则——应用指南》统一规定,企业会计核算主要包括156个具体会计科目,并对会计科目进行了统一编号,其目的是供企业填制会计凭证、登记账簿、采用会计软件系统时参考。根据应用指南的要求,每一个企业可以在此基础上根据本单位实际情况自行增设、分拆、合并会计科目,企业不存在的交易或事项,可以不设置相关科目,并可结合企业实际情况自行确定会计科目的编号。表2.1列出了企业最常用的会计科目。

表 2.1 《企业会计准则——应用指南》会计科目名称表

编号	会计科目名称	编号	会计科目名称	编号	会计科目名称
	一、资产类	1132	应收利息	1410	商品进销差价
1001	库存现金	1231	其他应收款	1411	委托加工物资
1002	银行存款	1241	坏账准备	1412	包装物及低值易耗品
1015	其他货币资金	1321	代理业务资产	1461	存货跌价准备
1101	交易性金融资产	1401	材料采购	1501	持有至到期投资
1121	应收票据	1403	原材料	1502	持有至到期投资减值准备
1122	应收账款	1404	材料成本差异	1503	可供出售金融资产
1123	预付账款	1406	库存商品	1511	长期股权投资
1131	应收股利	1407	发出商品	1512	长期股权投资减值准备

续表

编号	会计科目名称	编号	会计科目名称	编号	会计科目名称
1521	投资性房地产	2231	应付利息	5001	生产成本
1601	固定资产	2232	应付股利	5101	制造费用
1602	累计折旧	2241	其他应付款	5103	待摊进货费用
1603	固定资产减值准备	2314	代理业务负债	5201	劳务成本
1604	在建工程	2401	递延收益	5301	研发支出
1605	工程物资	2501	长期借款		六、损益类
1606	固定资产清理	2502	应付债券	6001	主营业务收入
1701	无形资产	2701	长期应付款	6051	其他业务收入
1702	累计摊销	2801	预计负债	6101	公允价值变动损益
1703	无形资产减值准备	2901	递延所得税负债	6111	投资损益
1711	商誉		三、共同类	6301	营业外收入
1801	长期待摊费用	3101	衍生工具	6401	主营业务成本
1811	递延所得税资产	3201	套期工具	6402	其他业务支出
1901	待处理财产损益	3202	被套期项目	6403	营业税金及附加
	二、负债类		四、所有者权益类	6601	销售费用
2001	短期借款	4001	实收资本	6602	管理费用
2101	交易性金融负债	4002	资本公积	6603	财务费用
2201	应付票据	4101	盈余公积	6604	勘探费用
2202	应付账款	4103	本年利润	6701	资产减值损失
2205	预收账款	4104	利润分配	6711	营业外支出
2211	应付职工薪酬	4201	库存股	6801	所得税费用
2221	应交税费		五、成本类	6901	以前年度损益调整

(三) 会计科目的分类

会计科目按不同分类标准，可分为不同的种类。

1. 按经济内容分类

从表 2.1 中可以看到，企业会计科目按照经济内容不同，可以分为六大类，即资产类、负债类、共同类、所有者权益类、成本类和损益类。

资产类科目是用以核算和监督企业各项资产增减变动的会计科目。

负债类科目是用以核算和监督企业各种负债增减变动的会计科目。

共同类科目是用以核算和监督企业衍生工具及套期工具等业务增减变动的科目。

所有者权益类科目是用以核算和监督所有者权益增减变动的会计科目。

成本类科目是用以核算和监督产品(劳务)生产费用的归集和分配情况的会计科目。

损益类科目是用以核算和监督收入、费用的发生和归集的会计科目。

2. 按详细程度分类

会计科目按其所提供信息的详细程度及其统驭关系不同，分为总分类科目和明细分类科目。

（1）总分类科目

总分类科目，即一级科目，亦称总账科目，是对会计要素具体内容进行的总括分类，是反映会计核算资料总括指标的科目。如"库存现金""银行存款""原材料""固定资产""短期借款""实收资本"等。总账科目是由财政部《企业会计准则——应用指南》统一规定的。

（2）明细分类科目

明细分类科目，亦称明细科目或细目，是对总分类科目的经济内容所作的进一步分类，是用来辅助总分类科目反映会计核算详细资料、具体指标的科目。如在"原材料"科目下，按材料类别开设"原料及主要材料""辅助材料""燃料"等二级科目。

实际工作中，并不是所有的总账科目都需要开设二级和三级明细科目。明细科目的设置，除了要符合财政部统一规定外，一般要根据经营管理需要，由企业自行设置。有的总分类科目需要设置明细科目，如"应收账款""应付账款""管理费用""累计折旧""本年利润"等。对于明细科目较多的科目，可以在总账科目和明细科目间设置二级或多级科目。如在"原料及主要材料"下，再根据材料规格、型号等开设三级明细科目。

同一会计科目内部的纵向级次关系如表2.2所示，它们之间是总括与详细、统驭与从属的关系。

表2.2 "原材料"总账和明细账会计科目

总账科目 （一级科目）	明细科目	
	二级科目（子目）	三级科目（细目）
原材料	原料及主要材料	圆钢、碳钢
	辅助材料	润滑剂、油漆
	燃　　料	汽油、烟煤

二、账户

（一）账户的概念

会计科目只是对会计要素进行分类的项目，还不能进行具体的会计核算。为了能够分门别类地对各项经济业务的发生所引起会计要素的增减变动情况及其结果进行核算和监督，为会计信息使用者提供所需要的会计信息，还必须根据规定的会计科目在账簿中开设账户，通过账户对各项经济业务进行分类、连续、系统地记录。

账户是根据会计科目开设的，具有一定的结构，用来分类、连续、系统地记录各项经济业务所引起的会计要素增减变动过程和结果的工具（或载体）。设置账户是会计核算的重要方法之一。

（二）账户的分类

由于账户是根据会计科目设置的，所以会计科目的性质、内容、分类决定着账户的性质、内容和分类。账户可以按照不同标志进行分类。

1. 按所反映的经济内容不同

账户是按照会计科目名称开设的,同会计科目的分类相对应,按其所反映的经济内容不同,账户可分为资产类、负债类、共同类、所有者权益类、成本类和损益类。

2. 按统驭和被统驭关系

同会计科目的分类相对应,账户也分为总分类账户和明细分类账户。

(1) 总分类账户

总分类账户是指根据总分类科目设置的,用于对会计要素具体内容进行总括分类核算的账户,简称总账账户或总账。总分类账户核算只能用货币度量。

(2) 明细分类账户

明细分类账户是根据明细分类科目设置的,用来对会计要素具体内容进行明细分类核算的账户,简称明细账。明细分类账户核算除了能用货币度量外,有些账户还要用实物度量。

总分类账户统驭明细分类账户,明细分类账户则对总分类账户起着进一步补充说明的作用。总账账户称为一级账户,总账以下的账户称为明细账户。如表2.3表示总分类账户与明细分类账户的关系。

表2.3 "原材料"总账户和明细分类账户

总账账户 (一级账户)	明细分类账户	
	二级分类账户	三级分类账户
原材料	原料及主要材料	圆钢、碳钢
	辅助材料	润滑剂、油漆
	燃　料	汽油、烟煤

(三) 账户的基本结构

账户的结构是指在账户中如何记录经济业务,用以反映特定的经济内容,以便取得各种必要的信息。

会计对象随着经济业务的发生在数量上进行增减变化,并产生变化结果。因此,用来分类记录经济业务的账户必须具备一定的结构。

不管采用何种记账方法,也不论是何种性质的账户,其基本结构是相同的。

在会计工作中,账户的基本结构具体包括以下内容:

(1) 账户的名称,即会计科目;
(2) 日期,记录经济业务的发生日期;
(3) 凭证号数,所依据记账凭证编号;
(4) 摘要,经济业务发生内容的简要说明;
(5) 增加或减少金额及余额。

账户的基本格式如表2.4所示。

表2.4 会计科目(账户名称)

日期	凭证号数	摘要	增加	减少	余额

在上述账户中,每个账户在特定会计期间的增加金额称为本期增加发生额;减少金额称为本期减少发生额;增减相抵后的差额称为余额。余额按照表示的时间不同,分为期初余额和期末余额,其基本关系如下:

$$期末余额=期初余额+本期增加发生额-本期减少发生额$$

上式中的四个部分称为账户的四个金额要素。

为了教学方便,在教科书中经常采用简化格式"T"型账户来说明账户结构。这时,账户就省略了有关栏次。"T"型账户的格式如图2.2所示。

图 2.2 "T"型账户结构

"T"型账户分为左方、右方两个方向,一方登记增加,另一方登记减少。至于哪一方登记增加、哪一方登记减少,取决于所记录经济业务和账户的性质。

(四)账户与会计科目的联系和区别

在会计实际工作中,账户通常也叫会计科目。但是,在会计理论上,账户和会计科目是两个不同的概念,两者之间既有联系,又有区别。

两者的联系是:会计科目与账户都是对会计对象具体内容的科学分类,两者口径一致,性质相同。会计科目是账户的名称,也是设置账户的依据;账户是会计科目的具体运用。没有会计科目,账户便失去了设置的依据;没有账户,就无法发挥会计科目的作用。因此,在实际工作中,对会计科目和账户不加严格区分,而是相互通用。

两者的区别是:会计科目仅仅是账户的名称,不存在结构;而账户则具有一定的格式和结构。

三、复式记账法

账户仅仅是记录经济业务的工具,为会计信息加工处理提供了必要的条件。但要把经济业务所引起的会计要素增减变化登记在账簿中,还要借助于一定的记账方法,以解决按什么方式记录经济业务的问题。

(一)复式记账法

1. 记账方法

记账方法,就是在账簿中登记经济业务的方法,即根据一定的记账原则、记账符号、记账规则,采用一定的计量单位,利用文字和数字把经济业务记到账簿中去的一种专门方法。记账方法按记录方式不同,可分为单式记账法和复式记账法。

2. 单式记账法

单式记账法针对发生的经济业务,一般只通过一个账户进行单方面的登记。例如企业销售一批产品取得现金900元,该项交易事项,只在"现金"账户中记录增加900元,不记营业收入。单式记账法不能反映资金运动的来龙去脉,不便于检查账户记录的正确性,因此,在会计实务中一般很少采用。

3. 复式记账法

复式记账法是从单式记账法发展起来的一种比较完善的记账方法。

复式记账法是以资产与权益平衡关系作为记账基础,对于每一笔经济业务,都要以相等的金额在两个或两个以上相互联系的账户中进行登记,系统地反映资金运动变化结果的一种记账方法。

复式记账法要求任何一笔经济业务都需要在至少两个账户中进行登记(即作双重记录,故被称为"复式")。如从银行提取现金,同时涉及"库存现金"和"银行存款"两个账户;生产车间领用原材料也会同时涉及"生产成本"和"原材料"两个账户。

采用复式记账法时,每一笔经济业务所涉及两个或两个以上的账户之间,有着相互联系的关系,被称为对应关系。一笔经济业务可以将两个或两个以上的账户联系在一起,一方面可以全面而详细地反映该项经济业务的来龙去脉,可以利用资金运动的来龙去脉再现经济业务的全貌;另一方面有助于进行检查,以保证账簿记录结果的正确性。

复式记账法根据记账符号、记账规则的不同,又可分为借贷记账法、增减记账法和收付记账法等。我国颁布的《企业会计准则》规定中国境内的所有企业都应该采用借贷记账法记账。

(二)借贷记账法

借贷记账法是以"借"和"贷"为记账符号,对每一笔经济业务,同时在两个或两个以上的有关账户中以借贷相等的金额进行相互联系地登记的复式记账方法。简单地说,借贷记账法是以"借"和"贷"为记账符号的一种复式记账法。

1. 借贷记账法的记账符号

借贷记账法以"借""贷"为记账符号,分别作为账户的左方和右方。在借贷记账法下,"借"和"贷"本身没有确切的含义,纯粹是一种记账符号,代表了相应的金额记录方向,但究竟是由"借"还是由"贷"来表示增加或是减少,需要结合具体性质的账户才能确定。

2. 借贷记账法下的账户结构及登记

在借贷记账法下,账户的左方用借方表示、账户的右方用贷方表示,如图2.3所示。

图2.3 "T"型账户结构

根据经济业务的发生记入借方或贷方,反映该项经济业务所引起的该科目增减变化的金额称为"发生额",凡是记入账户借方的金额称为"借方发生额",凡是记入账户贷方的金额称为"贷方发生额"。

在一个会计期间内(月、季、年),借方记录的金额合计数称为"本期借方发生额",贷方记录的金额合计数称为"本期贷方发生额"。

某一时点上账户借方累计发生额和贷方累计发生额的差额称为余额,若借方累计发生额大于贷方累计发生额,余额在借方,称"借方余额";若贷方累计发生额大于借方累计发生额,则余额在贷方,称为"贷方余额"。一般来讲,账户的余额在其登记增加的那一方。上一会计期间的期末余额,即为下一会计期间的期初余额。

(1) 资产类账户

在借贷记账法下,资产类账户借方登记增加,贷方登记减少,期末余额在借方,其形式如图 2.4 所示。

资产类会计科目

借	贷
期初余额	
增加额 a	减少额 c
增加额 b	减少额 d
本期借方发生额:$a+b$	本期贷方发生额:$c+d$
期末余额	

图 2.4 资产类账户

资产类账户的余额应根据下列公式计算:

$$期末余额 = 期初余额 + 本期借方发生额 - 本期贷方发生额$$

(2) 负债、所有者权益类账户

在借贷记账法下,负债、所有者权益类账户的结构与资产类账户的结构相反,即借方登记减少,贷方登记增加,期末余额在贷方,如图 2.5 所示。

负债、所有者权益类账户会计科目

借	贷
	期初余额
减少额 a	增加额 c
减少额 b	增加额 d
本期借方发生额:$a+b$	本期贷方发生额:$c+d$
	期末余额

图 2.5 负债、所有者权益类账户

负债、所有者权益类账户的余额应根据下列公式计算:

$$期末余额 = 期初余额 + 本期贷方发生额 - 本期借方发生额$$

(3) 费用、成本类账户

费用、成本类账户则与资产类账户的结构相似,借方登记增加,贷方登记减少。费用类账户期末没有余额;成本类账户期末一般无余额,若有余额则在借方。其形式如图 2.6 所示。

费用、成本类会计科目

借	贷
增加额 a	减少额 c
增加额 b	减少额 d
本期借方发生额：$a+b$	本期贷方发生额：$c+d$

图 2.6　费用、成本类账户

（4）收入类账户

收入类账户的结构与所有者权益类账户的结构相似，即借方登记减少，贷方登记增加，期末没有余额，如图 2.7 所示。

收入类会计科目

借	贷
减少额 a	增加额 c
减少额 b	增加额 d
本期借方发生额：$a+b$	本期贷方发生额：$c+d$

图 2.7　收入类账户

综上所述，"借""贷"二字作为记账符号所表示的经济含义是不一样的。"借""贷"的含义可以概括如表 2.5 所示。

表 2.5　借贷记账法下记账符号的含义

借	贷
资产的增加	资产的减少
负债的减少	负债的增加
所有者权益的减少	所有者权益的增加
费用、成本的增加	费用、成本的减少
收入、利润的减少	收入、利润的增加

3. 借贷记账法的记账规则

记账规则是进行会计记录和检查账簿登记是否正确的依据和规律。借贷记账法的记账规则为：有借必有贷，借贷必相等。即对于每一笔经济业务都要在两个或两个以上相互联系的账户中以借方和贷方相等的金额进行登记。

企业发生的各项经济业务会引起资产、负债或所有者权益等会计要素发生增减变化，但不会破坏会计等式的平衡关系。因此，企业发生的经济业务所引起的会计要素变化，可以归纳为九种类别，在借贷记账法下的账户结构中进行记录时，必然遵循"有借必有贷、借贷必相等"的记账规律，如表 2.6 所示。

表2.6 经济业务类型与账户应记方向

经济业务类型	各类账户应记方向			记入金额	记账规则
	资产类	负债类	所有者权益类		
1.资产、负债同时增加	借	贷		等量增加	有借必有贷 借贷必相等
2.资产、负债同时减少	贷	借		等量减少	
3.资产、所有者权益同时增加	借		贷	等量增加	
4.资产、所有者权益同时减少	贷		借	等量减少	
5.资产一增一减	借、贷			一增一减	
6.负债一增一减		贷、借		一增一减	
7.所有者权益一增一减			贷、借	一增一减	
8.负债增加、所有者权益减少		贷	借	一增一减	
9.所有者权益增加、负债减少		借	贷	一减一增	

(三) 会计分录与账户对应关系

会计分录是指对某项经济业务标明其应借应贷账户及其金额的记录,简称分录。

会计分录的编制步骤:

第一步,分析经济业务事项涉及的是资产(费用、成本),还是权益(收入);

第二步,确定涉及哪些账户,是增加,还是减少;

第三步,确定记入哪个(或哪些)账户的借方,哪个(或哪些)账户的贷方;

第四步,确定应借应贷账户是否正确,借贷方金额是否相等。

会计分录在实际工作中,是通过填制记账凭证来实现的,它是保证会计记录正确可靠的重要环节,所以会计分录是会计凭证的抽象形式,需要按照规定的格式编制。会计分录的一般格式要求如下:

在确定了应借及应贷的会计科目后,具体的记录应先借后贷。借项在上,先写借项记录;贷项在下,贷项记录写在借项记录的下面一行,向右留空一或二格,不能将贷项记录和借项记录对齐,更不能在借项记录的左边突出。同时借方金额与贷方金额也要相应错开位置。下面结合例题来说明会计分录的编制。

例2.1 企业收到投资者投资100 000元。

该项经济业务的发生,涉及资产和所有者权益两种会计要素中的有关项目同时发生变化,使得企业银行存款增加了100 000元,实收资本增加了100 000元。银行存款属于资产类账户,实收资本属于所有者权益类账户,因此,银行存款的增加应记入账户借方,实收资本的增加应记入账户贷方。上述分析结果以会计分录形式记录如下:

借:银行存款　　　　　100 000
　　贷:实收资本　　　　　　100 000

会计分录中各账户间形成的应借应贷的关系称为"账户的对应关系",存在对应关系的账户相互称为"对应账户"。如上述收到投资者投资的经济业务,使"银行存款"与"实收资本"账户形成了对应关系,"银行存款"的对应账户为"实收资本","实收资本"的对应账户为"银行存款"。

会计分录有简单分录和复合分录两种。其中简单会计分录是指只涉及两个会计账户,即一借一贷的会计分录,如例2.1中编制的就属于简单会计分录。复合会计分录是指涉及三个或三个以上账户的会计分录,包括一借多贷、多借一贷或多借多贷的会计分录。

例2.2 以现金10 000元和银行存款50 000元偿还原欠大华公司材料款。

此笔经济业务一方面偿还了前欠账款,使应付账款这项负债减少,应记入"应付账款"账户的借方,另一方面,企业的库存现金和银行存款减少,应分别记入"库存现金"和"银行存款"账户的贷方。以上分析结果以会计分录形式记录如下:

借:应付账款——大华公司　　　　60 000
　　贷:库存现金　　　　　　　　　　　10 000
　　　　银行存款　　　　　　　　　　　50 000

上述会计分录涉及了三个会计账户,所以属于复合会计分录。由于该项经济业务的发生,使"应付账款""库存现金"和"银行存款"账户间形成了对应关系,"应付账款"的对应账户是"库存现金"和"银行存款","库存现金"的对应账户是"应付账款","银行存款"的对应账户也是"应付账款",而"库存现金"和"银行存款"账户间没有对应关系。

可见,账户的对应关系是由于特定经济业务形成的,通过账户的对应关系,可以反映经济业务的来龙去脉,便于检查经济业务本身是否合理合法,以及对经济业务的处理是否正确。由于"多借多贷"的会计分录不能清楚地反映账户之间的对应关系,不便于揭示经济业务的详细内容,所以,在实际工作中通常尽可能不编制"多借多贷"的会计分录,以保持账户的对应关系清楚。

通常一个复合会计分录可以分解为多个简单会计分录,如上例,可以分解为两个一借一贷的会计分录:

借:应付账款——大华公司　　　　10 000
　　贷:库存现金　　　　　　　　　　　10 000

以及

借:应付账款——大华公司　　　　50 000
　　贷:银行存款　　　　　　　　　　　50 000

(四)借贷记账法的试算平衡

企业对日常发生的经济业务都要记入有关账户,内容庞杂,次数繁多,记账过程稍有疏忽,便有可能发生差错。因此,对全部账户的记录必须定期进行试算,借以验证账户记录是否正确。

经济业务发生后,运用借贷记账法的记账规则,对每一项发生的交易或事项分别记入有关账户的借方和贷方,借贷两方的发生额必然是相等的。不仅如此,当一定会计期间内(月、季、年)的全部交易或事项的会计分录都记入有关账户后,所有账户的借方发生额合计数与贷方发生额合计数必然相等。以此类推,所有账户的借方期末余额合计数与贷方期末余额合计数也必然相等。

试算平衡是指根据会计恒等式"资产=负债+所有者权益"以及借贷记账法的记账规

则,通过汇总和测算,以检查账户记录的正确性和完整性的一种方法。它包括发生额试算平衡和余额试算平衡。

1. 发生额试算平衡法

它是根据本期所有账户借方发生额合计与贷方发生额合计的恒等关系,检验本期发生额记录是否正确的方法。公式为:

$$全部账户本期借方发生额合计＝全部账户本期贷方发生额合计$$

2. 余额试算平衡法

它是根据本期所有账户借方余额合计与贷方余额合计的恒等关系,检验本期账户记录是否正确的方法。根据余额时间不同又分为期初余额平衡与期末余额平衡两类。期初余额平衡是期初所有账户借方余额合计与贷方余额合计相等,期末余额平衡是期末所有账户借方余额合计与贷方余额合计相等,这是由"资产＝负债＋所有者权益"的恒等关系决定的。公式为:

$$全部账户的借方期初余额合计＝全部账户的贷方期初余额合计$$

$$全部账户的借方期末余额合计＝全部账户的贷方期末余额合计$$

总分类账户发生额的试算平衡,是在每一个会计期间结束时,全部经济业务均登记入账,并结出各个账户的本期发生额和期末余额后,通过编制试算平衡表来进行的。

试算平衡表的格式分两种:一种是"总分类账户本期发生额试算平衡表"(见表 2.7),它根据各个账户的本期发生额进行编制;另一种是"总分类账户期末余额试算平衡表"(见表 2.8),它根据各个账户的期末余额进行编制。在实际工作中,企业一般将"总分类账户本期发生额试算平衡表"和"总分类账户期末余额试算平衡表"合并在一张表上,如表 2.9 所示。

表 2.7　总分类账户本期发生额试算平衡表

单位:元

会计科目	本期借方发生额	本期贷方发生额
库存现金	5 000	10 000
银行存款	10 000	50 000
应收账款	60 000	40 000
原材料	70 000	25 000
固定资产	40 000	30 000
短期借款	80 000	
应付票据		50 000
应付账款		60 000
应付职工薪酬	35 000	35 000
实收资本		
资本公积		
合　计	300 000	300 000

表 2.8 总分类账户期末余额试算平衡表

单位:元

会计科目	期末借方余额	期末贷方余额
库存现金	1 000	
银行存款	129 000	
应收账款	80 000	
原材料	260 000	
固定资产	180 000	
短期借款		70 000
应付票据		50 000
应付账款		210 000
应付职工薪酬		30 000
实收资本		270 000
资本公积		20 000
合　计	650 000	650 000

表 2.9 总分类账户本期发生额及期末余额试算平衡表

单位:元

会计科目	期初余额		本期发生额		期末余额	
	借方	贷方	借方	贷方	借方	贷方
库存现金	6 000		5 000	10 000	1 000	
银行存款	169 000		10 000	50 000	129 000	
应收账款	60 000		60 000	40 000	80 000	
原材料	215 000		70 000	25 000	260 000	
固定资产	170 000		40 000	30 000	180 000	
短期借款		150 000	80 000			70 000
应付票据				50 000		50 000
应付账款		150 000		60 000		210 000
应付职工薪酬		30 000	35 000	35 000		30 000
实收资本		270 000				270 000
资本公积		20 000				20 000
合　计	620 000	620 000	300 000	300 000	650 000	650 000

应当注意,试算平衡表只是通过借贷金额是否平衡来检查账户记录是否正确,而有些错误对于借贷双方的平衡并不发生影响。如果借贷不平衡,肯定账户记录有错误,应认真查找,直到实现平衡为止。如果借贷平衡,则并不能说明账户记录绝对正确,因为有些错误对

于借贷双方的平衡并不发生影响。例如：重记某项经济业务、会计科目不正确、借贷方向颠倒等，诸如此类的错误，并不能通过试算平衡予以发现。

第二节 会 计 凭 证

企业在生产经营过程中发生的经济业务，通过设置账户、运用借贷记账法便可进行核算。在会计实务中，这个核算过程的依据就是会计凭证。

一、会计凭证的意义

（一）会计凭证的概念

会计凭证是记录经济业务、明确经济责任、作为记账依据的一种具有法律效力的书面证明文件。

会计管理工作要求会计核算提供真实的会计资料，强调记录的经济业务必须有根有据。因此，任何企业、单位，每发生一笔经济业务，都必须由执行或完成该项经济业务的有关人员取得或填制会计凭证，并在凭证上签名或盖章，以对凭证上所记载的内容负责。例如，购买商品、材料由供货方开出发票；支出款项由收款方开出收据；接收商品、材料入库要有收货单；发出材料要有领料单等。这些发票、收据、收货单、发货单、领料单都是会计凭证。

所有会计凭证都必须认真填制，同时还得经过财会部门严格审核，只有审核无误的会计凭证才能作为经济业务发生或完成的证明，才能作为登记账簿的依据。

（二）会计凭证的意义

填制和审核会计凭证，是会计核算的基本方法之一，也是会计核算工作的起点，在会计核算中具有以下重要意义：

1. 记录经济业务，提供记账依据

任何经济业务发生都必须取得或填制会计凭证，如实地反映经济业务发生或完成情况。会计凭证上记载了经济业务发生的时间和内容，从而为会计核算提供了原始凭证，保证了会计核算的客观性与真实性，克服了主观随意性，使会计信息的质量得到了可靠保障。

2. 监督经济活动，控制经济运行

经济业务是否合法、合理，是否客观真实，在记账前都必须经过财会部门审核。通过审核会计凭证，可以充分发挥会计监督作用。通过检查每笔经济业务是否符合有关政策、制度、计划和预算的规定，有无铺张浪费和违纪行为，从而促进各单位和经办人树立遵纪守法的观念，促使各单位建立健全各项规章制度，确保财产安全完整。

3. 明确经济责任，强化内部控制

每一笔经济业务发生或完成都要填制和取得会计凭证，并由相关单位和人员在凭证上签名盖章,这样能促使经办人员严格按照规章制度办事。一旦出现问题,便于分清责任,及时采取措施,有利于岗位责任制的落实。

二、会计凭证的种类

企业单位经济业务的内容具有多样性,每一项具体交易或事项的会计凭证格式也各不相同。会计主体不同,经济业务所取得和填制的凭证也会有所不同。为了正确地使用和填制会计凭证,充分发挥会计凭证的作用,有必要对会计凭证进行分类。

会计凭证按照编制的程序和用途不同,分为原始凭证和记账凭证两种。

(一) 原始凭证

1. 原始凭证的概念

原始凭证又称单据,是在经济业务发生或完成时取得或填制的,用以记录或证明经济业务的发生或完成情况的文字凭据。它是编制记账凭证的依据,是企业进行会计核算的原始资料和重要证据。

2. 原始凭证的种类

(1) 按照来源不同分类

① 外来原始凭证。外来原始凭证指在经济业务发生或完成时,从其他单位或个人直接取得的原始凭证。如购买材料时取得的增值税专用发票或普通发票、铁路运输部门的火车票、由银行转来的结算凭证和对外支付款项时取得的收据等都是外来原始凭证。其格式如表 2.10、表 2.11 所示。

表 2.10 增值税专用发票

增值税专用发票　　　　　NO:×××××××
发票联　　　　　开票日期:　　年　月　日

购货单位	名称:							
	纳税人识别号:				密码区			
	地址、电话:							
	开户行及账号:							
货物或应税劳务名称	规格型号	单位	数量	单价	金额	税率	税额
价税合计(大写)					(小写)¥_____			
销货单位	名称:							
	纳税人识别号:				备注			
	地址、电话:							
	开户行及账号:							

收款人:　　　复核人:　　　开票人:　　　销货单位(章)

（第二联发票联　购货方记账凭证）

表 2.11　商业发票

××省××市商业发票

发票联　　　　　　　　　　　　　　　　NO:×××××××

客户名称：　　　　　　　年　月　日

货号	品名规格	单位	数量	单价	金额								第二联报销凭证
					百	十	万	千	百	十	元	角	分
	小写金额合计												
（大写）	佰	拾	万	仟	佰	拾		元		角		分	

收款人：　　　　　开票人：　　　　　开票单位（盖章）

② 自制原始凭证。自制原始凭证指由本单位内部经办业务的部门和人员，在执行或完成某项经济业务时填制的、仅供本单位内部使用的原始凭证。如购入材料验收入库，由仓库保管员填制的"收料单"（见表 2.12）；车间领用材料时，按要求填写的"领料单"（见表 2.13）；产品验收入库时的"产品入库单"（见表 2.14）；出差人员填报的"差旅费报销单"等。

表 2.12　收料单

供货单位：　　　　　　　　　　　　　　　　凭证编号：
用　　途：　　　　　　　年　月　日　　　　收料仓库：

材料类别	材料编号	材料规格及名称	计量单位	数量		金额（元）			
				应收	实收	单价	买价	运杂费	合计
备注：							合计		

仓库保管员：　　　　　审批：　　　　　收料人：

表 2.13　领料单

领料部门：　　　　　　　　　　　　　　　　凭证编号：
用　　途：　　　　　　　年　月　日　　　　发料仓库：

材料类别	材料编号	材料规格及名称	计量单位	数量		实际价格	
				请领	实发	单价	金额（元）
备注：						合计	

记账：　　　　　领料人：　　　　　审批：　　　　　发料人：

表2.14 产品入库单

凭证编号：

交库单位： 　　　　年　月　日　　　　收料仓库：

产品编号	产品名称	规格	计量单位	交付数量	检验结果		实收数量	单价	金额
					合格	不合格			
备注：							合计		

（2）按照填制手续及内容不同分类

① 一次凭证。一次凭证指一次填制完成，只记录一笔经济业务的原始凭证。一次凭证是一次有效的凭证。此类凭证在日常经济活动中出现较多，如"发票""收据"（见表2.15）"入库单""收料单""借款单""银行支票"等。

表2.15　收　据

NO

```
今收到_____
交　来_____
人民币(大写)_____ ¥ _____
收款单位_____     收款人_____
（盖章）               （签章）
```

经手人：　　　　　审核人：　　　　　出纳员：　　　　　收款单位：

② 累计凭证。累计凭证指在一定时期内多次记录发生的同类型经济业务的原始凭证。其特点是在一张凭证内可以连续登记相同性质的经济业务，随时结出累计数及结余数，并按照最高限额进行控制，期末按实际发生额记账。累计凭证是多次有效的原始凭证。

一般情况下，为了简化手续，对于日常重复发生的同类经济业务，平时随时登记每笔经济业务的发生额，并计算累计数，期末计算总数后作为记账的依据。此类凭证多为自制凭证，典型的累计凭证有"限额领料单"（见表2.16）。

③ 汇总凭证。汇总凭证指对一定时期内反映经济业务内容相同的若干张原始凭证，按照一定标准整理汇总填制的原始凭证。

此类凭证一般为自制凭证，其作用是简化编制记账凭证及记账的手续。常见的原始凭证汇总表有"发出材料汇总表"（见表2.17）"工资汇总表"等。

（3）按照格式不同分类

① 通用凭证。通用凭证指由有关部门统一印制、在一定范围内使用的具有统一格式和使用方法的原始凭证。如由银行统一印制的结算凭证、税务部门统一印制的发票等。

表 2.16　限额领料单

领料部门：　　　　　　　　　　　　　　　　　　　　凭证编号：
用　途：　　　　　　　　　年　月　日　　　　　　　发料仓库：

材料类别	材料编号	材料名称及规格	计量单位	领用限额	实际领用	单价	金额	备注

供应部门负责人：　　　　　　　　　生产计划部门负责人：

日期	数量		领料人签章	发料人签章	扣除代用数量	退料			限额结余
	请领	实发				数量	收料人	发料人	

生产计划部门负责人：　　　　　供应部门负责人：　　　　　仓库负责人：

表 2.17　发出材料汇总表

年　　月　　日至　　日

会计科目		领料部门	原材料	燃料	合　计
生产成本	基本生产车间	一车间			
		二车间			
		小计			
	辅助生产车间	供电车间			
		供气车间			
		小计			
制造费用		一车间			
		二车间			
		小计			
管理费用		行政部门			
合计					

财会负责人：　　　　　　　　　复核：　　　　　　　　　制表：

②专用凭证。专用凭证指由单位自行印制、仅在本单位内部使用的原始凭证。如高速公路过路费收据、火车票、差旅费报销单等。

3. 原始凭证的基本内容

原始凭证的种类较多，来源广泛，形式各异。例如，差旅费报销单是记录职工出差发生各项差旅费情况的，而发票记录的则是销售商品的数量和金额，两者差别很大。为了能够客观反映经济业务的发生和完成情况，表明经济业务的性质，明确有关人员经济责任，原始凭证必须具备以下基本内容：

(1) 原始凭证名称和编号；
(2) 填制原始凭证的日期；
(3) 填制凭证的单位和接受原始凭证的单位名称；
(4) 交易事项的内容摘要；
(5) 经济业务内容(含数量、单价、金额等)；
(6) 有关人员签章；
(7) 凭证附件。

(二) 记账凭证

由于原始凭证只表明经济业务的内容，而且种类繁多、数量庞大、格式不一，因而不能直接记账。为了做到分类反映经济业务的内容，必须按会计核算方法的要求，将其归类、整理，编制记账凭证，标明经济业务应记入的账户名称及应借应贷的金额，作为记账的直接依据。

1. 记账凭证的概念

记账凭证又称记账凭单，是会计人员根据审核无误的原始凭证按照经济业务事项的内容加以归类，并据以确定会计分录后所填制的会计凭证。它是登记账簿的直接依据。

原始凭证是记账凭证的重要附件和依据，原始凭证一般要附在记账凭证后面一并保管。

2. 记账凭证的种类

由于会计凭证记录和反映的经济业务多种多样，因此，记账凭证也是多种多样的。记账凭证按不同的标志，可以分为不同的种类。

(1) 按记账凭证的格式不同，可分为专用凭证和通用凭证

① 专用凭证，是专门用于记录某一类经济业务的记账凭证。在实际工作中，按经济业务与货币资金的收付关系，将专用凭证分为收款凭证、付款凭证和转账凭证三种。

收款凭证(表2.18)是指用于记录现金和银行存款收款业务的会计凭证。收款凭证是出纳人员收讫款项的依据，也是登记总账、现金日记账和银行存款日记账以及有关明细账的依据，一般按现金和银行存款分别编制。

表 2.18　收款凭证

借方科目：　　　　　　　　　　　年　月　日　　　　　　　　收字第　号

摘要	贷方科目		金额	记账	附单据　张
	一级科目	明细科目			
合计					

会计主管：　　　　记账：　　　　审核：　　　　出纳：　　　　制单：

付款凭证(表2.19)是指用于记录现金和银行存款付款业务的会计凭证。付款凭证是出纳人员支付款项的依据，也是登记总账、现金日记账和银行存款日记账以及有关明细账的依据，一般按现金和银行存款分别编制。

表 2.19　付款凭证

贷方科目：　　　　　　　　　　年　　月　　日　　　　　　　　　付字第　　号

摘要	借方科目		金额	记账	附单据　　张
	一级科目	明细科目			
合计					

会计主管：　　　　记账：　　　　审核：　　　　出纳：　　　　制单：

转账凭证(表 2.20)是指用于记录不涉及现金和银行存款业务的会计凭证。转账凭证是登记总账和有关明细账的依据。

表 2.20　转账凭证

年　　月　　日　　　　　　　　　　　　　　　　转字第　　号

摘要	一级科目	明细科目	借方金额	贷方金额	记账	附单据　　张
合计						

会计主管：　　　　记账：　　　　审核：　　　　制单：

如果企业经济业务较多，还可以按现金和银行存款的不同，将收款凭证、付款凭证进一步分为现金收款、现金付款、银行存款收款、银行存款付款凭证，连同转账凭证共五种。

在实际工作中会发生同时涉及现金和银行存款的业务，引起现金和银行存款此增彼减的情况，例如从银行提取现金，或将现金送存银行，为了避免重复记账，对此类业务处理的惯例是，统一按减少方编制付款凭证，即：现金送存银行时，只填制现金付款凭证，不填制银行存款收款凭证；从银行提取现金时，只填制银行存款付款凭证，不填制现金收款凭证。

② 通用凭证，是不分收款、付款和转账业务，全部业务使用一种通用格式的记账凭证。该凭证格式与转账凭证相似，名称统一为记账凭证(表 2.21)。

表 2.21　记账凭证

年　　月　　日　　　　　　　　　　　　　　　　记字第　　号

摘要	一级科目	明细科目	借方金额	贷方金额	记账	附单据　　张
合计						

会计主管：　　　　记账：　　　　审核：　　　　出纳：　　　　制单：

(2) 按照填列方式不同,可分为单式凭证和复式凭证

① 单式凭证。单式凭证是指每一张记账凭证只填列经济业务事项所涉及的一个会计科目及其金额的记账凭证。填列借方科目的称为借项凭证,填列贷方科目的称为贷项凭证。一项经济业务涉及几个科目,就分别填制几张凭证,并采用一定的编号方法将它们联系起来。单式凭证的优点是内容单一,便于记账工作的分工,也便于按科目汇总,并可加速凭证的传递。其缺点是凭证张数多,内容分散,在一张凭证上不能完整地反映一笔经济业务的全貌,不便于检验会计分录的正确性,故需加强凭证的复核、装订和保管工作。

单式记账凭证的一般格式如表2.22及表2.23所示。

表2.22 借项记账凭证

对应科目		年 月 日		记字第 号
摘要	总账科目	明细科目	金额	账页
合计				

会计主管: 记账: 出纳: 审核: 制单:

表2.23 贷项记账凭证

对应科目		年 月 日		记字第 号
摘要	总账科目	明细科目	金额	账页
合计				

会计主管: 记账: 出纳: 审核: 制单:

② 复式凭证。复式凭证是指将每一笔经济业务事项所涉及的全部会计科目及其发生额均在同一张记账凭证中反映的一种凭证。即一张记账凭证上登记一项经济业务所涉及的两个或者两个以上的会计科目,既有"借方",又有"贷方"。复式记账凭证的优点是可以集中反映账户的对应关系,有利于了解经济业务的全貌;同时还可以减少凭证的数量,减轻编制记账凭证的工作量,便于检验会计分录的正确性。其缺点是不便于汇总计算每一会计科目的发生额和进行分工记账。在实际工作中,普遍使用的是复式记账凭证。上述介绍的收款凭证、付款凭证、转账凭证都是复式记账凭证。

(3) 记账凭证按汇总方法不同,可分为分类汇总凭证和全部汇总凭证

① 分类汇总凭证。它是指定期按现金、银行存款及转账业务进行分类汇总,也可以按科目进行汇总。如可以将一定时期的收款凭证、付款凭证、转账凭证分别汇总,编制汇总收款凭证、汇总付款凭证、汇总转账凭证。

② 全部汇总凭证。它是指将单位一定时期内编制的会计分录,全部汇总在一张记账凭

证上。将一定时期的所有记账凭证按相同会计科目的借方和贷方分别汇总,编制记账凭证汇总表(或称科目汇总表)。

汇总凭证是将许多同类记账凭证逐日或定期(3天、5天、10天等)加以汇总后编制的记账凭证,有利于简化总分类账的登记工作。

3. 记账凭证的基本内容

记账凭证因所反映的经济业务的内容不同、各单位业务量的大小不同及会计核算的要求不同,格式亦有所不同。但其编制的目的都在于反映经济业务,确认会计科目,明确责任,便于登记账簿和日后查询。所以,记账凭证必须具备以下内容:

(1) 记账凭证的名称;
(2) 填制记账凭证的日期;
(3) 记账凭证的编号;
(4) 经济业务事项的内容摘要;
(5) 经济业务事项所涉及的会计科目(包括一级科目和明细科目)及其记账方向;
(6) 经济业务事项的金额;
(7) 记账标记;
(8) 所附原始凭证张数;
(9) 会计主管、记账、审核、出纳、制单等有关人员签章。

三、会计凭证的填制和审核

(一) 原始凭证的填制要求

填制原始凭证,要由填制人员将各项原始凭证要素按规定方法填写齐全,办妥签章手续,明确经济责任。为了保证原始凭证能清晰地反映各项经济业务的真实情况,原始凭证的填制必须符合以下要求:

1. 记录要真实

原始凭证所填列的经济业务内容和数字,必须真实可靠,符合实际情况。

2. 内容要完整

原始凭证所要求填列的项目必须逐项填列齐全,不得遗漏和省略。

3. 手续要完备

单位自制的原始凭证必须有经办单位领导人或者其他指定人员的签名盖章;对外开出的原始凭证必须加盖本单位公章;从外部取得的原始凭证,必须盖有填制单位的公章;从个人取得的原始凭证,必须有填制人员的签名盖章。

4. 书写要清楚、规范

原始凭证要按规定填写,文字要简要,字迹要清楚,易于辨认,不得使用未经国务院公布的简化汉字。大小写金额必须相符且填写规范,小写金额用阿拉伯数字逐个书写,不得写连笔字。在金额前要填写人民币符号"¥",人民币符号"¥"与阿拉伯数字之间不得留有空白。金额数字一律填写到角、分,无角、分的,写"00"或符号"—";有角无分的,分位写"0",不得用符号"—"。大写金额用汉字壹、贰、叁、肆、伍、陆、柒、捌、玖、拾、佰、仟、万、亿、元、角、分、零、整等,一律用正楷或行书字书写。大写金额前未印有"人民币"字样的,应加写"人民币"三个字,"人民币"字样和大写金额之间不得留有空白。

5. 编号要连续

如果原始凭证已预先印定编号,在写错作废时,应加盖"作废"戳记,妥善保管,不得撕毁。

6. 不得涂改、刮擦、挖补

原始凭证有错误的,应当由出具单位重开或更正,更正处应当加盖出具单位印章。原始凭证金额有错误的,应当由出具单位重开,不得在原始凭证上更正。

7. 填制要及时

各种原始凭证一定要及时填写,并按规定的程序及时送交会计机构、会计人员进行审核。

(二) 原始凭证的审核

为了正确反映和监督各项经济业务,会计部门对取得的原始凭证,必须进行严格审核和核对,保证核算资料的真实、合法、完整。只有经过审查无误的凭证,方可作为编制记账凭证和登记账簿的依据。原始凭证的审核内容主要包括:原始凭证的真实性、合法性、完整性、正确性和及时性。

1. 真实性

审核凭证的日期、业务内容、数据等是否真实,检查是否存在弄虚作假。

2. 合法性

审核原始凭证所记录的内容是否有违反国家法律法规的情况,是否符合经营活动的需要,是否符合企业的计划或预算的要求。对于不符合要求的凭证,会计人员有权拒绝受理;发现伪造涂改等现象,还应及时向有关负责人汇报。

3. 完整性

审核原始凭证各项基本要素是否完整、齐全。例如,日期填写是否完整,数字填写是否清晰,文字书写是否工整,有关人员签章是否齐全,凭证联次是否确定等。

4. 正确性

审核原始凭证金额的计算和填写是否正确,数字书写是否规范、清晰,是否存在不符合规范要求的更改等。

5. 及时性

审核原始凭证的填制日期是否及时,尤其是一些时效性较强的原始凭证。

经审核的原始凭证应根据不同情况处理:

(1) 对于完全符合要求的原始凭证,应及时据以编制记账凭证入账;

(2) 对于真实、合法但内容不够完整、填写有错误的原始凭证,应退回给有关经办人员,由其负责将有关凭证补充完整、更正错误或重开后,再办理正式会计手续;

(3) 对于不真实、不合法的原始凭证,会计机构和会计人员有权不予接受,并向单位负责人报告。

(三) 记账凭证的编制要求

1. 基本要求

（1）会计分录正确。会计分录是记账凭证的主体部分，应保持清晰、正确的对应关系。一级科目按照会计准则统一规范的会计科目填写，使用全称，不得简化。

（2）记账凭证各项内容必须完整，摘要简明扼要。

（3）日期填写，在凭证的日期栏用阿拉伯数字填写编制本凭证的日期。

（4）记账凭证应连续编号。凭证编号按月顺序编号，即每月都从1号编起，按自然数1，2，3，4，5……顺序编至月末，不得跳号、重号。一笔经济业务需要填制两张以上记账凭证的，可以采用分数编号法编号，如第10笔经济业务涉及三张记账凭证，编号则为10 1/3，10 2/3，10 3/3。

（5）记账凭证的书写应清楚、规范。相关具体要求同原始凭证。

（6）记账凭证可以根据每一张原始凭证填制，或根据若干张同类原始凭证汇总编制，也可以根据原始凭证汇总表填制；但不得将不同内容和类别的原始凭证汇总填制在一张记账凭证上。

（7）除结账和更正错误的记账凭证可以不附原始凭证外，其他记账凭证必须附有原始凭证。

（8）填制记账凭证时若发生错误，应当重新填制。已登记入账的记账凭证在当年内发现填写错误时，可以用红字填写一张与原内容相同的记账凭证，在摘要栏注明"注销某月某日某号凭证"字样，同时再用蓝字重新填制一张正确的记账凭证，注明"订正某月某日某号凭证"字样。如果会计科目没有错误，只是金额错误，也可将正确数字与错误数字之间的差额另编一张调整的记账凭证，调增金额用蓝字，调减金额用红字。发现以前年度记账凭证有错误的，应当用蓝字填制一张更正的记账凭证。

记账凭证填制完经济业务后，如有空行，应当自金额栏最后一笔金额数字下的空行处至合计数上的空行处划线注销。

2. 收款凭证的编制要求

收款凭证左上角的"借方科目"按收款的性质填写"库存现金"或"银行存款"；日期填写的是编制本凭证的日期；右上角填写编制收款凭证的顺序号；"摘要"填写对所记录的经济业务的简要说明；"贷方科目"填写与收入现金或银行存款相对应的会计科目；"记账"是指该凭证已登记账簿的标记，防止经济业务事项重记或漏记；"金额"是指该项经济业务事项的发生额；该凭证右边"附件　　张"是指本记账凭证所附原始凭证的张数；最下边分别由有关人员签章，以明确经济责任。

例2.3　企业收到M公司前欠货款200 000元存入银行。

该笔经济业务的会计分录为：

借：银行存款　　　　　　　　　200 000
　　贷：应收账款——M公司　　　　200 000

会计实际工作，要将该笔会计分录填制成记账凭证，该业务使银行存款增加，应编制收款凭证，如表2.24所示。

表 2.24 收款凭证

借方科目:银行存款　　　　2011 年 5 月 10 日　　　　收字第 16 号

摘要	贷方科目		金额									记账	附单据 × 张
	一级科目	明细科目	千	百	十	万	千	百	十	元	角	分	
收到 M 公司前欠货款	应收账款	M 公司			2	0	0	0	0	0	0	0	
合　　计				¥	2	0	0	0	0	0	0	0	

会计主管:王林　　记账:丁宁　　审核:丁宁　　出纳:王静　　制单:郭敏

3. 付款凭证的编制要求

付款凭证的编制方法与收款凭证基本相同,只是左上角由"借方科目"换为"贷方科目",凭证中间的"贷方科目"换为"借方科目"。

例 2.4　企业以现金支付上月办公电话费 950 元。该笔业务应编制付款凭证,如表 2.25 所示。

表 2.25 付款凭证

贷方科目:库存现金　　　　2011 年 4 月 20 日　　　　付字第 95 号

摘要	借方科目		金额									记账	附单据 × 张
	一级科目	二级或明细科目	千	百	十	万	千	百	十	元	角	分	
支付电话费	管理费用							9	5	0	0	0	
合　　计							¥	9	5	0	0	0	

会计主管:王林　　记账:丁宁　　审核:丁宁　　出纳:王静　　制单:郭敏

出纳人员在办理收款或付款业务后,应在凭证上加盖"收讫"或"付讫"的戳记,以避免重收重付。

4. 转账凭证的编制要求

转账凭证将经济业务事项中所涉及全部会计科目按照先借后贷的顺序记入"会计科目"栏中的"一级科目"和"明细科目",并按应借、应贷方向分别记入"借方金额"或"贷方金额"栏。其他项目的填列与收、付凭证相同。

例 2.5 生产车间生产甲产品领用原材料 6 000 元。该笔业务应编制转账凭证，如表 2.26 所示。

表 2.26 转账凭证

2011 年 4 月 10 日　　　　　　　　　　　　　　　　转字第 12 号

摘要	一级科目	明细科目	借方金额 万千百十元角分	贷方金额 万千百十元角分	记账
生产甲产品领料	生产成本	甲产品	6 0 0 0 0 0		√
		原材料		6 0 0 0 0 0	√
合　计			¥ 6 0 0 0 0 0	¥ 6 0 0 0 0 0	

会计主管：王林　　　记账：丁宁　　　审核：丁宁　　　制单：郭敏

附单据　　张

通用记账凭证的编制要求同转账凭证的编制要求，不再赘述。

（四）记账凭证的审核

为了保证记账凭证的编制质量，正确登记账簿，除了按上述要求填制记账凭证外，在登记入账前，还应对记账凭证进行审核，审核要点包括：

1. 内容是否真实

审核记账凭证是否有原始凭证为依据，所附原始凭证的内容是否与记账凭证的内容一致。

2. 项目是否齐全

审核记账凭证各项目的填写是否齐全，如日期、凭证编号、摘要、金额、所附原始凭证张数及有关人员签章等。

3. 科目是否准确

审核记账凭证的应借、应贷科目是否正确，是否有明确的账户对应关系，所使用的会计科目是否符合国家统一的会计制度规定等。

4. 金额是否正确

审核记账凭证所记录的金额与原始凭证的有关金额是否一致、计算是否正确等。

5. 书写是否规范

审核记账凭证中的记录是否文字工整、数字清晰，是否按规定进行更正等。

在审核过程中，如果发现不符合要求的地方，应要求有关人员采取正确的方法进行更正。只有经过审核无误的记账凭证，才能作为登记账簿的依据。

四、会计凭证的传递和保管

（一）会计凭证的传递

会计凭证的传递是指从会计凭证的取得或填制时起至归档保管过程中，在单位内部有关部门和人员之间的传送程序。

会计凭证的传递要能够满足内部控制制度的要求,使传递程序合理有效,同时尽量节约传递时间,减少传递的工作量。

单位应根据具体情况制定每一种凭证的传递程序和方法。

(二) 会计凭证的保管

会计凭证的保管是指会计凭证记账后的整理、装订、归档和存查工作。

会计凭证的保管主要有下列要求:

(1) 会计凭证应定期装订成册,防止散失。从外单位取得的原始凭证遗失时,应取得原签发单位盖有公章的证明,并注明原始凭证的号码、金额、内容等,由经办单位会计机构负责人、会计主管人员和单位负责人批准后,才能代作原始凭证。若确实无法取得证明的,如车票丢失,则应由当事人写明详细情况,由经办单位会计机构负责人、会计主管人员和单位负责人批准后,代作原始凭证。

(2) 会计凭证封面应注明单位名称、凭证种类、凭证张数、起止号数、年度、月份、会计主管人员、装订人员等有关事项,会计主管人员和保管人员应在封面上签章。

(3) 会计凭证应加贴封条,防止抽换。原始凭证不得外借,其他单位如有特殊原因确实需要使用时,经本单位会计机构负责人、会计主管人员批准,可以复制。向外单位提供的原始凭证复制件,应在专设的登记簿上登记,并由提供人员和收取人员共同签名、盖章。

(4) 原始凭证较多时可单独装订,但应在凭证封面注明所属记账凭证的日期、编号和种类,同时在所属的记账凭证上应注明"附件另订"及原始凭证的名称和编号,以便查阅。

(5) 严格遵守会计凭证的保管期限要求,期满前不得任意销毁。

第三节 会 计 账 簿

一、会计账簿的概念和种类

(一) 会计账簿的概念和意义

企业日常发生的交易或事项,通过填制会计凭证,已经能够如实得到反映。但是,会计凭证的数量多且零散,不能连续、系统、全面地反映单位在一定时期内同类财产物资和全部资金增减变化情况,不能满足经济管理的需要。因此,设置账簿就显得非常重要。

记账就是根据记账凭证所确定的会计分录,在账簿中按相关账户所作的记录。这样就可以了解各项财产物资和资金的增减变动情况,正确计算成本、费用和利润,系统地、全面地为经济管理提供各种必要的数据资料和经济信息。

会计账簿是指由一定格式账页组成的,以经过审核的会计凭证为依据,全面、系统、连续地记录各项经济业务的簿籍。设置和登记账簿是编制会计报表的基础,是连接会计凭证与

会计报表的中间环节,在会计核算中具有重要意义,主要表现在以下四个方面:

1. 账簿记录是编制会计报表的重要依据

会计部门定期提供的会计报表中的相关数据均来源于会计账簿。它们有的是根据账簿记录直接填列的,有的则是根据账簿记录分析计算填列的。因此,账簿记录真实、正确、及时、完整,将是会计报表真实、正确、及时、完整的前提。

2. 账簿记录是重要的经济档案

设置账簿可以把零散的会计凭证所提供的信息集中起来,既有利于保存会计资料,也有利于日后的查考。

3. 账簿记录有利于分工记账

会计工作的分工,是保证工作效率的措施,也是会计监督的有效措施,更是核算质量的保障。这一点在规模较大的企业显得尤为重要。

4. 账簿记录是会计分析和会计检查的重要依据

通过账簿的设置和登记,可以记载、储存会计信息,分类、汇总会计信息,检查、校正会计信息,编报、输出会计信息。每一个单位,都必须根据交易或事项的特点及经营管理的要求设置必要的账簿,认真做好账簿记录。账簿的设置和登记,既要满足企业单位日常经营管理的需要,定期编制会计报表的需要;又要使账簿简明、实用,节约人、物力资源,避免重复设账和记账。

(二)会计账簿与账户的关系

账簿与账户有密切的联系,也有区别。账户是以会计科目为名称在账簿中所开设的户头。账簿将各账户连接在一起,账户是账簿的实质内容,账簿是账户的外在形式。账户用来反映某一个会计科目所要核算的内容;而账簿则按照账户归类反映各项交易或事项,进而提供总括的和明细的核算信息。也可以说,账簿与账户的关系是形式和内容的关系。账户存在于账簿之中,账簿中的每一账页就是账户的存在形式和载体,没有账簿,账户就无法存在;而账簿序时、分类地记载经济业务,则是在个别账户中完成的。因此,账簿只是一个外在形式,账户才是它的真实内容。

(三)会计账簿的分类

为了全面、分类地记录经济业务,一个会计主体必须设置各种不同的账簿,从而形成会计账簿的不同种类。

1. 按用途分类

(1)序时账簿。序时账簿又称日记账,是按照经济业务发生或完成时间的先后顺序逐日逐笔进行登记的账簿。它既可以用来记录全部交易或事项的发生情况,又可以用来登记某一类交易或事项的发生情况。在我国,大多数单位一般只设现金日记账和银行存款日记账对日常货币资金进行核算。

(2)分类账簿。分类账簿简称分类账,是根据经济业务的性质和类别进行登记的账簿。分类账簿是对全部经济业务事项按照会计要素的具体类别而设置的分类账户进行登记的账簿,从分类账簿的每个账户里可以得到各个会计要素及其具体内容增减变动的资料。分类账簿提供的核算信息是编制会计报表的主要依据。

按照总分类账户分类登记经济业务事项的是总分类账簿,简称总账;按照明细分类账户分类登记经济业务事项的是明细分类账簿,简称明细账。

(3) 备查账簿。备查账簿简称备查账,是对某些在序时账簿和分类账簿等主要账簿中都不予登记或登记不够详细的经济业务进行补充登记时使用的账簿。例如"租入固定资产登记簿""受托加工材料登记簿"和"支票登记簿"等。备查账实际上是序时账簿和分类账簿以外的辅助账簿,主要起备忘录和补充某些信息的作用。

2. 按账页格式分类

(1) 两栏式账簿。两栏式账簿是指只有借方和贷方两个基本金额栏目的账簿。

(2) 三栏式账簿。三栏式账簿是设有借方、贷方和余额三个基本栏目的账簿。各种日记账、总分类账以及资本、债权、债务明细账都可采用三栏式账簿。三栏账页适用于只需要进行金额核算的经济业务。

(3) 多栏式账簿。多栏式账簿是在账簿的两个基本栏目借方和贷方中按需要分设若干专栏的账簿。多栏式账页一般适用于需要进行分项目具体反映的交易或事项,如"主营业务收入""管理费用"等收入、费用明细账一般均采用这种格式的账簿。

(4) 数量金额式账簿。数量金额式账簿的借方、贷方和余额三个栏目内,都分设数量、单价和金额三小栏,借以反映财产物资的实物数量和价值量。原材料、库存商品等明细账一般都采用数量金额式账簿。

3. 按外形特征分类

(1) 订本账。订本账是启用之前就已将账页装订在一起,并对账页进行了连续编号的账簿。订本账簿可以避免账页散失,防止随意抽换账页。但是,由于这种账簿的账页已经固定并按页次顺序编号,不便于分工记账。总分类账、现金日记账、银行存款日记账一般应采用订本账形式。

(2) 活页账。活页账簿是指把零散的账页放置在活页账夹内,账簿的页数不固定,可以根据实际需要随时增减账页的账簿。这种账是在账簿登记完毕之前并不固定装订在一起,而是装在活页账夹中。当账簿登记完毕之后(通常是一个会计年度结束之后),才将账页予以装订,加具封面,并给各账页连续编号。活页账簿虽然可以根据交易或事项的实际需要随时增补账页,也便于分工记账,但是,平时登记时,若疏忽大意容易造成散失。各种明细分类账一般采用活页账形式。

(3) 卡片账。卡片账是将账户所需格式印刷在硬卡上。严格来说,卡片账也是一种活页账,只不过它不是装在活页账夹中,而是装在卡片箱内。在我国,单位一般只对固定资产的核算采用卡片账形式。

二、会计账簿的内容、启用与记账规则

(一) 会计账簿的基本内容

各种账簿所记录的经济内容不同,账簿的格式又多种多样,但各种主要账簿应具备以下基本内容:

(1) 封面,主要标明账簿的名称,如总账、银行存款日记账。

(2) 扉页，主要列明科目索引、账簿启用和经管人员一览表。账簿启用和经管人员一览表应填列的内容主要有：经管人员、移交人和移交日期、接管人和接管日期等。

(3) 账页，是账簿用来记录经济业务事项的载体，包括账户的名称、登记账户的日期栏、凭证种类和号数栏、摘要栏、金额栏、总页次、分户页次等基本内容。

（二）会计账簿的启用

启用会计账簿时，应当在账簿封面上写明单位名称和账簿名称，并在账簿扉页上附启用表。启用订本式账簿应当从第一页到最后一页顺序编定页数，不得跳页、缺号。使用活页式账页应当按账户顺序编号，并须定期装订成册；装订后再按实际使用的账页顺序编定页码，另加目录，标明每个账户的名称和页次。

（三）会计账簿的记账规则

(1) 必须根据审核无误的会计凭证，及时地登记各类账簿，以保证账簿记录的正确性。

(2) 登记会计账簿时，应当将会计凭证日期、编号、经济业务内容摘要、金额和其他有关资料逐项记入账内，做到数字准确、摘要清楚、登记及时、字迹工整。

(3) 登记完毕后，要在记账凭证上签名或者盖章，并注明已经记账的符号（√），表示已经记账。

(4) 账簿中书写的文字和数字上面要留有适当空格，不要写满格，一般应占格距的1/2，最多不能超过2/3。

(5) 登记账簿要用蓝黑墨水或者碳素墨水书写，不得使用圆珠笔（银行的复写账簿除外）或者铅笔书写。

(6) 下列情况，可以用红色墨水记账：
① 按照红字冲账的记账凭证，冲销错误记录；
② 在不设借贷等栏的多栏式账页中，登记减少数；
③ 在三栏式账户的余额栏前，如未印明余额方向的，在余额栏内登记负数余额；
④ 根据国家统一的会计制度的规定可以用红字登记的其他会计记录；
⑤ 注销空行或空页及期末结账时划线。

(7) 各种账簿应按页次顺序连续登记，不得跳行、隔页。如果发生跳行、隔页，应当将空行、空页划线注销，或者注明"此行空白""此页空白"字样，并由记账人员签名或者盖章。

(8) 凡需要结出余额的账户，结出余额后，应当在"借或贷"栏内写明"借"或者"贷"字样以说明余额的方向。没有余额的账户，应当在"借或贷"栏内写"平"字，并在余额栏内用"0"表示，一般来说，"0"应放在"元"位。

(9) 每一账页登记完毕结转下页时，应当结出本页合计数及余额，写在本页最后一行和下页第一行有关栏内，并在摘要栏内注明"过次页"和"承前页"字样；也可以将本页合计数及金额只写在下页第一行有关栏内，并在摘要栏内注明"承前页"字样。

对需要结计本月发生额的账户，结计"过次页"的本页合计数应当为自本月初起至本页末止的发生额合计数；对需要结计本年累计发生额的账户，结计"过次页"的本页合计数应当为自年初起至本页末止的累计数；对既不需要结计本月发生额，也不需要结计本年累计发生额的账户,可以只将每页末的余额结转次页。

三、会计账簿的格式和登记方法

(一)日记账的格式和登记方法

1. 现金日记账的格式和登记方法

(1)现金日记账的格式

现金日记账是用来核算和监督库存现金每天的收入、支出和结存情况的账簿,其格式有三栏式和多栏式两种。三栏式日记账的基本结构为"收入""支出"和"结余"三栏,一般格式如表 2.27 所示。

表 2.27 现金日记账

第　　页

年		凭证		对方科目	摘要	收入	支出	结余
月	日	字	号					

无论采用三栏式还是多栏式现金日记账,都必须使用订本账。

(2)现金日记账的登记方法

现金日记账由出纳人员根据现金收款凭证、现金付款凭证和银行付款凭证等记账凭证,按时间顺序逐日逐笔进行登记,并根据"上日余额＋本日收入－本日支出＝本日余额"的公式,逐日结现金余额,与库存现金实存数核对,以检查每日现金收付是否有误。

2. 银行存款日记账的格式和登记方法

(1)银行存款日记账的格式

银行存款日记账是用来核算和监督银行存款每日的收入、支出和结余情况的账簿。银行存款日记账应按企业在银行开立的账户和币种分别设置,每个银行账户设置一本日记账。其格式一般有"三栏式"和"多栏式",银行存款日记账的格式与现金日记账的格式基本相同,不再列示。

(2)银行存款日记账的登记方法

银行存款日记账由出纳人员根据银行收款凭证、银行付款凭证和现金付款凭证等记账凭证,按时间顺序逐日逐笔进行登记,每日终了必须结出银行存款余额。银行存款账应定期与银行对账单核对,至少每月核对一次。

(二)总分类账的格式和登记方法

1. 总分类账的格式

总分类账是按照总分类账户分类登记,以提供总括会计信息的账簿。

总分类账能够全面、总括地反映经济活动情况及其结果,对明细账起到统驭作用,为编制报表提供总括资料。因此,任何单位都要设置总分类账。

总分类账最常用的格式为三栏式,设置借方、贷方和余额三个基本金额栏目。其一般格式如表 2.28 所示。

表 2.28 总分类账

科目名称:						第 页
年		凭证号码	摘要	借方	贷方	借或贷	余额
月	日						

2. 总分类账的登记方法

总分类账可以根据记账凭证逐笔登记,也可以根据经过汇总的科目汇总表或汇总记账凭证等登记。总分类账中各栏所记内容与记账凭证或科目汇总表(或汇总记账凭证)内各项目记载内容相吻合,并及时结出余额。总分类账登记的依据和方法,取决于企业采用的账务处理程序。

(三)明细分类账的格式和登记方法

1. 明细分类账的格式

明细分类账是根据二级账户或明细账户开设账页,分类、连续地登记经济业务以提供明细核算资料的账簿。明细分类账能够具体、详细地反映经济活动情况及其结果,对总分类账起着辅助补充的作用,为编制会计报表提供必要的明细资料。因此,各单位都要根据具体情况设置必要的明细分类账。

明细分类账的格式有三栏式、多栏式、数量金额式和横线登记式(或称平行式)等多种。

(1)三栏式明细分类账

三栏式明细分类账是设有借方、贷方和余额三个栏目,用以分类核算各项经济业务,提供详细核算资料的账簿,其格式与三栏式总账格式相同,适用于只进行金额核算的账户。

(2)多栏式明细分类账

多栏式明细分类账是将属于同一个总账科目的各个明细科目合并在一张账页上进行登记,适用于成本费用类科目的明细核算,如"生产成本""制造费用""管理费用""主营业务收入"等账户的明细分类账。

多栏式明细账在一张账页上,按明细科目分设若干专栏,集中反映有关明细项目的核算资料。如"管理费用明细账",它在借方栏下,可分设若干专栏,如:工资、折旧费、办公费、水电费、材料费……其格式如表 2.29 所示。

表 2.29　管理费用明细账

年		凭证		摘要	借方						合计
月	日	种类	号码		工资	折旧费	办公费	水电费	材料费	…	

(3) 数量金额式明细分类账

数量金额式明细分类账,其借方(收入)、贷方(发出)和余额(结存)都分别设有数量、单价和金额三个专栏,以分别登记实物的数量和金额。其格式如表 2.30 所示。

表 2.30　数量金额式明细分类账

科目名称：　　　　　　　　　品名：
规格：　　　　　　　　　　　存放地点：　　　　　　　　　　　第　　页

年		凭证		摘要	收入			发出			结存		
月	日	种类	号码		数量	单价	金额	数量	单价	金额	数量	单价	金额

数量金额式明细账适用于既要进行金额明细核算,又要进行数量明细核算的财产物资项目。如"原材料""库存商品"等账户的明细核算。它能提供各种财产物资收入、发出、结存等的数量和金额资料,便于开展业务和加强管理。

(4) 横线登记式明细分类账

横线登记式明细分类账采用横线登记,即将每一相关的业务登记在一行,从而可依据每一行各个栏目的登记是否齐全来判断该项业务的进展情况。该明细分类账适用于登记物资采购业务、应收票据和一次性备用金业务等。

以物资采购明细分类账为例,该账一般采用横线登记式,其借方一般在购料付款时按会计凭证的编号顺序逐日逐笔登记,其贷方则不要求按会计凭证编号逐日逐笔登记,而是在材料验收入库时,在与借方记录的同一行内进行登记。同一行内借方、贷方均有记录时,表示该项经济业务已处理完毕,若一行内只有借方记录而无贷方记录,表示该项经济业务尚未结束。

物资采购横线登记式明细分类账的格式如表 2.31 所示。

表 2.31　物资采购明细分类账

年		凭证		摘要	借方			贷方	余额
月	日	种类	号码		买价	采购费用	合计		

2. 明细分类账的登记方法

不同类型经济业务的明细分类账可根据管理需要,依据记账凭证、原始凭证或汇总原始凭证逐日逐笔或定期汇总登记。固定资产、债权、债务等明细账应逐日逐笔登记;库存商品、原材料收发明细账以及收入、费用明细账可以逐笔登记,也可定期汇总登记。

(四)总分类账和明细分类账的平行登记

企业单位同时设置和使用总分类账和明细分类账,实行总分类账和明细分类账的结合,可以使两种核算提供的指标相互制约、彼此控制,从而保证会计信息的质量。虽然总分类账和明细分类账存在统驭与被统驭的关系,但在账务处理上是平行关系,应当进行平行登记,以便于进行账户核对,并确保核算资料的正确、完整。

1. 平行登记的概念

平行登记是指对所发生的每项经济业务,都要以会计凭证为依据,一方面记入有关总分类账,另一方面记入该总分类账所属的有关明细分类账。

2. 平行登记的要求

在借贷记账法下,总分类账和明细分类账的平行登记要求做到以下四点:

(1)依据相同。对于发生的每一项经济业务所涉及的总分类账和明细分类账,要依据相同的会计凭证,一方面要在相应的总分类中登记,另一方面要在该总分类账所属的明细分类账中登记。

(2)方向相同。对于发生的每一项经济业务,记入有关总分类账的方向,与记入该总分类账所属的明细分类账的方向必须相同,即总分类账登记在借方,所属明细分类账也应登记在借方;总分类账登记在贷方,所属明细分类账也应登记在贷方。

(3)期间相同。对于发生的每一项经济业务,在分别记入总分类账和明细分类账的过程中,顺序可以有先有后,但必须在同一个会计期间内全部登记入账。

(4)金额相等。对于发生的每一项经济业务,记入总分类账的金额,与记入其所属的明细分类账的金额之和必须相等。

四、错账更正方法

在登记会计账簿工作中,可能由于种种原因会使账簿记录发生错误,有的是填制凭证和记账时发生的单纯笔误;有的是写错了会计科目、金额等;有的是合计时计算错误;有的是过账错误。账簿记录发生错误,不准涂改、挖补、刮擦或者用药水消除字迹,不准重新抄写更换

账页,必须按下列方法更正:

(一) 划线更正法

在结账前发现账簿记录有文字或数字错误,而记账凭证没有错误,采用划线更正法。

划线更正时,可在错误的文字或数字上划一条红线,在红线的上方填写正确的文字或数字,并由记账及相关人员在更正处盖章。对于错误的数字,应全部划红线更正,不得只更正其中的错误数字。对于文字错误,可只划去错误的部分。例如,记账凭证上为"3 400"元,在账簿中误记为"4 300"元时,应将错误数字"4 300"全部用红线注销后,再写上正确的数字"3 400",而不是只删改"43"。

(二) 红字更正法

记账后发现记账凭证所记的会计科目错误,或者会计科目无误而所记金额大于应记金额,从而引起记账错误,采用红字更正法。

1. 由于记账凭证会计科目用错的更正

记账后,如果发现记账凭证中的应借、应贷会计科目有错误,可以用红字更正法予以更正。先用红字金额,填写一张与错误记账凭证内容完全相同的记账凭证,且在摘要栏注明"更正某月某日第×号凭证",并据以用红字金额登记入账,以冲销账簿中原有的错误记录,然后再用蓝字重新填制一张正确的记账凭证,登记入账。

例 2.6　用银行存款支付材料采购费用 8 000 元。

(1) 填制记账凭证时,误将借方科目写成"固定资产",并已登记入账。原错误记账凭证为:

　　借:固定资产　　　　　　　　　　　8 000
　　　　贷:银行存款　　　　　　　　　　8 000

(2) 发现错误后,用红字填制一张与原错误记账凭证内容完全相同的记账凭证。

　　借:固定资产　　　　　　　　　　　8 000
　　　　贷:银行存款　　　　　　　　　　8 000

(3) 用蓝字填制一张正确的记账凭证。

　　借:材料采购　　　　　　　　　　　8 000
　　　　贷:银行存款　　　　　　　　　　8 000

2. 由于记账凭证已记金额大于应记金额的更正

记账后,如果发现记账凭证和账簿记录中应借、应贷的账户没有错误,只是所记金额大于应记金额。对于这种账簿记录的错误,更正的方法是:将多记的金额用红字填制一张与原错误记账凭证会计科目相同的记账凭证,并在摘要栏注明"更正某月某日第×号凭证",并据以登记入账,以冲销多记的金额。

例 2.7　用银行存款支付管理费用 1 500 元。记账凭证中将 1 500 元写为 5 100 元,并已入账。

该笔业务只需用红字更正法编制一张记账凭证,将多记的金额 3 600 元用红字冲销即可。编制的记账凭证为:

借：管理费用　　　　　　　　　3 600
　　贷：银行存款　　　　　　　　　　3 600

（三）补充登记法

记账后发现记账凭证填写的会计科目无误，只是所记金额小于应记金额，采用补充登记法。

更正方法是：将少记金额用蓝笔填制一张与原错误记账凭证会计科目相同的记账凭证，并在摘要栏内注明"补记某月某日第×号凭证"并予以登记入账，补足原少记金额，并据以记账。

例 2.8　用银行存款支付管理费用 9 100 元。记账凭证中将 9 100 元写为 1 900 元，并已入账。

该笔业务只需用补充登记法编制一张记账凭证，将少记的金额 7 200 元补足便可。其记账凭证为：

借：管理费用　　　　　　　　　7 200
　　贷：银行存款　　　　　　　　　　7 200

五、对账与结账

（一）对账

对账就是核对账目，是指对账簿、账户记录所进行的核对工作。在日常会计工作中，在填制凭证、记账、算账、结账等过程中，难免会发生差错，出现账款、账物不符的情况。因而，在结账前后，要通过对账，将有关账簿记录进行核对，确保会计核算资料的正确性和完整性，为编制会计报表提供真实可靠的数据资料。对账的内容一般包括账证核对、账账核对、账实核对几个方面。

1. 账证核对

账证核对是指核对会计账簿记录与原始凭证、记账凭证的时间、凭证字号、内容、金额是否一致，记账方向是否相符。为了保证账证相符，必须核对账簿记录同有关会计凭证。一般来说，日记账应与收、付款凭证相核对，总账应与记账凭证相核对，明细账应与记账凭证或原始凭证相核对。通常这些核对工作是在日常制单和记账工作中进行的。

2. 账账核对

账账核对是指核对不同会计账簿之间的账簿记录是否相符。由于会计账簿之间相对应的记录存在着内在联系，为了保证账账相符，必须核对各种账簿之间的有关数据。至少每个月的月末进行一次账账核对。具体核对的内容包括：

（1）总分类账簿有关账户的余额核对。资产类账户的余额应等于权益类账户的余额，或总账账户的借方期末余额合计数应与贷方期末余额合计数核对相符。

（2）总分类账簿与所属明细分类账簿核对。总账账户的期末余额应与所属明细账户期末余额之和核对相符。

（3）总分类账簿与序时账簿核对。如前所述，序时账簿包括特种日记账和普通日记账。

而我国企事业单位必须设置的特种日记账是现金日记账和银行存款日记账。这两类业务同时还必须设置总分类账。现金日记账和银行存款日记账期末余额应分别同有关总分类账户的期末余额核对相符。

(4) 明细分类账簿之间的核对。会计部门各种财产物资明细分类账的期末余额应与财产物资保管或使用部门有关明细账的期末余额核对相符。

3. 账实核对

账实核对是指各项财产物资、债权债务等账面余额与实有数额之间的核对。为了保证账实相符,应将各种账簿记录与有关财产物资的实有数相核对。具体核对内容包括:

(1) 现金日记账账面余额与库存现金数额是否相符。现金日记账账面余额应与现金实际库存数逐日核对相符。

(2) 银行存款日记账账面余额与银行对账单的余额是否相符。银行存款日记账的账面余额与银行送来的对账单定期核对相符。

(3) 各项财产物资明细账账面余额与财产物资的实有数额是否相符。各项财产物资明细账账面余额与财产物资的实有数额定期核对相符。

(4) 有关债权债务明细账账面余额与对方单位的账面记录是否相符。各种应收、应付、应交款明细账的期末余额应与债务、债权单位的账目核对相符;与上下级单位、财政和税务部门的拨缴款项也应定期核对无误。

(二) 结账

结账,是在把一定时期内发生的全部经济业务登记入账的基础上,计算并记录本期发生额和期末余额,为编制会计报表提供资料。

为了正确反映一定时期内在账簿中已经记录的经济业务,总结有关经济活动和财务状况,为编制会计报表提供资料,各单位都必须按照会计制度的规定,在年末、季末、月末进行结账,计算、总结本期的经营成果和资产、负债、所有者权益的实际状况,为提供相关会计信息做好准备。结账应当按照一定的程序和方法进行。

1. 结账的程序

(1) 将本期发生的经济业务事项全部登记入账,并保证其正确性;

(2) 根据权责发生制的要求,调整有关账项,合理确定本期应计的收入和应计的费用;

(3) 将损益类科目转入"本年利润"科目,结平所有损益类科目;

(4) 结算出资产、负债和所有者权益科目的本期发生额和余额,并结转下期。

2. 结账的方法

结账时,应当结出每个账户的期末余额。需要结出当月(季、年)发生额的账户,如各项收入、费用账户等,应单列一行登记发生额,在摘要栏内注明"本月(季)合计"或"本年累计"。结出余额后,应在余额前的"借或贷"栏内写"借"或"贷"字样,没有余额的账户,应在余额栏前的"借或贷"栏内写"平"字,并在余额栏内用"0"表示。为了突出本期发生额及期末余额,表示本会计期间的会计记录已经截止或者结束,应将本期与下期的会计记录明显分开,结账一般都划"结账线"。划线时,月结、季结用单线,年结划双线。划线应划红线并应划通栏线,不能只在账页中的金额部分划线。

结账时应根据不同的账户记录,分别采用不同的结账方法:

（1）总账账户的结账方法。总账账户平时只需结计月末余额，不需要结计本月发生额。每月结账时，应将月末余额计算出来并写在本月最后一笔经济业务记录的同一行内，并在下面通栏划单红线。年终结账时，为了反映全年各会计要素增减变动的全貌，便于核对账目，要将所有总账账户结计全年发生额和年末余额，在摘要栏内注明"本年累计"字样，并在"本年累计"行下划双红线。

（2）现金日记账、银行存款日记账和需要按月结计发生额的收入、费用等明细账的结账方法。现金日记账、银行存款日记账和需要按月结计发生额的各种明细账，每月结账时，要在每月的最后一笔经济业务下面通栏划单红线，结出本月发生额和月末余额，写在红线下面，并在摘要栏内注明"本月合计"字样，再在下面通栏划单红线。

（3）不需要按月结计发生额的债权、债务和财产物资等明细分类账的结账方法。对这类明细账，每次记账后，都要在该行余额栏内随时结出余额，每月最后一笔余额即为月末余额。也就是说月末余额就是本月最后一笔经济业务记录的同一行内的余额。月末结账时只需在最后一笔经济业务记录之下通栏划单红线即可，无需再结计一次余额。

（4）需要结计本年累计发生额的收入、成本等明细账的结账方法。对这类明细账，先按照需按月结计发生额的明细账的月结方法进行月结，再在"本月合计"行下的摘要栏内注明"本年累计"字样，并结出自年初起至本月末止的累计发生额，再在下面通栏划单红线。12月末的"本年累计"就是全年累计发生额，在全年累计发生额下面通栏划双红线。

（5）年度终了结账时，有余额的账户，要将其余额结转到下一会计年度，并在摘要栏内注明"结转下年"字样；在下一会计年度新建有关会计账簿的第一行余额栏内填写上年结转的余额，并在摘要栏内注明"上年结转"字样。结转下年时，既不需要编制记账凭证，也不必将余额再记入本年账户的借方或贷方，使本年有余额的账户的余额变为零，而是使有余额的账户的余额如实反映在账户中，以免混淆有余额账户和无余额账户的区别。

六、会计账簿的更换与保管

（一）会计账簿的更换

会计账簿的更换通常在新会计年度建账时进行。总账、日记账和多数明细账应每年更换一次。备查账簿可以连续使用。

（二）会计账簿的保管

年度终了，各种账户在结转下年、建立新账后，一般都要把旧账送交总账会计集中统一管理。会计账簿暂由本单位财务会计部门保管1年，期满之后，由财务会计部门编造清册，移交本单位的档案部门保管。会计账簿有一定的保管年限要求，我国现行规定：总账、明细账、日记账、辅助账簿等为30年，现金日记账和银行存款日记账为30年。

第四节 财产清查

一、财产清查概述

(一) 财产清查的意义

财产清查是指通过对货币资金、实物资产和往来款项的盘点或核对,确定其实存数,查明账存数与实存数是否相符的一种专门方法。加强财产清查工作,对于加强企业管理、充分发挥会计的监督作用具有重要意义。

企业的会计工作,都要通过会计凭证的填制和审核,然后及时地在账簿中进行连续登记。应该说,这一过程能保证账簿记录的正确性,也能真实反映企业各项财产的实有数,各项财产的账实应该是一致的。但是,在实际工作中,由于种种原因,账簿纪录会发生差错,各项财产的实际结存数也会发生差错,造成账存数与实存数发生差异的原因是多方面的,一般有以下几种情况:

(1) 在收发物资中,由于计量、检验不准确而造成品种、数量或质量上的差错;
(2) 财产物资在运输、保管、收发过程中,在数量上发生自然增减变化;
(3) 在财产增减变动中,由于手续不齐或计算、登记上发生错误;
(4) 由于管理不善或工作人员失职,造成财产损失、变质或短缺等;
(5) 贪污盗窃、营私舞弊造成的损失;
(6) 自然灾害造成的非常损失;
(7) 未达账项引起的账账、账实不符等。

上述种种原因都会影响账实的一致性。因此,运用财产清查的手段,对各种财产物资进行定期或不定期地核对和盘点,具有十分重要的意义。

通过财产清查可以确定各项财产物资的实际结存数。将账面结存数和实际结存数进行核对,可以揭示各项财产物资的溢缺情况,从而及时地调整账面结存数,保证账簿记录真实、可靠。

(1) 通过财产清查,做到账实相符,保证会计信息的真实性、可靠性,保护各项财产的安全完整。

(2) 通过财产清查,可以查明财产物资盘盈盘亏的原因,落实经济责任,从而完善企业管理制度,挖掘财产物资潜力,提高资金的使用效能,加速资金周转。

(3) 通过财产清查,可以发现问题,及时采取措施弥补经营管理中的漏洞,建立健全各项规章制度,提高企业的管理水平。

(二) 财产清查的种类

1. 按财产清查的范围分为全面清查和局部清查

全面清查是指对所有的财产和资金进行全面盘点与核对。清查对象主要包括:原材料、在产品、自制半成品、库存商品、现金、银行存款、有价证券、在途物资、委托加工物资、往来款项、固定资产等。全面清查范围广，工作量大，一般在年终决算或企业撤销、合并或改变隶属关系时进行。

局部清查也称重点清查，是指根据需要只对财产中某些重点部分进行的清查。如流动资产中变化较频繁的原材料、库存商品等，除年度全面清查外，还应根据需要随时轮流盘点或重点抽查。各种贵重物资每月至少清查一次，库存现金要天天核对，银行存款要按银行对账单逐笔核对。

2. 按财产清查的时间分为定期清查和不定期清查

定期清查是指在规定的时间内所进行的财产清查。一般是在年、季、月终了后进行。

不定期清查也称临时清查，是指根据实际需要临时进行的财产清查。一般是在更换财产物资保管人员，企业撤销、合并或发生财产损失等情况时所进行的清查。

定期清查和不定期清查的范围应视具体情况而定，可全面清查，也可局部清查。

企业在编制年度财务会计报告前，应当全面清查财产、核实债务。各单位应当定期将会计账簿记录与实物、款项及有关资料相互核对，保证会计账簿记录与实物及款项的实有数额相符。

（三）财产清查的一般程序

（1）建立财产清查组织；

（2）组织清查人员学习有关政策规定，掌握有关法律、法规和相关业务知识，以提高财产清查工作的质量；

（3）确定清查对象、范围，明确清查任务；

（4）制定清查方案，具体安排清查内容、时间、步骤、方法，进行必要的清查前准备；

（5）清查时本着先清查数量、核对有关账簿记录等，后认定质量的原则进行；

（6）填制盘存清单；

（7）根据盘存清单填制实物、往来账项清查结果报告表。

二、财产清查的方法

（一）货币资金的清查方法

1. 现金的清查

采用实地盘点的方法来确定库存现金的实存数，然后再与现金日记账的账面余额核对，以查明账实是否相符及盈亏情况。

由于现金的收支业务频繁，容易出现差错，需要出纳人员每日进行清查和定期及不定期地专门清查。每日业务终了，出纳人员都应将现金日记账的账面余额与现金的实存数进行核对，做到账款相符。现金清查盘点时，出纳人员必须在场，现钞应逐张查点，还应注意有无违反现金管理制度的现象。清查结束时应编制现金盘点报告表，并由盘点人员和出纳人员签章。现金盘点报告表兼有盘存单和实存账存对比表的作用，是反映现金实有数和调整账簿记录的重要原始凭证。其一般格式如表2.32所示。

表 2.32　现金盘点报告表

单位名称：　　　　　　　　　　　　　　年　　月　　日

实存金额	账存金额	对比结果		备注
		盘盈	盘亏	

盘点人：　　　　　　　　　　　　　　出纳员：

国库券、公司债券、股票等有价证券的清查方法和现金相同。

2. 银行存款的清查

银行存款的清查，与实物和现金的清查方法不同，它是采用与银行核对账目的方法来进行的。即将企业单位的银行存款日记账与开户行提供的银行对账单逐笔核对，以查明银行存款的收入、付出和结余的记录是否正确。

开户银行送来的银行对账单是银行在收付企业单位存款时复写的账页，它完整地记录了企业单位存放在银行的款项的增减变动情况及结存余额，是进行银行存款清查的重要依据。

在实际工作中，企业银行存款日记账余额与银行对账单余额往往不一致，其主要原因如下：一是双方账目发生错账、漏账。所以在与银行核对账目之前，应先仔细检查企业单位银行存款日记账的正确性和完整性，然后再将与银行送来的对账单逐笔进行核对。二是正常的"未达账项"。所谓"未达账项"，是指由于双方记账时间不一致而发生的一方已经入账，而另一方尚未入账的款项。企业单位与银行之间的未达账项，有以下四种情况：

（1）企业已入账，但银行尚未入账

① 企业送存银行的款项，企业已做存款增加入账，但银行尚未入账；

② 企业开出支票或其他付款凭证，企业已作为存款减少入账，但银行尚未付款、未记账。

（2）银行已入账，但企业尚未入账

① 银行代企业收进的款项，银行已作为企业存款的增加入账，但企业尚未收到通知，因而未入账；

② 银行代企业支付的款项，银行已作为企业存款的减少入账，但企业尚未收到通知，因而未入账。

上述任何一种情况的发生，都会使双方的账面存款余额不一致。因此，为了查明企业单位和银行双方账目的记录有无差错，同时也是为了发现未达账项，在进行银行存款清查时，必须将企业单位的银行存款日记账与银行对账单逐笔核对；核对的内容包括收付金额、结算凭证的种类和号数、收入来源、支出的用途、发生的时间、某日止的金额等。通过核对，如果发现企业单位有错账或漏账，应立即更正；如果发现银行有错账或漏账，应及时通知银行查明更正；如果发现有未达账项，则应据以编制银行存款余额调节表进行调节，并验证调节后余额是否相等。

银行存款余额调节表的编制方法说明如下：

例 2.9　华安公司 2011 年 4 月 30 日"银行存款日记账"账面余额为 155 030 元，开户银行送来的"银行存款对账单"上银行存款余额为 158 100 元。经核查，发现有以下几笔未达账项：

（1）企业已送存银行 876 号现金支票一张，面额为 1 000 元，企业已增加银行存款，但开户银行尚未入账；

（2）银行代企业收到销货款 5 000 元，银行已入账，但企业尚未接到通知，没有入账；

(3) 企业开出1102号转账支票一张,用于购买甲材料,合计金额2 050元,企业已记银行存款减少,但银行尚未入账;

(4) 银行代企业支付应付账款2 980元,银行已入账,但企业尚未接到通知,没有入账。

根据上述资料编制"银行存款余额调节表",如表2.33所示。

表2.33　银行存款余额调节表

2011年4月30日　　　　　　　　　　　　　　　　　　　　　　　　单位:元

项　目	金额	项　目	金额
银行存款日记账余额	155 030	银行对账单余额	158 100
加:银行已收,企业未收	5 000	加:企业已收,银行未收	1 000
减:银行已付,企业未付	2 980	减:企业已付,银行未付	2 050
调整后的余额	157 050	调整后的余额	157 050

如果调节后双方余额相等,则一般说明双方记账没有差错;若不相等,则表明企业方或银行方或双方记账有差错,应进一步核对,查明原因予以更正。

需要注意的是,对于银行已经入账而企业尚未入账的未达账项,不能根据银行存款余额调节表来编制会计分录,作为记账依据,必须在收到银行的有关凭证后方可入账。另外,对于长期悬置的未达账项,应及时查明原因,予以解决。

(二) 实物的清查方法

对于各种实物,如材料、半成品、库存商品、低值易耗品、包装物、固定资产等,都要从数量上进行清查。由于实物的形态、体积、重量、堆放方式等不尽相同,因而所采用的清查方法也不尽相同。实物数量的清查方法,主要有以下两种:

(1) 实地盘点法,是指在财产物资存放现场逐一清点或用计量仪器确定实存数的一种方法。其适用的范围较广,在多数财产物资清查中都可以采用这种方法。该方法数字准确可靠,但工作量较大。

(2) 技术推算法,是指利用技术方法推算财产物资实存数的方法。采用这种方法,对于财产物资不是逐一清点计数,而是通过量方、计尺等技术推算财产物资的结存数量。这种方法只适用于成堆、量大而价值又不高,难以逐一清点的财产物资的清查。例如,露天堆放的煤炭等。

实物清查过程中,实物保管人员和盘点人员必须同时在场。对于盘点结果,应如实登记盘存单,并由盘点人和实物保管人签字或盖章,以明确经济责任。盘存单既是记录盘点结果的书面证明,也是反映财产物资实存数的原始凭证。其一般格式如表2.34所示。

表2.34　盘存单

单位名称:		盘点时间:		编号:		
财产类别:		存放地点:		金额单位:		
编号	名称	计量单位	数量	单价	金额	备注

盘点人:　　　　　　　　监盘人:　　　　　　　　实物保管人:

为了查明实存数与账存数是否一致,确定盘盈或盘亏情况,应根据盘存单和有关账簿的记录,编制实存账存对比表。实存账存对比表是用以调整账簿记录的重要原始凭证,也是分析产生差异的原因,明确经济责任的依据。实存账存对比表的一般格式如表 2.35 所示。

对于委托外单位加工、保管的存货以及在途的存货等,可以用询证的方法与有关单位进行核对,以查明账实是否相符。

表 2.35　实存账存对比表

编号	类别	名称	计量单位	单价	实存		账存		对比结果				备注
									盘盈		盘亏		
					数量	金额	数量	金额	数量	金额	数量	金额	

会计主管：　　　　　　　　复核：　　　　　　　　制表：

(三) 往来款项的清查方法

往来款项的清查一般采用发函询证的方法进行核对。在保证往来款项记录完整正确的基础上,编制"往来款项对账单"寄往各往来单位。对账单一般一式两联,其中一联作为回单。如果对方单位核对相符,应在回单上盖章后退回;如果数字不符,则应将不符的情况在回单上注明,或另抄对账单退回,以便进一步清查。在核对过程中,如果发现未达账项,双方都应采用调节账面余额的方法,来核对往来款项是否相符。

三、财产清查结果的处理

(一) 财产清查结果处理的要求

通过财产清查所发现的财产管理和核算方面存在的问题,应当认真分析研究,以有关的制度为依据进行严肃处理。为此,应切实做好以下几个方面的工作:

(1) 分析产生差异的原因和性质,提出处理建议;
(2) 积极处理多余积压财产,清理往来款项;
(3) 总结经验教训,建立健全各项管理制度;
(4) 及时调整账簿记录,保证账实相符。

(二) 财产清查结果账务处理的步骤

1. 审批之前的处理

根据"清查结果报告表""盘点报告表"等已经查实的数据资料,编制记账凭证,记入有关账簿,使账簿记录与实际盘存数相符,同时根据企业的管理权限,将处理建议报股东大会或董事会或经理(厂长)会议或类似机构批准。

2. 审批之后的处理

根据审批的意见，进行差异处理，调整账项。

在账务处理上通常分两步进行。第一步，将财产清查中发现的盘盈、盘亏或毁损数，通过"待处理财产损益"账户，登记有关账簿，以调整有关账面记录，使账存数和实存数一致。第二步，在审批后，应根据批准的处理意见，再从"待处理财产损益"账户转入有关账户。

"待处理财产损益"是专门用来核算企业在财产清查过程中查明的各种财产物资的盘盈、盘亏和毁损的账户。该账户的借方登记各种财产物资的盘亏、毁损数及按照规定程序批准的盘盈转销数，贷方登记各种财产物资的盘盈数及按照规定程序批准的盘亏、毁损转销数。借方余额表示尚未处理的各种物资的净损失数，贷方余额表示尚未处理的各种财产物资的净益余数。

（三）财产清查结果的账务处理

1. 现金清查结果的处理

对于现金清查中发现的盈亏情况，一方面要设法查明原因，另一方面要及时根据"现金盘点报告单"进行账务处理，使得账实相符，待查明原因后，再根据批准的处理意见，进行转账处理。

如为现金短缺，属于应由责任人赔偿或保险公司赔偿的部分，计入其他应收款；属于无法查明的其他原因，计入管理费用。如为现金益余，属于应支付给有关人员或单位的，计入其他应付款；属于无法查明原因的，计入营业外收入。

例 2.10 某公司在现金清查中，现金短缺 400 元，后经查明找现短缺 20 元，另 380 元由出纳员王静挪用。

发现短缺时，根据"现金盘点报告单"，编制会计分录：

借：待处理财产损益　　　　　400
　　贷：库存现金　　　　　　　　400

查明原因，按批准处理意见，编制会计分录：

借：其他应收款——王静　　　380
　　管理费用　　　　　　　　20
　　贷：待处理财产损益　　　　　400

2. 存货清查结果的处理

对于财产清查中各种材料、在产品和库存商品的盘盈和盘亏，属于以下正常原因的，一般增加或冲减管理费用：在收发物资中，由于计量、检验不准确；财产物资在运输、保管、收发过程中，在数量上发生自然增减变化；由于手续不齐或计算、登记上发生错误。属于管理不善或工作人员失职，造成财产损失、变质或短缺的，应由过失人负责赔偿的，应增加其他应收款。属于贪污盗窃、营私舞弊造成的损失或自然灾害造成的非常损失，应增加营业外支出。

例 2.11 某企业在财产清查中，盘盈 A 材料 500 公斤，每公斤 10 元。

报经批准前，根据实存账存对比表的记录，编制会计记录：

借：原材料——A 材料　　　　5 000
　　贷：待处理财产损益　　　　　5 000

经查明,这项盘盈材料因计量仪器不准造成生产领用少付多算,所以,经批准冲减本月管理费用,编制会计分录如下:

借:待处理财产损益　　　　　5 000
　　贷:管理费用　　　　　　　　　　5 000

例 2.12　某企业在财产清查中,盘亏 B 材料 200 公斤,每公斤 20 元。
报经批准前,先调整账面余额,编制会计分录如下:

借:待处理财产损益　　　　　4 000
　　贷:原材料——B 材料　　　　　　4 000

报经批准,如属于定额内的自然损耗,则应作为管理费用,计入本期损益,编制会计分录如下:

借:管理费用　　　　　　　　4 000
　　贷:待处理财产损益　　　　　　　4 000

如果属于管理人员过失造成,则应由过失人赔偿,编制会计分录如下:

借:其他应收款——×××　　4 000
　　贷:待处理财产损益　　　　　　　4 000

如果属于非常灾害造成的损失,应经批准列作营业外支出,编制会计分录如下:

借:营业外支出　　　　　　　4 000
　　贷:待处理财产损益　　　　　　　4 000

3. 固定资产清查结果的处理

企业在财产清查中盘盈的固定资产,作为前期差错处理。企业在财产清查中盘盈的固定资产,在按管理权限报经批准处理前应先通过"以前年度损益调整"科目核算。

企业在财产清查中盘亏的固定资产,按盘亏固定资产的账面价值,借记"待处理财产损益"科目,按已计提的累计折旧,借记"累计折旧"科目,按固定资产的原价,贷记"固定资产"科目。按管理权限报经批准后处理时,按可收回的保险赔偿或过失人赔偿,借记"其他应收款"科目,按应计入营业外支出的金额,借记"营业外支出"科目,贷记"待处理财产损益"科目。

例 2.13　乙公司进行财产清查时发现短缺一台笔记本电脑,原价为 10 000 元,已计提折旧 7 000 元。乙公司应作如下会计处理:

(1) 盘亏固定资产时

借:待处理财产损益　　　　　3 000
　　累计折旧　　　　　　　　　7 000
　　贷:固定资产　　　　　　　　　　10 000

(2) 报经批准转销时

借:营业外支出　　　　　　　3 000
　　贷:待处理财产损益　　　　　　　3 000

4. 往来款项清查结果处理

在财产清查中查明确实无法收回的应收账款和无法支付的应付账款,按会计制度的规定不通过"待处理财产损益"账户进行核算,而是在往来账面记录的基础上,按规定程序报经批准后直接转账冲销。

例 2.14 某企业一项长期无法支付的应付款项计 4 000 元,按规定程序报经批准后,转作企业的营业外收入。编制会计分录如下:

借:应付账款   4 000
    贷:营业外收入   4 000

第五节 财务会计报告

一、财务会计报告概述

(一) 财务会计报告的概念

财务会计报告是指单位根据经过审核的会计账簿记录和有关资料编制并对外提供的反映单位某一特定日期财务状况和某一会计期间经营成果、现金流量的书面文件。财务会计报告是企业会计信息的主要载体,包括会计报表及其附注和其他应当在财务会计报告中披露的相关信息和资料。

在会计核算中,企业单位通过设置和登记账簿,全面、连续、系统地记录和计算经济业务,借以反映经济活动情况,实行会计监督。但因会计账簿是按照每一账户记录特定的经济内容,故而账户提供的资料不能充分反映单位交易或事项的全貌;同时,分散记录于各账户的资料不能清晰地反映其经济指标的内在联系;此外,会计账簿也不便于会计职能部门以外的其他部门使用,更无法将账簿提供给单位外部的有关部门或人员使用。因此,在会计工作中还必须通过编制财务报告,以特定的形式综合全面地反映会计主体的财务状况、经营成果和现金流量等各项指标。单位编制财务会计报告的主要目的,就是为投资者、债权人、政府及相关机构、单位管理人员、社会公众等财务会计报告的使用者进行决策提供会计信息。

(二) 财务会计报告的构成

《企业会计制度》规定,企业财务会计报告至少应当包括下列组成部分:
(1) 资产负债表;
(2) 利润表;
(3) 现金流量表;
(4) 所有者权益(或股东权益)变动表;
(5) 附注。

企业财务报表按照编报时间的不同,可以分为中期财务报表和年度财务报表。中期财务报表是短于一个完整会计年度的财务报表,包括月报、季报和半年报等。中期财务报表至少应当包括资产负债表、利润表、现金流量表和附注。其中,中期资产负债表、利润表、现金流量表应当是完整报表,其格式和内容应当与年度财务报表一致。与年度财务报表相比,中期财务报表中的附注披露可以适当简略。月度财务报表通常仅指会计报表,会计报表至少应当包括资产负债表和利润表。

通过上述内容可知,财务会计报告和财务会计报表的内涵并不相同,但会计报表是财务会计报告的主体和核心,因此,一般情况下两者等同。

为了帮助会计报表的使用者更加清晰地了解和掌握企业的经济活动情况,使会计报表在经济管理中起到更大的作用,企业应在编制、报送年度会计报表的同时,撰写并报送财务状况说明书。财务状况说明书的主要内容是:

(1) 企业在报告期内的生产情况;
(2) 企业在报告期内的盈亏情况及利润的分配情况;
(3) 企业在报告期内的资金周转及其增减变动情况;
(4) 企业在报告期内的资本结构情况;
(5) 企业在报告期内的主要税、费的计算及缴纳情况;
(6) 企业在报告期内的财产盈亏及报损情况;
(7) 企业在报告期内的会计核算方法的变更情况;
(8) 其他有必要说明的情况。

(三) 财务会计报告的作用

会计报表所提供的指标,比其他会计资料提供的信息更为综合、系统和全面地反映企业和单位的经济活动的情况和结果,因此会计报表对企业单位本身及其主管部门,对企业的债权人和投资者,以及财税、银行、审计等部门来说,都是一种十分重要的经济资料。会计报表的作用,具体表现在以下几个方面:

1. 为企业加强和改善经营管理提供信息资料

对编报单位本身来说,管理当局和经管人员可以从财务报告的资产、负债、所有者权益及收入、费用和利润等各要素之间的复杂联系中,了解本单位经济活动、财务收支和财务成果的全面情况,考核分析财务计划预算完成情况,以便发现问题,改进管理,不断提高经济效益。

2. 为投资者和债权人进行合理的投资决策提供依据

企业的投资者和债权人,通过财务报告可以了解经营状况和经营成果,预测企业经济发展趋势,制定正确的投资和信贷决策。

3. 有利于国家经济管理部门进行宏观调控和综合管理

财政、税务、审计和银行等部门,为了对各单位实行监督和控制,需要利用财务报告来检查各单位的财政、信贷资金使用情况,税金的解缴和利润分配情况,以及各项财经制度、财经法规的执行情况。国家宏观经济管理部门通过企业财务报告的资料汇总,分析宏观经济的运行情况、社会资源配置情况,为政府进行宏观管理和调控提供决策依据。

(四) 会计报表的编制要求

为了充分发挥会计报表的作用,会计报表的种类、格式、内容和编制方法,都应由财政部统一制定,企业应严格地按照统一规定填制和上报,才能保证会计报表口径一致,便于各有关部门利用会计报表,了解、考核和管理企业的经济活动。为确保会计报表质量,编制会计报表必须符合以下要求:

1. 数字真实

根据客观性原则,企业会计报表所填列的数字必须真实可靠,准确地反映企业的财务状况和经营成果。不得将估计数字填列会计报表,更不得弄虚作假、篡改伪造数字。

2. 内容完整

会计报表应当全面地披露企业的财务状况、经营成果和现金流动情况,完整地反映企业财务活动的过程和结果,以满足各有关方面对企业会计信息资料的需要。会计报表各项指标按规定填列齐全、完整。各会计报表之间、项目之间,凡有对应关系的数据,应该相互一致,做到表表相符。

3. 计算正确

会计报表上的各项指标,都必须按《企业会计准则》和《企业会计制度》中规定的口径填列,不得任意删减或增加,凡需经计算填列的指标,应按以上两个制度所规定的公式计算填列。

4. 编报及时

企业应按规定的时间编报会计报表,及时逐级汇总,以便报表的使用者及时、有效地利用会计报表资料。为此,企业应科学地组织好会计的日常核算工作,选择适合本企业具体情况的会计核算组织程序,认真做好记账、算账、对账和按期结账工作。

5. 便于理解

企业对外提供的财务报表为广大财务报表使用者提供企业过去、现在和未来的有关资料,为企业目前或潜在的投资者和债权人提供决策所需的会计信息,因此,编制的财务报表应当清晰明了。

二、财务会计报告的种类

不同性质的经济单位由于会计核算的内容不一样,经济管理的要求及其编制会计报表的种类也不尽相同。就企业而言,其编制的会计报表也可按不同的标志划分为不同的类别。

(一) 按照会计报表所反映的经济内容分类

按会计报表反映的经济内容不同,可以分为四种类型:

(1) 反映一定时期企业资产、负债及所有者权益等财务状况的报表,如资产负债表;

(2) 反映一定时期企业经营成果的会计报表,如利润表;

(3) 反映一定时期企业构成所有者权益的各组成部分的增减变动情况的报表,如所有者权益变动表;

(4) 反映一定时期企业财务状况变动情况的会计报表,如现金流量表。

以上四类报表可以划分为静态报表和动态报表,前者为资产负债表,后者为利润表、所有者权益变动表和现金流量表。

(二) 按照会计报表报送对象分类

财务报表按其服务的对象可分为两大类。一类是对外报送的会计报表,包括资产负债表、利润表、所有者权益变动表和现金流量表等。这些报表可用于企业内部管理,但更偏向于现在和潜在投资者、债权人、政府机构、社会公众等外部使用者的信息要求。这类报表一般有统一格式和编制要求。另一类是对内报送的财务报表。这类报表是根据企业内部管理需要编制的,主要用于企业内部成本控制、定价决策、投资或筹资方案的选择等,这类报表无规定的格式、种类。

(三) 按照会计报表编报主体分类

按会计报表编报的主体不同,可将其分为个别会计报表和合并会计报表两类。这种划分是在企业对外单位进行投资的情况下,由于特殊的财务关系所形成的。

个别会计报表指只反映对外投资企业本身的财务状况和经营情况的会计报表,包括对外和对内会计报表。合并会计报表是指一个企业在能够控制另一个企业的情况下,将被控制企业与本企业视为一个整体,将其有关经济指标与本企业的数字合并而编制的会计报表。合并会计报表所反映的是企业与被控制企业共同的财务状况与经营成果。合并会计报表一般只编制对外会计报表。

(四) 按照会计报表编制的时间分类

企业财务报表按照编报时间的不同,可以分为中期财务报表和年度财务报表。

(五) 按照会计报表编制单位分类

按照会计报表编制单位不同,可将其分为单位会计报表和汇总会计报表两类。

单位会计报表是指由独立核算的会计主体编制的,用以反映某一会计主体的财务状况、经营活动成果和费用支出及成本完成情况的报表。汇总会计报表是指由上级主管部门将其所属各基层经济单位的会计报表,与其本身的会计报表汇总编制的,用以反映一个部门或一个地区经济情况的会计报表。

本 章 小 结

会计科目是对会计要素的具体内容进行进一步分类所形成的项目。设置会计科目是根据会计要素的具体内容确定分类核算的项目,以便在账簿中据以开设账户进行核算。会计科目按经济内容不同分类,可以分为资产类、负债类、共同类、所有者权益类、成本类和损益类六类。会计科目按其提供核算指标详细程度分类,可以分为总分类科目和明细分类科目两种。

账户是根据会计科目在账簿中开设,具有一定格式,用来记录各项经济业务所引起的会计要素增减变动过程和结果的载体。会计科目与账户既有联系又有区别。

复式记账法是指对任何一笔经济业务,都必须用相等的金额在两个或两个以上相互联系的账户中进行登记的记账方法。借贷记账法是以"借""贷"作为记账符号的一种复式记账法。"借""贷"两字成为两个单纯的记账符号。借贷记账法的账户结构概括地讲,就是在有关账户的借方登记资产的增加、成本费用的增加,或是负债的减少、所有者权益的减少、收入的减少;在有关账户的贷方登记资产的减少、成本费用的减少,或是负债的增加、所有者权益的增加、收入的增加。借贷记账法的记账规则是"有借必有贷,借贷必相等"。借贷记账法的试算平衡,就是根据资产和权益之间的平衡关系来检查各类账户的记录是否正确。在实际工作中,试算平衡工作是通过编制试算平衡表完成的。在采用借贷记账法进行账户登记时,在有关账户之间会产生应借、应贷的相互关系,这就是账户的对应关系。表明某项经济业务应借、应贷的账户名称以及应记入账户的金额的会计记录形式,就是会计分录。

会计凭证按照填制程序和用途的不同,可以分为原始凭证和记账凭证两种。原始凭证必须客观地、如实地反映经济业务的发生或完成情况,并明确有关单位或人员的经济责任。记账凭证是会计人员根据审核无误的原始凭证或原始凭证汇总表,按记账的要求归类整理而编制的,也就是会计分录的格式化。其编制目的在于反映经济业务,确认会计科目,便于登记账簿和日后查阅。会计凭证具有一定的格式和基本内容,填制和审核均有具体要求。

账簿具有专门的格式,在提供会计信息方面发挥着重要作用。企业一般应设立总账、现金日记账、银行存款日记账和各种明细账,而备查簿账由企业视实际需要确定。总账采用订本账形式,一般采用三栏式账页格式,应依据具体的账务处理程序进行登记。现金日记账、银行存款日记账采用订本账形式,一般采用三栏式或多栏式账页格式,由出纳员根据收付款凭证逐日逐笔登记。现金日记账要做到日清月结,银行存款日记账,要定期与银行对账单核对。明细账采用活页式或卡片式账簿,其账页格式有三栏式、数量金额式和多栏式等。总账与明细账要平行登记。如果在登记账簿过程中发生了差错,应按错账更正规则进行更正。为了保证账簿记录的正确性,会计期末要进行对账,做到账证相符、账账相符和账实相符,核对无误后进行结账工作。使用账簿时要遵守启用账簿规则、登记账簿规则和账簿保管规则。

财产清查是通过对各项财产物资进行盘点和核对,确定其实存数,查明实存数与账存数是否相符的一种会计核算方法。按照清查的范围不同,财产清查可分为全面清查和局部清查;按照清查的时间不同,财产清查可分为定期清查和不定期清查。不同的财产物资,采用不同的清查方法。存货常用的清查采用实地盘点法或技术推算法;清查固定资产、库存现金等采用实地盘点法;清查银行存款采用核对法;清查往来款项采用询证核对法。在财产清查中,应通过"盘存单""固定资产清点报告表""库存现金盘点报告表"等记录清查结果。清查库存现金、存货等财产物资时,保管员应在场,以明确经济责任。财产清查的结果出现盘盈、盘亏情况,需要进行相应的账务处理:首先,调整财产物资的账簿记录,使账实相符,同时登记"待处理财产损益"账户;其次,报经有关部门批准后,结转已批准处理的盘盈或盘亏数。

财务会计报告是指企业对外提供的反映企业某一特定日期的财务状况和某一会计期间的经营成果、现金流量等会计信息的书面文件。财务会计报告至少应当包括资产负债表、利润表、现金流量表、所有者权益(或股东权益)变动表、附注等组成部分。

复习思考题

1. "会计科目就是账户,账户就是会计科目。"这种说法正确吗?
2. 账户的基本内容有哪些?
3. 如何理解借贷记账法下"借""贷"二字的涵义?
4. 会计分录由哪些要素构成?会计分录与记账凭证之间的联系是什么?
5. 为什么要进行试算平衡?如何进行试算平衡?
6. 简要说明原始凭证与记账凭证之间的关系。

7. 填制记账凭证有哪些具体要求？记账凭证如何审核？
8. 企业应设置哪些会计账簿？
9. 会计账簿的记账规则的具体内容是什么？错账如何更正？
10. 对账包括哪些内容？总账、日记账和明细账如何进行结账？
11. 财产清查的方法有哪些？
12. 银行存款余额调节表如何编制？
13. 财务会计报告的构成内容是什么？

实 训 题

一、单项选择题

1. 会计科目是指对（　　）具体内容进行分类核算的项目。
   A. 会计主体　　　　B. 会计要素　　　　C. 会计信息　　　　D. 账户
2. 总分类科目和明细分类科目之间有密切的关系，即（　　）的关系。
   A. 相等
   B. 名称一致
   C. 统驭和被统驭
   D. 相互依存
3. 账户的本期增加发生额是指（　　）。
   A. 本期增加金额加本期减少金额
   B. 本期增加金额合计减本期减少金额合计
   C. 本期期初余额加本期增加金额合计
   D. 本期增加金额合计
4. 权益类账户记录增加发生额，在借贷记账法下登记在（　　）。
   A. 借方　　　　　　B. 贷方　　　　　　C. 收方　　　　　　D. 付方
5. 本月原材料入库80 000元，各部门领用50 000元，月末领用部门退回2 000元，月末结存原材料46 000元，则"原材料"账户上月结存额为（　　）元。
   A. 14 000　　　　　B. 18 000　　　　　C. 94 000　　　　　D. 86 000
6. 下列各项目中，正确的是（　　）。
   A. 在试算平衡表中，若各栏借方合计数等于贷方合计数，则表明账户记录正确无误
   B. 总分类账户与所属的明细分类账户之间互为对应账户
   C. 一借多贷、一贷多借和多借多贷的会计分录均属于复合会计分录
   D. 资产类账户与费用类账户的结构相同，其余额均在借方
7. 在借贷记账法下，基本账户没有余额的科目类别是（　　）。
   A. 资产类　　　　　B. 损益类　　　　　C. 负债类　　　　　D. 成本类
8. （　　）是会计工作的起点和关键。
   A. 填制和审核会计凭证　　　　　　　　B. 编制会计分录
   C. 登记会计账簿　　　　　　　　　　　D. 编制会计报表
9. 下列项目中，属于记账凭证但不属于原始凭证的内容是（　　）。
   A. 填制日期
   B. 接受凭证的单位名称

C. 会计分录的内容，即应借应贷的账户名称及其金额
D. 经济业务的内容摘要、实物数量和金额

10. 企业购进材料20 000元，款未付。该笔经济业务应编制的记账凭证是（　　）。
    A. 收款凭证　　　B. 付款凭证　　　C. 转账凭证　　　D. 以上均可

11. 差旅费报销单属于（　　）。
    A. 记账凭证　　　　　　　　　　　B. 自制原始凭证
    C. 外来原始凭证　　　　　　　　　D. 累计凭证

12. 明细账一般采用（　　）。
    A. 订本式　　　B. 活页账　　　C. 卡片式　　　D. 以上均可

13. 现金日记账必须（　　）结计出余额。
    A. 每日　　　B. 每周　　　C. 每旬　　　D. 每月

14. 下列明细账应采用数量金额式的是（　　）。
    A. 本年利润明细账　　　　　　　　B. 长期借款明细账
    C. 其他应收款明细账　　　　　　　D. 原材料明细账

15. 在结账前，若发现记账凭证中所记金额小于应记金额，并已过账，应采用（　　）更正。
    A. 红字更正法　　　　　　　　　　B. 划线更正法
    C. 补充登记法　　　　　　　　　　D. 涂改更正法

16. 结账时，应当划通栏双红线的是（　　）。
    A. 12月末结出全年累计发生额后　　B. 各月末结出全年累计发生额后
    C. 结出本季累计发生额后　　　　　D. 结出当月发生额后

17. 财产清查按照（　　），可以分为全面清查和局部清查。
    A. 清查的时间　　　　　　　　　　B. 清查的方法
    C. 清查的地点　　　　　　　　　　D. 清查的对象和范围

18. 对于大堆的材料物资盘存，一般采用（　　）法。
    A. 实地盘存　　　　　　　　　　　B. 询证核对
    C. 抽查检验　　　　　　　　　　　D. 技术推算盘点

19. 存货毁损属于非常损失部分，扣除保险公司赔款和残料价值之后，记入（　　）。
    A. 营业外支出　　　　　　　　　　B. 管理费用
    C. 生产成本　　　　　　　　　　　D. 制造费用

20. （　　）可以汇总反映企业经营成果和财务状况的全貌。
    A. 会计账簿　　　　　　　　　　　B. 总分类账
    C. 财务会计报告　　　　　　　　　D. 明细分类账

二、业务处理题

1. 【资料】某单位2011年4月份发生下列经济业务：
   (1) 4月4日，收到A公司归还前欠货款20 000元，存入银行。
   (2) 4月7日，向B工厂购入甲材料40 000元，增值税率17%，货款以商业承兑汇票支付。材料已验收入库。
   (3) 4月11日，从银行提取现金52 000元。

(4) 4月14日,销售甲产品一批计2 000元,增值税率17%,收入现金全部存入银行。
(5) 4月22日,车间领甲材料18 000元用以生产甲产品。
(6) 4月25日,管理人员王某出差回来,报销差旅费2 230元,交回现金270元。
(7) 4月26日,销售给C公司乙产品一批,计价30 000元,增值税率17%,货款未收到。
(8) 4月29日,以银行存款支付电费1 240元。
【要求】按收款凭证、付款凭证和转账凭证的要求编制相应凭证。
2.【资料】财产清产结果的账务处理。
(1) 经批准将无法支付的应付账款4 000元列入营业外收入。
(2) 盘点发现短少现金30元,原因待查。
(3) 盘点发现溢余A材料20 kg,单价10元,原因待查。
(4) 盘点发现短少B材料3 000元,原因不明。
(5) 短少的现金属于出纳员工作不认真导致,现已收到交来的现金。
(6) 溢余A材料属于计量差错导致,经批准列入管理费用。
(7) 短少的B材料属于保管员过失造成,应由其负责赔偿。
【要求】财产清查结果的账务处理。

第二部分　会计要素篇

第三章 资　　产

> **学习目标**
>
> 了解现金的日常管理内容、银行转账结算方式,掌握货币资金的核算;
>
> 掌握应收账款、应收票据的核算,了解其他应收款的核算;
>
> 了解交易性金融资产、持有至到期投资的基本概念和会计核算;
>
> 了解长期股权投资的成本法和权益法的核算;
>
> 了解存货的分类,理解存货的确认条件及范围,掌握存货取得的核算、存货发出成本的确定方法;
>
> 理解固定资产的确认条件,掌握固定资产的初始计量、后续计量;
>
> 理解无形资产的确认条件,掌握无形资产的初始计量、后续计量。

资产是指企业过去的交易或事项形成的,由企业拥有或者控制的、预期会给企业带来经济利益的资源。资产具备以下特征:

(1) 资产是由于过去的交易或事项所形成的。也就是说,资产必须是现实的资产、而不能是预期的资产,是由于过去已经发生的交易所产生的结果。至于未来交易或事项以及未发生的交易或事项可能产生的结果,不属于现在的资产,不得作为资产确认。

(2) 资产是企业所拥有或者控制的。一般来说,一项资源要作为企业的资产予以确认,应该拥有此项资源的所有权。但在某些情况下,对于一些特殊方式形成的资产,企业虽然对其不拥有所有权,但能够实际控制的,如融资租入的固定资产,按照实质重于形式原则,也确认为企业的资产。

(3) 资产预期会给企业带来经济利益。所谓经济利益,是指直接或间接的现金和现金等价物的净流入。判断一个项目是否属于资产,只有在符合资产定义,又同时满足与该资源有关的经济利益很可能流入企业,该资源的成本或者价值能够可靠地计量时才能确认。

第一节　货币资金和应收款项

一、货币资金

货币资金是指企业生产经营过程中处于货币形态的资产,是企业流动性最强的资产。

包括库存现金、银行存款和其他货币资金。

（一）库存现金

现金有狭义和广义之分，狭义现金指企业的库存现金；广义现金除库存现金之外还包括银行存款和其他符合现金定义的票证，如未结付的支票、汇票等等。本章所指的现金是狭义现金，即库存现金。现金作为货币资金的重要组成部分具有以下特征：① 通用性。企业可以随时用其购买所需的物资，支付有关的费用，偿还债务，也可以随时存入银行。现金是通用的交换媒介，也是对其他资产计量的一般尺度。现金转化为企业其他形式的资产一般是没有任何难度的。② 流动性。现金是流动性最强的一种货币资产，可以不受任何约定的限制，在一定的范围内自由流动。

1. 现金的日常管理和内部控制

现金的使用应符合相关规定。我国国务院发布的《现金管理暂行条例》，对现金的适用范围做了明确规定。其支付范围如下：

① 职工工资、津贴；
② 个人劳务报酬；
③ 根据国家规定颁发给个人的科学技术、文化艺术、体育等各种奖金；
④ 各种劳保、福利费用以及对个人的其他支出；
⑤ 向个人收购农产品和其他物资的价款；
⑥ 出差人员必须随身携带的差旅费；
⑦ 结算起点以下的零星开支；
⑧ 中国人民银行规定的需要支付现金的其他支出。

企业必须遵循《现金管理暂行条例》的规定，结合本单位的实际情况，确定本单位现金的使用范围。超出现金结算范围的须通过银行办理转账结算，不得用现金支付。

为了满足企业的日常零星开支所需的现金，企业的库存现金都由银行根据企业的实际情况核定一个最高限额，即库存现金限额。一般为企业3—5天的日常开支所需的现金，边远地区和交通不便地区可按多于5天，但不能超过15天的日常零星开支的需要确定。库存现金的存放不得超过银行核定的限额，超过限额部分，当日必须及时送存银行。调整库存现金限额需提出申请，由开户银行核定。

现金收付的交易必须有合法的原始凭证。从银行支取现金，出纳人员应在支票上写明用途，经审核并签章后，方能支取现金。现金收入必须当日送存银行，不得将当天收取的现金直接用于支付，即"坐支"现金；不得用不符合规定的"白条"抵充库存现金。

为保证资金的安全性，要求库存现金实物管理与记账不能由一人兼任。出纳人员负责现金的收支与保管，但不得兼管账簿的登记工作以及会计档案的保管工作。填写银行结算凭证的有关印鉴，不能集中由出纳人员保管。出纳人员要定期进行轮换。对企业的库存现金，除了要求出纳人员应做到日清月结之外，企业的审计部门和会计部门的领导对现金的管理工作要进行监督和检查。对发现的现金溢余和短缺，必须认真及时地查明原因，并按规定的要求进行处理。

2. 库存现金的核算

为了核算和监督现金日常收付结存情况，企业应设置"现金日记账"，由出纳人员根据审核无误的收付款凭证,按业务发生的先后顺序逐日逐笔序时登记。每日终了,应计算当日的现金收入、支出合计数和结余数,并将结余数与实际库存进行核对,保证账实相符。月份终了,"现金日记账"的余额应与"库存现金"总账的余额核对相符。

为了总括地反映和监督企业库存现金的收支结存情况,需要设置"库存现金"总账。现金收入时,应根据审核无误的记账凭证,借记"库存现金"账户,贷记相关账户。发生现金支出时,应根据审核无误的记账凭证,借记相关账户,贷记"库存现金"账户。

例 3.1 甲股份有限公司 2016 年 1 月 1 日,出纳员开出现金支票,提取现金 5 000 元备用。

借:库存现金　　　　　　　　5 000
　　贷:银行存款　　　　　　　　　5 000

例 3.2 甲股份有限公司 2016 年 1 月 18 日,采购员张某借差旅费 2 800 元。

借:其他应收款——张某　　　2 800
　　贷:库存现金　　　　　　　　　2 800

例 3.3 上题采购员张某于 2016 年 2 月 1 日出差归来,报销差旅费 2 500 元,交回现金 300 元。

借:库存现金　　　　　　　　　300
　　管理费用　　　　　　　　2 500
　　贷:其他应收款——张某　　　2 800

3. 备用金的核算

备用金是指企业预付给职工和内部有关单位用作差旅费、零星采购和零星开支,事后报销的款项。企业财务部门对备用金的预借、使用和报销要严格审核,认真执行国家有关的财经制度。备用现金的核算,一般通过"其他应收款"账户核算,"其他应收款"账户是资产类账户,核算除应收票据、应收账款、预付账款以外的其他各种应收、暂付款项。在备用金数额较大的企业中,可以单独设置"备用金"账户进行核算。"备用金"账户应按备用金的领用单位或个人设置明细账,进行明细分类核算,根据备用金的管理制度,备用金分为定额管理和非定额管理两种。

实行定额备用金制度的企业,对于领用的备用金,应定期向财务部门报销。财务部门根据报销数用现金补足备用金定额时,借记"管理费用"等账户,贷记"库存现金"或"银行存款"账户,报销数和拨付数都不再通过"其他应收款"账户核算。实行非定额备用金管理制度的企业,采取随借随用,用后报销,多退少补制度。预借时同定额备用金制度,借记"其他应收款"或"备用金"账户,贷记"库存现金"账户;报销时,借记"管理费用"等账户,贷记"其他应收款"或"备用金"账户。

例 3.4 甲股份有限公司对企业物资供应部门实行定额备用金制度,2016 年 1 月 1 日财会部门核定的备用金定额为 5 000 元,以现金拨付。

借:备用金　　　　　　　　　5 000
　　贷:库存现金　　　　　　　　　5 000

8 月 24 日上述物资供应部门发生备用金支出 4 800 元,持凭证到财务部门报销。

借:管理费用　　　　　　　　4 800
　　贷:库存现金　　　　　　　　　4 800

上题如为非定额管理制度,会计分录为:

借:管理费用　　　　　　　　　　　4 800
　　库存现金　　　　　　　　　　　　200
　贷:备用金　　　　　　　　　　　　　　　5 000

4. 库存现金的清查

为了保证现金的安全完整,企业应经常对库存现金进行核对和清查。库存现金的清查包括出纳人员每日的清点核对和清查小组定期或不定期的清查。清查现金的基本方法是实地盘点法,将库存现金的实存数与现金日记账的余额进行核对,查明账款是否相符。如果出现溢缺,则通过"待处理财产损益——待处理流动资产损益"账户进行核算。清查中发现溢余的现金,应按溢余的金额,借记"库存现金"账户,贷记"待处理财产损益——待处理流动资产损益"账户;清查中发现短缺的现金,应按短缺的金额借记"待处理财产损益——待处理流动资产损益"账户,贷记"库存现金"账户。待查明原因后进行适当的处理。如为溢余,应支付给有关单位或个人的,应借记"待处理财产损益——待处理流动资产损益"账户,贷记"其他应付款"账户。若无法查明原因,则经批准后转作盘盈利得。借"待处理财产损益——待处理流动资产损益"账户,贷记"营业外收入"账户。如为短缺,应由责任人或保险公司赔偿的部分,借记"其他应收款"或"库存现金"账户,贷记"待处理财产损益——待处理流动资产损益"账户;无法查明原因的经批准后转作盘亏损失处理,借记"管理费用"账户,贷记"待处理财产损益——待处理流动资产损益"账户。

(二) 银行存款

银行存款是企业存入银行或其他金融机构的货币资金。按照规定,企业应在银行开设账户,办理存款、取款和转账结算。企业在银行开立人民币存款账户,必须遵守中国人民银行的各项规定。

1. 银行存款的管理与控制

银行存款账户分为四类,即基本存款账户、一般存款账户、临时存款账户和专用存款账户。基本存款账户主要用于办理日常结算和现金收付。企业工资、奖金等现金的支取,只有通过该账户办理。一个企业只能选择一家银行的一个营业机构开立一个基本存款账户;一般存款账户是企业在基本存款账户以外的银行取得借款的转存,或与基本账户的存款人不在同一地点的附属非独立核算单位开立的账户,该账户可办理转账结算和缴存现金,但不能支取现金。企业不得在同一家银行的几个分支机构开立一般存款账户;临时存款账户是存款人因临时经营活动需要开立的账户,如企业异地产品展销、临时性采购资金、注册验资和增值等;专用存款账户是企事业单位因特定用途需要开立的账户,如基本建设项目专项资金、农副产品资金等,企业销货款不得转入专用存款账户。

企业通过银行办理结算时,应当认真执行国家各项管理办法和结算制度。单位和个人办理支付结算,不准签发没有资金保证的票据和远期支票,套取银行信用;不准签发、取得和转让没有真实交易和债务债权的票据,套取银行和他人资金;不准无理拒绝付款,任意占用他人资金;不准违反规定开立和使用账户。

2. 银行存款的结算

企业在不同的结算方式下,应当根据有关原始凭证编制银行存款收付款凭证,并进行相应的账务处理。

为了总括反映企业银行存款的收支和结存情况,应设置"银行存款"账户进行核算。银行存款除要求进行总分类核算外,应设置"银行存款日记账"进行序时核算。"银行存款日记账"一般采用三栏式,根据审核后的原始凭证和收付款凭证逐笔、序时登记,定期结出余额与银行对账单相核对,以保证账实一致。月份终了,"银行存款日记账"的余额必须与"银行存款"总账账户的余额核对相符。

例 3.5 甲股份有限公司 2016 年 1 月 20 日,销售产品一批,价款 100 000 元,增值税 17 000 元,货款与税款均已存入银行。

借:银行存款　　　　　　　　　　　　　117 000
　　贷:主营业务收入　　　　　　　　　　　　100 000
　　　　应交税费——应交增值税(销项税额)　　17 000

例 3.6 甲股份有限公司 2016 年 5 月 20 日以银行存款偿还原欠外单位货款 23 400 元
借:应付账款　　　　　　　　　　　　　23 400
　　贷:银行存款　　　　　　　　　　　　　　23 400

3. 银行转账结算方式

根据中国人民银行有关支付结算办法规定,企业发生的货币资金收付业务可以采用以下几种结算方式,通过银行办理转账结算。

(1) 银行汇票

银行汇票是单位或个人将款项交存当地银行,由银行签发的,由其在见票时,按照实际结算金额无条件支付给收款人或者持票人的票据。银行汇票应用广泛、使用方便、票随人到、凭票购货、余款退回。银行汇票可以用于转账,填明"现金"字样的银行汇票也可以用于支取现金。单位和个人需要支付各种款项,均可使用银行汇票。银行汇票适用于异地之间各种款项的结算。

申请人取得银行汇票后即可持银行汇票向填明的收款单位办理结算。银行汇票的付款期限为自出票日起 1 个月内,超过付款期不获付款的,持票人须在票据权利时效内向出票银行作出说明,并提供本人身份证或单位证明,持银行汇票和解讫通知向出票银行请求付款。银行汇票一律记名,允许背书转让,且背书转让以不超过出票金额的实际结算金额为限,但未填写实际结算金额或实际结算金额超过出票金额的银行汇票不得背书转让。

收款人在收到付款单位送来的银行汇票时,应在出票金额内,根据实际需要的款项办理结算,并将实际结算金额和多余金额准确、清晰地填入银行汇票和解讫通知的有关栏内,银行汇票的实际结算金额低于出票金额的,其多余金额由出票银行退交申请人。收款单位将银行汇票和解讫通知、进账单一并交开户银行办理结算,银行审核无误后,办理转账。

(2) 银行本票

银行本票是由银行签发的,承诺自己在见票时无条件支付确定的金额给收款人或持票人的票据。银行本票可用于转账,注明"现金"字样的银行本票只用于支付现金,它适用于单位和个人在同一票据交换区域需要支付各种款项的结算。

银行本票的付款期限自出票之日起最长不超过 2 个月,持票人超过付款期限提示付款的,代理付款人不予受理。持票人须在票据权利时效期内向出票银行作出说明,并提供本人身份证或单位证明,持银行本票向出票银行请求付款。

企业支付货款等款项时,应向银行提交"银行本票申请书",填明收款人名称、支付金额、申请日期等事项并签章。出票银行受理银行本票申请后,收妥款项,签发银行本票。申请人取得银行本票后,即可向填明的收款单位办理结算。

收款单位在收到银行本票时,应在提示付款时在本票背面"持票人向银行提示付款签章"处加盖预留银行印鉴,同时填写进账单,连同银行本票一并交开户银行转账。

(3) 商业汇票

商业汇票是出票人签发的,委托付款人在指定日期无条件支付确定金额给收款人或持票人的票据。商业汇票同城和异地均可使用。商业汇票承兑期限最长不超过 6 个月,商业汇票的提示付款期,自出票到期日起 10 日内,持票人超过提示付款期限的,持票人开户银行不予受理。商业汇票签发后必须经过承兑,按承兑人不同,分为商业承兑汇票和银行承兑汇票。

商业承兑汇票是指由收款人签发,经付款人承兑或由付款人签发并承兑的汇票。商业承兑汇票按交易双方的约定由销货单位或购货单位签发,但由购货单位承兑。付款人须在商业承兑汇票正面签署"承兑"字样并加盖预留银行印章后,将商业承兑汇票交给收款人。付款人应于商业承兑汇票到期前将汇票款足额交存其开户银行,银行于到期日凭票将款项从付款人账户划转给收款人或贴现银行。付款人对其所承兑的汇票负有到期无条件支付票款的责任。汇票到期时,如果付款人存款不足以支付票据款,开户银行将汇票退还付款人,银行不负责付款,由双方自行处理。同时,银行对付款人按照签发空头支票的有关罚款规定,处以罚金。

银行承兑汇票是指由收款人或承兑申请人签发,并由承兑申请人向开户银行申请,经银行审查同意承兑的票据。银行承兑汇票由承兑银行承兑,使用银行承兑汇票进行结算时,由承兑申请人持银行承兑汇票和购销合同向其开户银行申请承兑。承兑银行将按票面金额的 0.5‰ 的比例向承兑申请人收取手续费。

(4) 支票

支票是出票人签发的,委托办理支票存款业务的银行或其他金融机构在见票时无条件支付确定的金额给收款人或者持票人的票据。

支票结算是同城结算中应用比较广泛的一种结算方式。单位和个人在同一支票交换区域的各种款项结算,均可使用支票。支票分为现金支票、转账支票和普通支票三种。支票上印有"现金"字样的为现金支票,只能用于支取现金;支票上印有"转账"字样的为转账支票,转账支票只能用于转账;支票上未印有"现金"或"转账"字样的为普通支票,普通支票可以用于支取现金,也可以用于转账;在普通支票左上角划两条平行线的,为划线支票,划线支票只能用来转账,不得支取现金。

支票的提示付款期为 10 天,中国人民银行另有规定的除外。超过提示付款期限提示付款的,持票人开户银行不予受理,付款人不予付款。

签发支票时,应使用蓝黑墨水或碳素墨水,将支票的各要素填写齐全,并在支票上加盖其预留银行印鉴。出票人不得签发空头支票;不得签发与其预留本名的签名式样或者印鉴不符的支票。

(5) 信用卡

信用卡是指商业银行向个人和单位发行的,凭其向特约单位购物、消费和银行存取现金,具有消费信用的特制载体卡片。凡中国境内金融机构开立基本存款账户的单位都可以申领单位卡。单位卡账户的资金一律从其基本存款账户转账存入,在使用过程中,需要向其账户续存资金的,也一律从其基本存款账户转账存入,不得交存现金,不得将销货收入的款项存入其账户。个人卡账户的资金以其持有者的现金存入,或以其工资性存款项及属于个人的劳动报酬收入转账存入,严禁将单位的款项存入个人卡账户。

信用卡在规定的限额和期限内允许善意透支,透支期限最长为60天,禁止恶意透支。如信用卡丢失,持卡人应立即持有效证明,并按规定提供有关情况,向发卡银行或代办银行申请挂失。

(6) 汇兑

汇兑是汇款人委托银行将其款项支付给收款人的结算方式。单位和个人的各种款项的结算均可使用汇兑结算的方式。

汇兑分为信汇和电汇两种。由汇款人根据需要选择使用。汇兑结算方式适用于异地之间的各种款项结算,具有划拨款项简单、灵活的特点。

采用汇兑结算方式的,付款方汇出款项时,应填写银行印发的汇款凭证,列出收款单位名称、汇款金额及用途等,送达开户银行,委托银行将款项汇往收汇银行。收汇银行将款项收进单位存款账户后,向收款单位发出收款通知。

(7) 委托收款

委托收款是收款人委托银行向付款人收取款项的结算方式。无论是单位和个人都可以凭已承兑的商业汇票、债券、存单等债务证明办理款项的结算,这种结算方式在同城和异地都可以使用。

收款单位委托开户银行收款时,应填制银行印制的"委托收款凭证",并提供有关债务证明。企业的开户银行受理委托收款以后,将委托收款凭证寄交付款单位开户银行,由付款单位开户银行审核,并通知付款单位。付款单位在接到银行付款通知和有关附件后,应在规定的付款期(3天)内付款。如果付款期内未向银行提出异议,银行视作同意付款,并在付款期满的次日将款项主动转账付给收款单位。

付款单位在审查有关单证以后,如果对收款单位委托收取的款项决定全部或部分拒绝支付的,应在付款期内填写拒付理由书,连同有关证明单据送交开户银行。银行收到拒付理由书连同有关凭证寄给收款单位的开户银行转交收款单位,银行不负责审查拒付理由书;需要部分拒绝付款的,银行办理部分转账划款。

(8) 托收承付

托收承付结算,是指根据购销合同由收款人发货后委托银行向异地购货单位收取货款,购货单位根据合同核对单证或验货后,向银行承认付款的一种结算方式。托收承付结算方式只适用于异地订有经济合同的商品交易及相关劳务款项的结算。

销货方开户银行接受委托后,将托收承付凭证和所附单据回联退给企业,作为企业进行账务处理的依据,并将其他结算凭证寄往购货单位开户银行,由购货单位开户银行通知购货单位承认付款。

购货方收到托收承付结算凭证和所附单据后,应立即审核是否符合订货合同的规定。承付方式有两种,即验单承付和验货承付,在双方签订合同时约定。验单承付的承付期为3天,从付款人开户银行发出承付通知的次日算起,遇假日顺延。验货承付的承付期为10天,从承运单位发出提货通知的次日算起,遇假日顺延。付款人在承付期内未向开户银行提出异议,银行作默认承付处理,在承付期满的次日上午将款项主动从付款方账户划转到收款方账户。

付款方若在验单或验货时发现货物的品种、规格、数量、质量、价格等与合同规定不符,可在承付期内提出全部或部分拒付意见,填写"拒绝承付理由书",送交其开户银行审查并办理拒付手续。银行同意部分或全部拒付的,应在拒付理由书上签注意见,并将拒付理由书、拒付证明、拒付商品清单和有关单证邮寄收款人开户银行转交销货方。

(9) 国内信用证

国内信用证结算方式是指开证银行依照申请人(购货方)的申请向受益人(销货人)开出的有一定金额、在一定时期内凭信用证规定的单据支付款项的书面承诺。我国信用证为不可撤销、不可转让的跟单信用证。信用证结算方式只适用于国内企业之间商品交易产生的货款结算,并且只能用于转账结算,不得支取现金。

采用信用证结算方式的,收款单位收到信用证后,即备货装运,签发有关发票账单,连同运输单据和信用证,送交银行,根据退还的信用证等有关凭证编制收款凭证;付款单位在接到开证银行的通知时,根据付款的有关单据编制付款凭证。

(三) 其他货币资金

1. 其他货币资金的内容

其他货币资金是企业除库存现金、银行存款以外的其他各种货币资金。其他货币资金的组成内容包括外埠存款、银行汇票存款、银行本票存款、信用证存款、信用卡存款、存出投资款、在途货币资金等。

2. 其他货币资金的核算

为了单独反映其他货币资金的收入、付出和结存情况,应设置"其他货币资金"账户进行核算,该账户为资产类账户,借方登记其他货币资金的增加数;贷方登记其他货币资金的减少数;期末借方余额反映其他货币资金的结存数。该账户应按其他货币资金的具体组成内容设置明细账进行明细核算。

(1) 外埠存款

外埠存款是企业到外地进行临时采购或零星采购按规定存入银行的款项,将款项委托当地银行汇往采购地银行开立采购专户时,借记"其他货币资金——外埠存款"账户,贷记"银行存款"账户;收到采购部门交来的材料账单等报销凭证时,借记"原材料""应交税费——应交增值税(进项税额)"等账户,贷记"其他货币资金——外埠存款"账户。

(2) 银行汇票存款

银行汇票存款是企业为取得银行汇票,按照规定存入银行的款项。企业、单位在填送"银行汇票委托书"并将款项交存银行,取得银行汇票后,应根据银行盖章退回的委托书存根联,借记"其他货币资金——银行汇票"账户,贷记"银行存款"账户。企业、单位使用银行汇票后,应根据发票账单及开户银行转来的银行汇票多余款收账通知联等有关凭证,经核对无误后,将用作采购的实际结算金额借记"原材料""应交税费——应交增值税(进项税额)"等账户,贷记"其他货币资金——银行汇票"账户;退回多余金额借记"银行存款"账户,贷记"其他货币资金——银行汇票"账户。企业因汇票超过付款期等原因而要求退回款项时,应填制进账单,连同汇票一并交送银行,然后根据银行盖章退回的进账单收款通知联,借记"银行存款"账户,贷记"其他货币资金——银行汇票"账户。

(3) 银行本票存款

银行本票存款是企业为取得银行本票,按照规定存入银行的款项。企业向银行提交"银行本票申请书",将款项交存银行,取得银行本票后,应根据银行盖章退回的银行本票申请书存根联,借记"其他货币资金——银行本票"账户,贷记"银行存款"账户;企业付出本票后,应根据发票账单等有关凭证,借记"原材料""应交税费——应交增值税(进项税额)"等账户,贷记"其他货币资金——银行本票"账户;企业因银行本票超过付款期等原因而要求退款时,应填制进账单,连同本票一并交送银行,然后根据盖章退回的进账单收款通知联,借记"银行存款"账户,贷记"其他货币资金——银行本票"账户。

(4) 信用证存款

信用证存款是指采用信用证结算方式的企业为开具信用证而存入银行信用证保证金专户的款项。企业向银行申请开出信用证,用于支付境外供货单位的购货款项。根据开户银行盖章退回的"信用证委托书"回单,借记"其他货币资金——信用证存款"账户,贷记"银行存款"账户;企业在收到境外供货单位信用证结算凭证及所附发票账单,并经核对无误后,借记"原材料""应交税费——应交增值税(进项税额)"等账户,贷记"其他货币资金——信用证存款"账户;企业收到未用完的信用证存款余额时,借记"银行存款"账户,贷记"其他货币资金——信用证存款"账户。

(5) 信用卡存款

信用卡存款是指企业为取得信用卡而存入银行的信用卡专户的款项。企业申领信用卡,按规定填制申请表,并按银行要求交存备用金。银行开立信用卡存款账户,发给信用卡。企业根据银行盖章退回的交存备用金的进账单,借记"其他货币资金——信用卡存款"账户,贷记"银行存款"账户;企业在收到开户银行转来的信用卡存款的付款凭证及所附发票账单,经核对无误后,借记"管理费用"等相关费用账户,贷记"其他货币资金——信用卡存款"账户。

(6) 存出投资款

存出投资款是指企业已存入证券公司但尚没有进行投资的现金。企业向证券公司划出资金时,应按实际划出的金额,借记"其他货币资金——存出投资款"账户,贷记"银行存款"账户;企业购买股票、债券时,按实际发生的金额,借记"交易性金融资产"等账户,贷记"其他货币资金——存出投资款"账户。

例 3.7 甲股份有限公司 2016 年 1 月 10 日,在上海开立采购专户,通过银行汇款 100 000 元。

借:其他货币资金——外埠存款　　　　　100 000
　　贷:银行存款　　　　　　　　　　　　　　　100 000

1 月 20 日,采购原材料 80 000 元,增值税专用发票上注明的增值税额为 13 600 元,货款及税款通过上海开立的采购专户支付。

借:原材料　　　　　　　　　　　　　　　80 000
　　应交税费——应交增值税(进项税额)　　13 600
　　贷:其他货币资金——外埠存款　　　　　　　93 600

1 月 30 日收到上海采购专户的余额 6 400 元。

借:银行存款　　　　　　　　　　　　　　6 400
　　贷:其他货币资金——外埠存款　　　　　　　6 400

例 3.8 甲股份有限公司 2016 年 1 月 10 日,申请办理银行汇票 100 000 元,用于采购材料。

借:其他货币资金——银行汇票　　　　100 000
　　贷:银行存款　　　　　　　　　　　　　　100 000

1 月 20 日,采购原材料 80 000 元,增值税专用发票上注明的增值税额为 13 600 元,货款及税款通过银行汇票支付。

借:原材料　　　　　　　　　　　　　　80 000
　　应交税费——应交增值税(进项税额)　13 600
　　贷:其他货币资金——银行汇票　　　　　　93 600

1 月 30 日收到退回的款项 6 400 元。

借:银行存款　　　　　　　　　　　　　 6 400
　　贷:其他货币资金——银行汇票　　　　　　 6 400

例 3.9 甲股份有限公司 2016 年 1 月 10 日,将银行存款 100 000 元存入信用卡,2011 年 1 月 30 日用信用卡支付办公费 64 000 元。

办理信用卡时,

借:其他货币资金——信用卡存款　　　100 000
　　贷:银行存款　　　　　　　　　　　　　　100 000

1 月 30 日支付办公费时,

借:管理费用　　　　　　　　　　　　　64 000
　　贷:其他货币资金——信用卡存款　　　　　64 000

二、应收款项

应收款项是企业在日常生产经营活动过程中发生的各项债权,具体包括应收账款、应收票据和其他应收款。

(一) 应收账款的核算

应收账款是企业因销售商品或提供劳务而应向顾客收取的款项。收回期一般不超过两个月,最多不超过一年。

1. 应收账款的确认与计价

确认应收账款的依据是一些表明产品销售或劳务提供过程已经完成,债权债务已经成立的书面文件,如购销合同、发票,产品出库单和发运单据等。即在收入实现时予以确认。

在一般情况下,按实际交易价格入账,即包括发票价格和代垫运杂费。如果发生商业折扣、现金折扣或销货折让,应收账款入账金额的确认会比较复杂。

(1) 商业折扣。

商业折扣是指企业为适应市场供需情况或针对不同的购货单位,按标明的售价给予的折扣优惠。在企业向购货单位提供商业折扣的情况下,应按照发票价格扣除商业折扣后的余额确认应收账款。

(2) 现金折扣。

现金折扣是指企业为了鼓励顾客在一定期限内及早偿还货款而从发票价格中让渡给顾客的一定数额的款项,表现形式为:"2/10,1/20,n/30"。就销货方来说,提供现金折扣有利于提前收回货款,加速资金周转;而对于顾客来说,接受现金折扣无异于得到一笔理财收益。现金折扣有总价法和净价法两种不同的确认方式。① 总价法。企业应按照扣除现金折扣前的总金额(发票价格)确认销售收入和应收账款。在折扣期内收到款项,对顾客享受的现金折扣记入"财务费用——销售折扣"账户借方,如果购货单位尚未实际付款不确认折扣。② 净价法。按发票价格扣除最大现金折扣后的余额入账。对顾客丧失的现金折扣,记入"财务费用"账户贷方。在我国现行会计实务中,要求采用总价法,即直接以发票价格为依据对应收账款计价入账。

(3) 现金折扣与商业折扣相比,主要有两点区别。

第一,目的不同。现金折扣是为鼓励客户提前付款而给予的债务扣除;商业折扣是为促进销售而给予的价格扣除。第二,发生折扣的时间不同。现金折扣在商品销售后发生,企业在确认销售收入时不能确定相关的现金折扣,销售后现金折扣是否发生应视买方的付款情况而定;而商业折扣在销售时即已发生,企业销售实现时,只要按扣除商业折扣后的净额确认销售收入即可,不需做账务处理。

(4) 销售退回和折让。

因质量、规格(品种)不符造成,该"销售退回和折让"直接抵减"销售收入"同时冲减"应收账款"。

2. 应收账款的核算

为了核算和监督企业因销售商品、提供劳务等经营活动形成的债权,企业应设置"应收账款"账户,该账户借方登记应收而未收回的金额,贷方登记应收账款的收回金额,期末余额在借方反映企业尚未收回的应收账款金额。该账户应按债务人设置明细账。因销售商品、提供劳务等发生应收账款时,按应收金额,借记"应收账款"账户,按实现的营业收入,贷记"主营业务收入"等账户,按专用发票上注明的增值税额,贷记"应交税费——应交增值税(销项税额)"账户;企业代客户垫付的包装费、运杂费等,借记"应收账款"账户,贷记"银行存款"等账户。企业发生的应收账款,在没有商业折扣的情况下,按应收的全部金额入账;在有商业折扣的情况下,按扣除商业折扣后的金额入账;在有现金折扣的情况下,采用总价法入账,发生的现金折扣在收款时,作为财务费用处理。

例 3.10 甲企业于 5 月 18 日销售商品一批给乙企业,价目单的价格为 2 000 元,由于乙企业为老顾客,甲企业同意给乙企业 10% 的商业折扣,规定的现金折扣条件为"1/10,N/30"。假定不考虑增值税,5 月 28 日甲企业收回应收款项 1 000 元,余下款项于 6 月 7 日收到,要求:分别用总价法、净价法做有关分录。

总价法:

5月18日	借:应收账款	1 800	
	贷:主营业务收入		1 800
5月28日	借:银行存款	990	
	财务费用	10	
	贷:应收账款		1 000

| 6月7日 | 借:银行存款 | 800 | |
| | 贷:应收账款 | | 800 |

净价法:

5月18日	借:应收账款	1 782	
	贷:主营业务收入		1 782
5月28日	借:银行存款	990	
	贷:应收账款		990
6月7日	借:银行存款	800	
	贷:应收账款		792
	财务费用		8

3. 坏账损失及其确认

企业的各项应收款项,可能会因购货人拒付、破产、死亡等原因而无法收回。无法收回的应收款项就是坏账。因坏账而遭受的损失为坏账损失。企业应当在资产负债表日对应收款项的账面价值进行检查,有客观证据表明该应收款项发生减值的,应当将该应收款项的账面价值减记至预计未来现金流量现值,减记的金额确认减值损失,计提坏账准备。确定应收款项减值有两种方法,即直接转销法和备抵法,我国企业会计准则规定采用备抵法确定应收款项的减值。

(1) 直接转销法。

采用直接转销法时,只有在实际发生坏账时,才作为损失计入当期损益,同时冲销应收款项,即借记"资产减值损失"账户,贷记"应收账款"等账户。

(2) 备抵法。

备抵法是按期估计坏账损失,形成坏账准备,当某一应收款项的全部或部分被确认为坏账时,应根据其金额冲减坏账准备,同时转销相应的应收款项金额。在备抵法下,企业应当设置"坏账准备"账户,核算应收款项的坏账准备的计提、转销等情况。其贷方登记当期计提的坏账准备金额;借方登记实际发生的坏账损失金额和冲减的坏账准备金额;期末余额一般在贷方,反映企业已计提但尚未转销的坏账准备。

当期应计提的坏账准备=当期按应收款项计算应提坏账准备金额-(或+)"坏账准备"账户的贷方(或借方)余额

企业计提坏账准备时,按应减记的金额,借记"资产减值损失——计提的坏账准备"账户,贷记"坏账准备"账户。冲减多计提的坏账准备时,借记"坏账准备"账户,贷记"资产减值损失——计提的坏账准备"账户。

企业确实无法收回的应收款项按管理权限报经批准后作为坏账转销时,应当冲减已计提的坏账准备。已确认并转销的应收款项以后又收回的,应当按照实际收到的金额增加坏账准备的账面余额。企业发生坏账损失时,借记"坏账准备"账户,贷记"应收账款""其他应收款"等账户。已确认并转销的应收款项以后又收回的,应当按照实际收到的金额增加坏账准备的账面余额。已确认并转销的应收款项以后收回时,借记"应收账款""其他应收款"等账户,贷记"坏账准备"账户;同时,借记"银行存款"账户,贷记"应收账款""其他应收款"等账户。

例 3.11 甲公司 2016 年 12 月 31 日对应收乙公司的账款进行减值测试。应收账款合计为 100 000 元,甲公司根据乙公司的资信情况确定应计提 10 000 元坏账准备。

借:资产减值损失——计提的坏账准备　　10 000
　　贷:坏账准备　　　　　　　　　　　　　　　　10 000

假定甲公司2017年对乙公司的应收账款实际发生坏账损失5 000元。确认坏账损失时,甲公司会计分录如下:

借:坏账准备　　　　　　　　　　　　　5 000
　　贷:应收账款　　　　　　　　　　　　　　　　5 000

甲公司2018年5月15日,收到2017年已转销的乙公司坏账5 000元,存入银行。

借:应收账款　　　　　　　　　　　　　5 000
　　贷:坏账准备　　　　　　　　　　　　　　　　5 000
借:银行存款　　　　　　　　　　　　　5 000
　　贷:应收账款　　　　　　　　　　　　　　　　5 000

(二)应收票据的核算

应收票据(赊销业务时)是由债权人或债务人签发的表明债务人在约定时日应偿付约定金额的书面文件。

1. 应收票据的确认与计价

应收票据是指企业因销售商品、提供劳务或让渡资产使用权而收到的商业汇票。商业汇票是(赊销业务时)由债权人或债务人签发的表明债务人在约定时日应偿付约定金额的书面文件。商业汇票按其承兑人不同分为商业承兑汇票和银行承兑汇票。应收票据的计价有现值法和面值法两种。在各国会计实务中,由于营业产生的应收票据期限不是很长,其现值与面值的差异一般不大,因此在会计实务中,应收票据的计价采用面值法。

2. 应收票据的核算

应收票据按照是否计息分为带息票据和不带息票据两种。带息商业汇票是指商业汇票到期时,承兑人必须按照票面金额加上应计利息向收款人或背书人支付票款的票据。不带息商业汇票是指商业汇票到期时,承兑人只按票面金额向收款人或背书人支付票款的票据。为了反映应收票据的取得、转让及款项收回情况,企业应设置"应收票据"账户进行核算,其借方登记应收票据的面值或者面值和利息,贷方登记票据的到期收回和转让,期末借方余额反映尚未到期的应收票据的面值或者面值加应计利息。

(1)带息商业汇票。

带息商业汇票是指票据上注明利率,须按票面金额加上应计利息结算票款的商业汇票。

$$利息 = 面值 \times 票面利率 \times 时间$$

$$票据到期值 = 面值 \times (1 + 票面利率 \times 期限)$$

在按日计息时,以实际日历天数计算到期日及利息,计算实际天数,算头不算尾。

例3.12　甲股份有限公司2016年9月1日销售一批产品给华能公司,货已发出,专用发票上注明的销售收入为200 000元,增值税额为34 000元。收到华能公司交来的商业承兑汇票一张,期限为6个月,票面利率为5%。会计分录如下:

收到票据时:

借：应收票据 234 000
　　贷：主营业务收入 200 000
　　　　应交税费——应交增值税(销项税额) 34 000

年度终了(2016 年 12 月 31 日)，计提票据利息
　　票据利息＝(234 000×5％/12)×4＝3 900(元)

借：应收票据 3 900
　　贷：财务费用 3 900

票据到期收回款项
　　收款金额＝234 000×(1＋5％/12×6)＝239 850(元)
　　2016 年末未计提的票据利息＝234 000×5％/12×2＝1 950(元)

借：银行存款 239 850
　　贷：应收票据 237 900
　　　　财务费用 1 950

(2) 不带息商业汇票。

不带息商业汇票是指票据上未注明利率，只按照票面金额结算票款的商业汇票。企业在收到商业汇票时按面值借记"应收票据"账户，到期收回票款贷记"应收票据"账户。如果到期无法收回票款，应将应收票据的面值从"应收票据"账户转入"应收账款"账户。

例 3.13 甲股份有限公司 2016 年 9 月 1 日销售一批产品给华能公司，货已发出，专用发票上注明的销售收入为 200 000 元，增值税额为 34 000 元。收到华能公司交来的不带息商业承兑汇票一张。会计分录如下：

借：应收票据 234 000
　　贷：主营业务收入 200 000
　　　　应交税费——应交增值税(销项税额) 34 000

(三) 其他应收款

其他应收款是指除应收账款、应收票据、预付账款以外的其他各种应收暂付款项。其主要内容包括：

(1) 应收的各种赔款、罚款，如企业财产等遭受意外损失而应向有关保险公司收取的赔款等；
(2) 应收的出租包装物租金；
(3) 应向职工收取的各种垫付款项，如为职工垫付的水电费、房租费等；
(4) 存出保证金，如租入包装物支付的押金等；
(5) 其他各种应收、暂付款项。

其他应收款应按其实际发生额入账。企业发生的各种其他应收款项目，应单独归类，以便会计信息的使用者将其与企业由于营业活动而发生的应收账款识别清楚。因此，企业应设置"其他应收款"账户进行核算。借方登记各种其他应收款项的发生，贷方登记各种其他应收款项的收回，期末借方余额反映已经发生尚未收回的其他应收款。该账户可按对方单位或个人进行明细核算。

例 3.14 甲公司以银行存款为李某垫付应由个人负担的医疗费 20 000 元。

垫付时：

借：其他应收款　　　　　　　　　　　　20 000
　　贷：银行存款　　　　　　　　　　　　　　20 000

扣款时：

借：应付职工薪酬　　　　　　　　　　　20 000
　　贷：其他应收款　　　　　　　　　　　　　20 000

第二节　对外投资

一、对外投资概述

对外投资是指企业为通过分配来增加财富，或为谋求其他利益，而将资产让渡给其他单位所获得的另一项资产，具体包括交易性金融资产、持有至到期投资、可供出售金融资产、长期股权投资等。企业对外投资旨在为其暂时闲置的资金寻找出路，谋取一定的收益或者为使其主要经营业务持续发展，保证自身长期的经济利益。本节主要介绍交易性金融资产、持有至到期投资和长期股权投资的核算。

二、交易性金融资产

（一）概述

交易性金融资产主要是指企业为了近期出售而持有的金融资产，如企业以赚取差价为目的从二级市场购入的股票、债券、基金等。

金融资产在满足下列条件之一时确认为交易性金融资产。(1) 取得目的主要是为了近期内出售或回购。如为赚取价差而从二级证券市场购入的股票/债券/基金投资等。(2) 属于进行集中管理的可辨认金融工具组合的一部分，且有客观证据表明企业近期采用短期获利方式进行组合管理。(3) 属于衍生工具。

（二）会计处理

为了核算交易性金融资产的取得、收取现金股利或利息、处置等业务，企业应当设置"交易性金融资产""公允价值变动损益""投资收益"等账户。

"交易性金融资产"账户核算企业为交易目的所持有的债券投资、股票投资、基金投资等交易性金融资产的公允价值。企业持有的直接指定为以公允价值计量且其变动计入当期损益的金融资产也在"交易性金融资产"账户核算。"交易性金融资产"账户的借方登记交易性金融资产的取得成本、资产负债表日其公允价值高于账面余额的差额等，贷方登记资产负债表日其公允价值低于账面余额的差额,以及企业出售交易性金融资产时结转的成本和公允价值变动损益。企业应当按照交易性金融资产的类别和品种,分别设置"成本""公允价值变动"等明细账户进行核算。

"公允价值变动损益"账户核算企业交易性金融资产等公允价值变动而形成的应计入当期损益的利得或损失,借方登记资产负债表日企业持有的交易性金融资产等的公允价值低于账面余额的差额,贷方登记资产负债表日企业持有的交易性金融资产等的公允价值高于账面余额的差额。

"投资收益"账户核算企业持有交易性金融资产期间内取得的投资收益以及处置交易性金融资产等实现的投资收益或投资损失,借方登记企业出售交易性金融资产等发生的投资损失,贷方登记企业出售交易性金融资产等实现的投资收益。

具体的会计处理为:

(1) 企业取得交易性金融资产时,应当按照取得时的公允价值作为初始确认金额,相关的交易费用在发生时计入当期损益。

(2) 实际支付价款中包含的已宣告但尚未发放的现金股利或已到付息期但尚未领取的债券利息,应当单独确认为应收项目。

(3) 持有期间取得的利息或现金股利,应当确认为投资收益。

(4) 资产负债表日,产生的公允价值变动计入当期损益。

(5) 处置时,其公允价值与初始入账金额之间的差额应确认为投资收益,同时调整公允价值变动损益。

例 3.15 某企业在 2016 年 1 月 1 日购入公司债券,取得时指定划分为交易性金融资产。债券面值 100 万元,票面利率为 3%,实际支付价款 103 万元(含已宣告但尚未发放的债券利息 3 万元),另支付相关交易费用 2 万元。

借:交易性金融资产——成本　　　　　　　1 000 000
　　投资收益　　　　　　　　　　　　　　　　20 000
　　应收利息　　　　　　　　　　　　　　　　30 000
　　贷:银行存款　　　　　　　　　　　　　　　　　1 050 000

2016 年 1 月 5 日,收到初始支付价款中的债券利息:

借:银行存款　　　　　　　　　　　　　　30 000
　　贷:应收利息　　　　　　　　　　　　　　　　30 000

① 2016 年 12 月 31 日,该债券的公允价值为 110 万元:

借:交易性金融资产——公允价值变动　　　100 000
　　贷:公允价值变动损益　　　　　　　　　　　100 000

2017 年 1 月 5 日,收到 2016 年的债券利息 3 万元:

借:银行存款　　　　　　　　　　　　　　30 000
　　贷:投资收益　　　　　　　　　　　　　　　　30 000

2017 年 10 月 6 日,该企业将上述债券对外处置,取得处置净收入 120 万元:

借:银行存款　　　　　　　　　　　　　1 200 000
　　贷:交易性金融资产——成本　　　　　　　　1 000 000
　　　　　　　　　　——公允价值变动　　　　　100 000
　　　　投资收益　　　　　　　　　　　　　　　100 000

② 同时:
借:公允价值变动损益　　　　　　　　　100 000
　　贷:投资收益　　　　　　　　　　　　　　100 000
*该债券投资的累计投资收益为21万元。

三、持有至到期投资

(一) 概述

持有至到期投资是指到期日固定、回收金额固定或可确定且企业有明确意图和能力持有至到期的非衍生金融资产。如果企业管理层决定将某项金融资产持有至到期,则在该金融资产未到期前,不能随意地改变其"最初意图"。也就是说,企业在取得投资时意图就应当是明确的,除非遇到一些企业所不能控制、预期不会重复发生且难以合理预计的独立事件,否则将持有至到期。其特征(同时满足的条件):到期日固定;回收金额固定或可确定;企业有明显意图和能力持有到期;有活跃市场,属于非衍生金融资产。如符合以上条件的债券投资(国家债券、金融债券、公司债券)属持有至到期投资。

(二) 会计处理

(1) 企业从二级市场购入的固定利率国债、浮动利率公司债券、期限较短(1年以内)的债券投资,符合持有至到期投资条件的,可以划分为持有至到期投资。

(2) 持有至到期投资应当按取得时公允价值和相关交易费用之和作为初始确认金额。

(3) 实际支付价款中包含的已到付息期但尚未领取的债券利息,应单独确认为应收项目。

(4) 持有期间应当按照摊余成本和实际利率计算确认利息收入,计入投资收益。实际利率应当在取得时确认,但实际利率和票面利率差别较小的,也可以采用票面利率计算利息收入,计入投资收益。

(5) 处置持有至到期投资时,应将所取得的价款与该投资账面价值之间的差额计入投资收益。

相关的账务处理如下:

(1) 企业取得的持有至到期投资,应按该投资的面值,借记"持有至到期投资——成本"账户,按支付的价款中包含的已到付息期但尚未领取的利息,借记"应收利息"账户,按实际支付的金额,贷记"银行存款"等账户,按其差额,借记或贷记"持有至到期投资——利息调整"账户。

(2) 资产负债表日,持有至到期投资为分期付息、一次还本债券投资的,应按票面利率计算确定的应收未收利息,借记"应收利息"账户,按持有至到期投资摊余成本和实际利率计算确定的利息收入,贷记"投资收益"账户,按其差额借记或贷记"持有至到期投资——利息调整"账户。

持有至到期投资为一次还本付息债券投资的,应按票面利率计算确定的应收未收利息,借记"持有至到期投资——应计利息"账户,按持有至到期摊余成本和实际利率计算确定的利息收入,贷记"投资收益"账户,按其差额借记或贷记"持有至到期投资——利息调整"账户。

(3) 出售持有至到期投资,应按实际收到的金额,借记"银行存款"等账户,按其账面余额,贷记"持有至到期投资——成本、利息调整、应计利息"账户,按其差额,贷记或借记"投资收益"账户。

例 3.16 联合公司于 2017 年 1 月 2 日从证券市场上购入碧佳公司于 2016 年 1 月 1 日发行的债券,该债券四年期、票面年利率为 4%、每年 1 月 5 日支付上年度的利息,到期日为 2020 年 1 月 1 日,到期日一次归还本金和最后一次利息。联合公司购入债券的面值为 1 000 万元,实际支付价款为 992.77 万元,另支付相关费用 20 万元。联合公司购入后将其划分为持有至到期投资。购入债券的实际利率为 5%。假定按年计提利息。编制联合公司从 2017 年 1 月 1 日至 2020 年 1 月 1 日上述有关业务的会计分录。(答案以万元为单位)

(1) 2017 年 1 月 2 日

借:持有至到期投资——成本　　　　1 000
　　应收利息　　　　　　　　　　　40(1 000×4%)
　贷:银行存款　　　　　　　　　　1 012.77
　　持有至到期投资——利息调整　　27.23

(2) 2017 年 1 月 5 日

借:银行存款　　　　　　　　　　　40
　贷:应收利息　　　　　　　　　　40

(3) 2017 年 12 月 31 日

应确认的投资收益=(1 000−27.23)×5%=48.64(万元)
持有至到期投资——利息调整=48.64−1 000×4%=8.64(万元)

借:应收利息　　　　　　　　　　　40
　　持有至到期投资——利息调整　　8.64
　贷:投资收益　　　　　　　　　　48.64

(4) 2018 年 1 月 5 日

借:银行存款　　　　　　　　　　　40
　贷:应收利息　　　　　　　　　　40

(5) 2018 年 12 月 31 日

应确认的投资收益=(1 000−27.23+8.64)×5%=49.07(万元)
持有至到期投资——利息调整=49.07−1 000×4%=9.07(万元)

借:应收利息　　　　　　　　　　　40
　　持有至到期投资——利息调整　　9.07
　贷:投资收益　　　　　　　　　　49.07

(6) 2019 年 1 月 5 日

借:银行存款　　　　　　　　　　　40
　贷:应收利息　　　　　　　　　　40

(7) 2019年12月31日

持有至到期投资——利息调整＝27.23－8.64－9.07＝9.52(万元)

投资收益＝40＋9.52＝49.52(万元)

借：应收利息　　　　　　　　　　40

　　持有至到期投资—利息调整　　9.52

　　贷：投资收益　　　　　　　　　　49.52

(8) 2020年1月1日

借：银行存款　　　　　　　　　　1 040

　　贷：持有至到期投资——成本　　1 000

　　　　应收利息　　　　　　　　　40

四、长期股权投资

(一) 长期股权投资概述

1. 长期股权投资的概念

长期股权投资是指投资企业对被投资单位实施控制、重大影响的权益性投资，以及对其合营企业的权益性投资。除此之外，其他权益性投资不作为长期股权投资进行核算，而应当按照《企业会计准则第 22 号——金融工具确认与计量》的规定进行会计核算。

企业能够对被投资单位实施控制的，被投资单位为本企业的子公司。控制是指有权决定一个企业的财务和经营政策，并能据以从该企业的经营活动中获取利益。

企业与其他方对被投资单位实施共同控制的，被投资单位为本企业的合营企业。共同控制是指按合同约定对某项经济活动所共有的控制，仅在与该项经济活动相关的重要财务和经营决策需要分享控制权的投资方一致同意时存在。

企业能够对被投资单位施加重大影响的，被投资单位为本企业的联营企业。重大影响是指对一个企业的财务和经营政策有参与决策的权利，但并不能够控制或者与其他方一起共同控制这些政策的制定。

2. 长期股权投资的核算方法

长期股权投资的核算方法有两种：一是成本法；二是权益法。

(1) 成本法核算长期股权投资的范围

企业能够对被投资单位实施控制的长期股权投资，即企业对子公司的长期股权投资采用成本法。投资企业为投资主体且子公司不纳入其合并财务报表的除外。

(2) 权益法核算长期股权投资的范围

企业对被投资单位具有共同控制或重大影响时，长期股权投资应采用权益法。

企业应当设置"长期股权投资"账户核算企业持有的采用成本法和权益法核算的长期股权投资，借方登记长期股权投资取得时的成本以及采用权益法核算时被投资企业实现的净利润计算的应分享的份额等，贷方登记收回长期股权投资的价值或采用权益法核算时被投资单位宣告分派现金股利或利润时企业按持股比例计算应享有的份额，以及按被投资单位发生的净亏损计算应分担的份额等，期末借方余额反映企业持有的长期股权投资的价值。

(二) 长期股权投资——成本法

1. 长期股权投资初始投资成本的确定

除企业合并形成的长期股权投资外,以支付现金取得的长期股权投资,应按实际支付的购买价格作为初始投资成本。发生的与长期股权投资直接相关的费用、税金及其他必要支出应计入长期股权投资的初始投资成本。

企业取得长期股权投资,实际支付的价款中包含已宣告但未发放的现金股利或利润,作为应收项目处理,不构成长期股权投资的初始投资成本。

2. 取得长期股权投资的核算

企业取得长期股权投资时,应按照初始投资成本,借记"长期股权投资"账户,如果实际支付的价款中包含有已宣告发放但尚未领取的现金股利或利润,借记"应收股利"账户,按实际支付的金额,贷记"银行存款"等账户。

例 3.17 A 公司 2016 年 5 月 15 日购入 C 公司发行的股票 100 000 股准备长期持有,每股买入价为 10 元,每股价格中包含有 0.2 元的已宣告分派的现金股利,另支付相关税费 6 000 元,款项已由银行存款支付。

初始投资成本 = 100 000 × 10 + 6 000 − 100 000 × 0.2 = 986 000(元)

借:长期股权投资　　　　　　　986 000
　　应收股利　　　　　　　　　 20 000
　　贷:银行存款　　　　　　　　　　　 1 006 000

6 月 20 日收到上述股利。

借:银行存款　　　　　　　　　 20 000
　　贷:应收股利　　　　　　　　　　　　20 000

3. 持有期间被投资单位宣告发放现金股利或利润的核算

投资企业持有长期股权投资期间被投资单位实现净利润或发生净亏损,投资企业不进行账务处理。但长期股权投资持有期间被投资单位宣告发放现金股利或利润时,企业按应享有的部分确认为投资收益,借记"应收股利"账户,贷记"投资收益"账户。

例 3.18 假定 C 公司 2017 年 2 月 10 日宣告发放现金股利每股 0.2 元。

借:应收股利　　　　　　　　　 20 000
　　贷:投资收益　　　　　　　　　　　　20 000

4. 长期股权投资的处置

处置长期股权投资时,按实际取得的价款与长期股权投资账面价值的差额确认为投资损益。企业处置长期股权投资时,应按实际收到的金额,借记"银行存款"等账户,按该项长期股权投资的账面余额,贷记"长期股权投资"账户,按尚未领取的现金股利或利润,贷记"应收股利"账户,按其差额,贷记或借记"投资收益"账户。

例 3.19 A 公司将其作为长期投资持有的 D 公司 15 000 股股票,以每股 10 元的价格出售,支付相关税费 1 000 元,取得价款 149 000 元,款项已由银行存款收妥。该长期股权投资账面价值为 140 000 元,假定没有计提减值准备。

投资收益 = 150 000 − 1 000 − 140 000 = 9 000(元)

借:银行存款　　　　　　　　　149 000
　　贷:长期股权投资　　　　　　　　　 140 000
　　　　投资收益　　　　　　　　　　　　9 000

(三) 长期股权投资——权益法

1. 取得长期股权投资

取得长期股权投资,长期股权投资的初始投资成本大于投资时应享有的被投资单位可辨认净资产公允价值的份额,不调整已确认的初始投资成本,借记"长期股权投资——成本"账户,贷记"银行存款"账户。长期股权投资的初始投资成本小于投资时应享有的被投资单位可辨认净资产公允价值的份额的,借记"长期股权投资——成本"账户,贷记"银行存款"账户,按其差额贷记"营业外收入"账户。

例 3.20 A 公司 2017 年 1 月 20 日购入 CBA 公司发行的股票 5 000 000 股准备长期持有,拥有 CBA 公司 30%的股份,每股买入价为 6 元,另支付相关税费 500 000 元,款项已由银行存款支付。2016 年 12 月 31 日,CBA 公司的所在者权益的账面价值(与其公允价值不存在差异)100 000 000 元。

初始投资成本=5 000 000×6+500 000=30 500 000(元)

借:长期股权投资——成本　　　　　　　　30 500 000
　　贷:银行存款　　　　　　　　　　　　　　　30 500 000

在本例中,长期股权投资的初始投资成本 30 500 000 元大于投资时应享有被投资单位可辨认净资产公允价值份额 30 000 000(100 000 000×30%)元,不调整长期股权投资的初始投资成本。

2. 持有长期股权投资期间被投资单位实现净利润或发生净亏损

投资单位应根据被投资单位实现净利润计算应享有的份额,借记"长期股权投资——损益调整"账户,贷记"投资收益"账户。被投资单位发生净亏损做相反会计分录,借记"投资收益"账户,贷记"长期股权投资——损益调整"账户,但以长期股权投资的账面价值减记零为限。长期股权投资账面价值减至零为限是指该账户由"成本""损益调整""其他综合收益""其他权益变动"四个明细账户组成的合计为零。

被投资单位以后宣告发放现金股利或利润时,企业计算应分得的部分,借记"应收股利"账户,贷记"长期股权投资——损益调整"账户。收到被投资单位宣告发放的股票股利,不进行账务处理,但应在备查簿中登记。

例 3.21 2017 年 CBA 公司实现净利润 10 000 000 元,A 公司按持股比例确认投资收益 3 000 000 元,2018 年 5 月 15 日 CBA 公司宣告发放现金股利,A 公司可分得 1 500 000 元,2018 年 6 月 15 日 A 公司收到上述现金股利。

借:长期股权投资——损益调整　　　　　　3 000 000
　　贷:投资收益　　　　　　　　　　　　　　　3 000 000
借:应收股利　　　　　　　　　　　　　　　1 500 000
　　贷:长期股权投资——损益调整　　　　　　1 500 000
借:银行存款　　　　　　　　　　　　　　　1 500 000
　　贷:应收股利　　　　　　　　　　　　　　　1 500 000

3. 持有长期股权投资期间被投资单位实现其他综合收益

投资企业在持有长期股权投资期间,应当按照应享有或应分担被投资单位实现其他综合收益的份额,借记"长期股权投资——其他综合收益"账户,贷记"其他综合收益"账户。

4. 持有长期股权投资期间被投资单位所有者权益的其他变动

在持股比例不变的情况下,被投资单位除净损益外所有者权益的其他变动,企业按持股比例计算应享有的份额,借记或贷记"长期股权投资——其他权益变动"账户,贷记或借记"资本公积——其他资本公积"账户。

5. 长期股权投资的处置

处置长期股权投资时,按实际取得的价款与长期股权投资账面价值的差额确认为投资损益,并同时结转已计提的长期股权投资减值准备。

例 3.22 接例 3.20、例 3.21,2019 年 1 月 20 日,ABC 公司出售所持有的 CBA 公司的股票 5 000 000 股,每股售价 10 元,款项已收回。假定没有计提减值准备。

借:银行存款　　　　　　　　　　　　　　　50 000 000
　　贷:长期股权投资——成本　　　　　　　　　30 500 000
　　　　　　　　　　——损益调整　　　　　　　1 500 000
　　　　投资收益　　　　　　　　　　　　　　18 000 000

第三节　存　货

一、存货概述

(一) 存货的概念

存货是指企业在日常活动中持有以备出售的产成品或商品,处在生产过程中的在产品、在生产过程或提供劳务过程中耗用的材料和物料等。包括库存商品、半成品、原材料、辅助材料、周转材料等。

存货属于企业的流动资产,在许多企业的资产总额中占有很大比重,与其他资产相比具有以下特点:

(1) 存货是有形资产。

(2) 存货具有较强的流动性。在企业中,存货经常处于不断销售、耗用、购买或重置中,具有较快的变现能力和明显的流动性,但流动性又低于库存现金、应收账款等其他流动资产。

(3) 存货具有时效性和发生潜在损失的可能性。一般情况下,在正常的生产经营周期内,存货能够规律性地转换为货币资产或其他资产,但长期不能耗用或销售的存货就有可能变为积压存货或降价销售,从而造成公司的损失。

(二) 存货的确认条件及范围

存货确认除满足存货概念外,同时满足以下两个条件时,才能加以确认,一是该存货包含的经济利益很可能流入企业;二是该存货的成本能够可靠地加以计量。

存货会计的主要问题就是确认与计量存货的数量和价值。为了正确确定企业存货的数量就应当解决存货的范围。确认存货应遵循一条基本原则,即凡是在盘存日期法定所有权属于企业的一切材料物资,不论其存放地点如何,都视为企业的存货。例如,有些材料物资已经售出,所有权已经转让,尽管材料物资未运离企业,也不属于企业的存货。反之,有些材料虽已运离企业,但其所有权尚未发生转移,也属于企业的存货。

(三) 存货的分类

为了加强存货的核算和管理,正确计算产品的生产成本和商品的销售成本,应当对存货进行合理的分类。存货的分类可按不同行业和存货的存放地点进行分类。

1. 按不同行业分类

(1) 制造业的存货

① 原材料。原材料是指经过加工后构成产品主要实体的材料以及虽不构成产品主要实体,但有助于产品形成的辅助材料等。具体包括:原料及主要材料、辅助材料、燃料、修理用备件等。

② 委托加工材料。委托加工材料是指发出并委托外单位加工中的材料,由于加工中的材料已运离本企业,但所有权并未发生转移,仍属企业存货的特殊存放形式。加工完成并验收入库后,按其用途归属于某类材料之中。

③ 低值易耗品。低值易耗品是指不能作为固定资产的各种劳动资料。如一般工具、专用工具、管理用具等。

④ 包装物。包装物是指为了包装本企业产品而储备的各种包装容器,如箱、桶、瓶、袋等。

⑤ 产成品。产成品是指企业加工生产完成全部生产过程,可以对外销售的产成品。

⑥ 自制半成品和在产品。自制半成品和在产品是指已经过一定生产过程,但尚未全部完工、在销售以前还需进一步加工的中间产品或正在加工中的在产品。

如果一种存货在企业具有多种用途时,应按其主要用途进行归类。

(2) 商品流通业的存货

在商品流通企业,存货主要分类为:商品、材料物资、低值易耗品、包装物等。其中商品存货是商品流通企业存货的主要部分,它是指企业为销售而购入的物品。商品在其销售以前,保持其原有实物形态。

(3) 建筑业的存货

建筑业的存货可分为库存材料、周转材料、委托加工物资、在建工程等。

2. 按存放地点分类

(1) 库存的存货。库存的存货是指已入库的各种材料存货、产成品、商品等。

(2) 在途的存货。在途的存货是指从外购入的已取得所有权但尚在运输途中或未验收入库的材料存货。

(3) 加工中的存货。加工中的存货是指正在公司内部或委托外单位正在进行加工的材料和产品等。

(四) 存货的控制

制造业的存货一般内容多,所占用的流动资金比重大。由于其数量、品种繁多,收发频繁,存放地点分散,较易发生记账错误、损坏变质甚至盗窃流失等情况。因此,建立健全存货的内部控制非常必要。存货一般应采取以下控制手段：

(1) 存货业务中相关职务分离。存货业务涉及采购、验收、保管、盘点、会计记录等工作，从事这些工作的人员应适当分离。

(2) 保持高效的采购、验收和运输程序，以保持适当的存货库存量。

(3) 建立严格的存货保管制度。以防止存货被盗、损坏或腐烂，保证存货数量上与质量上同时安全。

(4) 建立存货盘存控制制度。无论采用什么盘存制度，每年至少全面实地盘点一次存货。

(5) 建立合理的存货计价及管理制度。企业要根据经济环境选择适当的存货计价方法，使财务报表尽可能反映存货的真实价值，确定恰当的销货成本，报告合理、可靠的利润。

此外还要在数量上保持适中。适量的存货储备，要求既能避免存货过多而使资金积压，又能避免因存货不足而影响正常生产经营活动。存货的管理离不开会计的介入，存货一经确认就需要计量(计价)，存货计价的基本目的是要计算企业会计期间内的销货成本，以便和相关的销售收入进行配比，从而恰当地确定企业会计期间的利润。

二、存货取得的核算

(一) 存货取得的计价

存货应当以其成本入账，存货成本包括采购成本、加工成本和其他成本。这里的成本就是存货取得时的实际成本，即为存货的历史成本。在会计实务中，由于存货取得的来源不同，其实际成本的构成也不同。

1. 外购存货实际成本的计价

企业外购存货的入账价值一般指采购成本。存货的采购成本一般包括采购价款、进口关税和其他税费、运输费、装卸费、保险费以及其他可直接归属于存货采购成本的费用。

制造业外购存货的实际成本是指在采购货物过程中发生的支出，由下列各项组成：

(1) 买价，是指购入存货发票上所列的存货价格。

一般而言，所有购入的存货，均应根据发票金额确认购货价格，但在发生购货折扣的情况下，购货价格是指已扣除商业折扣，但不扣除库存现金折扣的金额，供货者允许扣除的库存现金折扣，不抵减有关存货项目的成本。在允许扣除折扣的期限内取得了库存现金折扣，冲减当期财务费用。

(2) 运杂费，包括运输费、装卸费、保险费、包装费、仓储费等，不包括按规定根据运输费的一定比例计算的可抵扣的增值税额。

(3) 运输途中的合理损耗。即运输途中发生的定额损耗，超过定额的不合理损耗，一般应向责任单位索赔，不应计入采购成本中。

(4) 入库前的挑选整理费用，包括挑选整理中发生的工、费支出和必要的损耗，并扣除回收的下脚废料价值。

(5) 购入存货负担的相关税金。构成材料采购成本的相关税金有：① 进口存货发生的关税，构成进口存货的实际采购成本；② 小规模纳税人购入存货支付的增值税，计入所购存货的实际成本；③ 一般纳税人购入用于非应税项目的货物支付增值税，以及未能取得增值税专用发票或完税证明的，其支付增值税应计入购入货物的实际成本。

2. 通过进一步加工取得存货

通过进一步加工取得存货的成本包括：直接材料、直接人工以及按照一定方法分配的制造费用。直接材料是指直接由所耗材料存货转移来的价值。直接人工是指企业在生产产品过程中直接从事产品生产的工人的职工薪酬。制造费用是指企业生产产品和提供劳务而发生的各项间接生产成本，包括企业生产车间管理人员的职工薪酬、折旧费、办公费、水电费、机物料消耗、劳动保护费、季节性和修理期间的停工损失等。

另外，经过1年期以上的制造才能达到预定可销售状态的存货发生的借款费用，也应计入存货的成本。这里的借款费用，是指企业因借款而发生的利息及其他相关成本。

3. 委托加工物资实际成本的计价

委托外单位加工的存货的实际成本包括加工过程中耗用的材料或半成品的实际成本、应支付加工费用和往返的运杂费及应交纳的价内税金。

4. 投资者投入存货的计价

投资者投入的存货，应当按照投资合同或协议约定的价值确定，但合同或协议约定的价值不公允的除外。

（二）取得存货的会计处理

1. 原材料收入的核算

企业应设置"原材料"总账账户进行核算。借方登记收入材料的实际成本，贷方登记发出材料的实际成本，借方余额为结存材料的实际成本。由于收入材料的渠道和方式不同，采用的结算方式也不同，因而收入材料的总分类核算就有所不同。对已经付款但尚未验收入库的材料，应先借记"在途物资"账户，材料到达验收入库后，再将其从贷方转出，"在途物资"账户的借方余额反映已经付款但尚未验收入库的材料实际成本。

另外，还应设置"应交税费"账户，用来核算企业应缴纳的各种税费。在材料采购阶段涉及的相关税费主要是增值税。增值税是一种价外税，企业应实行价税分离的核算方法。即企业购入材料时，在价款之外，还应向出售方支付以该价款为基数的增值税，借记"应交税费——应交增值税"。

企业收入材料的来源不同，即有外购入库的、自制入库的，也有投资者投入的。因此，其账务处理方法也不尽相同。

（1）购入原材料的核算

企业外购材料收入业务，由于付款和收料日期经常出现不一致的现象，因而应根据实际情况分别处理。

① 款已付，材料已验收入库。这种情况属于收料和付款同时进行的业务。一般在当地采购时较为常见。当发票和结算凭证已经收到并已付款，材料已经验收入库时，应根据有关凭证记账。

例 3.23 企业在本市某单位购入辅助材料一批，用转账支票支付款项 1 755 元，专用发票上注明的增值税额为 255 元，材料货款 1 500 元。

借：原材料　　　　　　　　　　　　　　　　1 500
　　应交税费——应交增值税（进项税额）　　　255
　　贷：银行存款　　　　　　　　　　　　　　　　1 755

② 货款已付,材料未到。这种情况属于在途材料。由于异地采购材料物资时,货物运输时间往往超过银行结算凭证的传递时间,因此会经常发生货款已付而材料未到的情况。对已经付款的但尚在运输途中的材料,通过"在途物资"账户核算,材料到达企业验收入库时,再转入"原材料"等账户。

例3.24 某企业向首都钢厂购买钢材一批,专用发票上的总金额为 35 100 元,已通过银行承付。专用发票上已注明增值税额 5 100 元,货款 30 000 元。钢材尚未运达企业。

借:应交税费——应交增值税(进项税款)　　5 100
　　在途物资　　　　　　　　　　　　　　30 000
　贷:银行存款　　　　　　　　　　　　　　　　　　35 100

收料时:
借:原材料　　　　　　　　　　　　　　　30 000
　贷:在途物资　　　　　　　　　　　　　　　　　　30 000

③ 材料已到,货款未付。这种情况属于未付款的收料业务。材料已先到企业,但由于尚未接到结算凭证,不知材料款项数额,无法付款。由于结算凭证一般在收到材料几天以后就可以收到,因此,材料验收入库时可暂不编制会计分录,待接到结算凭证付款时再编制会计分录。

如果等到月末结算时凭证仍然未到,按暂估价入账,借记"原材料"账户,贷记"应付账款"账户。并于下月初用红字冲回,以便结算凭证到时,作正常付款的会计处理。

例3.25 某企业5月13日和20日到料并入库两批钢材,第一批为 2 000 公斤,第二批为 1 000 公斤,均因结算凭证未到,不编制会计分录。

5月28日,第一批钢材的结算凭证到达企业,专用发票上注明用银行存款支付货款及运杂费 1 750 元,增值税额 300 元。

借:原材料　　　　　　　　　　　　　　　1 750
　　应交税费——应交增值税(进项税额)　　300
　贷:银行存款　　　　　　　　　　　　　　　　　　2 050

月末,第二批钢材 1 000 公斤的结算凭证尚未到达,尚未付款,按暂估单价 0.90 元,编制分录。

借:原材料　　　　　　　　　　　　　　　900
　贷:应付账款　　　　　　　　　　　　　　　　　　900

下月1日编制一张相同分录的红字记账凭证。

借:原材料　　　　　　　　　　　　　　　(900)
　贷:应付账款　　　　　　　　　　　　　　　　　　(900)

④ 预付材料货款。企业在采购材料时,可以根据有关规定先预付一部分材料货款,然后才能取得所需要的材料。因此,预付的材料货款是企业的暂付款。通过"预付账款"账户核算。

例3.26 新华工厂按合同规定,预付给B公司 30 000 元用于购买原材料。

借:预付账款　　　　　　　　　　　　　　30 000
　贷:银行存款　　　　　　　　　　　　　　　　　　30 000

例 3.27 新华工厂收到 B 公司发来的上例购入的原材料并已验收入库。专用发票上注明材料价款 32 478.63 元,增值税额为 5 521.37 元。

借:原材料   32 478.63
   应交税费——应交增值税(进项税额)   5 521.37
   贷:预付账款   38 000

例 3.28 新华工厂补付 B 公司货款 2 800 元。

借:预付账款   2 800
   贷:银行存款   2 800

对于周转使用的包装物和低值易耗品,比照原材料的相关规定进行处理。采用一次转销法的,领用时应按其账面价值,借记"管理费用""生产成本""销售费用""工程施工"等账户,贷记"周转材料"账户。周转材料报废时,应按报废周转材料的残料价值,借记"原材料"等账户,贷记"管理费用""生产成本""销售费用""工程施工"等账户。采用其他摊销法的,领用时应按其账面价值,借记"周转材料"账户(在用),贷记"周转材料"账户(在库);摊销时应按摊销额,借记"管理费用""生产成本""销售费用""工程施工"等账户,贷记"周转材料"账户(摊销)。周转材料报废时应补提摊销额,借记"管理费用""生产成本""销售费用""工程施工"等账户,贷记"周转材料"账户(摊销);同时,按报废周转材料的残料价值,借记"原材料"等账户,贷记"管理费用""生产成本""销售费用""工程施工"等账户;转销全部已提摊销额,借记"周转材料"账户(摊销),贷记"周转材料"账户(在用)。

(2) 自制、投资者投入原材料的核算

① 自制原材料。在完工验收入库时,按其实际成本,借记"原材料"账户,贷记"生产成本"账户。

② 投资者投入原材料:

借:原材料   (确认价值)
   应交税费——应交增值税(进项税额)
   贷:实收资本——股本   (确定的出资额)
       资本公积   (差额)

例 3.29 C 公司接受投资人投入原材料,双方确认价值 25 000 元,市场价格 26 000 元,增值税税率 17%,按其所占比例计算的出资额为 29 000 元。

借:原材料   25 000
   应交税费——应交增值税(26 000×17%)   4 420
   贷:实收资本   29 000
       资本公积——资本溢价   420

2. 委托加工物资的核算

设置"委托加工物资"账户。主要核算内容包括:拨付加工;支付加工费用、税金;收回等。

(1) 拨付加工物资

借:委托加工物资   (实际成本)
   贷:原材料或库存商品   (实际成本)

(2) 支付加工税、费

借:委托加工物资
　　应交税费——应交增值税(进项税额)
　贷:银行存款等

对于支付的增值税,如果是一般纳税人加工物资并用于应交增值税项目,同时取得专用发票,其增值税应单独作为进项税额进行核算。但如果加工物资是用于非应税项目、免税项目,未按规定取得增值税专用发票的一般纳税人和小规模纳税人的加工物资,应将这部分增值税计入加工物资的成本。

(3) 交纳消费税

对于需要交纳消费税的加工物资,由受托方代收代交。同时按下列情况分别处理:

凡加工物资收回后直接用于销售的,委托方应将其代收代交的消费税计入加工物资成本,即借记"委托加工物资"账户;

凡加工物资收回后直接用于连续生产应税消费品,其代收代交的消费税准予扣除,不计入加工物资成本,即记入"应交税费"账户借方,待以后销售时抵扣。

(4) 加工收回

借:原材料或库存商品
　贷:委托加工物资

例 3.30 甲企业委托乙企业加工材料一批。原材料成本为 20 000 元,支付的加工费为 5 000 元(不含增值税),材料加工完成并已验收入库,加工费用等已经支付。双方适用的增值税税率为 17%。会计分录如下:

(1) 发出委托加工材料

借:委托加工物资——乙企业　　　　　　　　20 000
　贷:原材料　　　　　　　　　　　　　　　　　　　20 000

(2) 支付加工费和税金

借:委托加工物资——乙企业　　　　　　　　5 000
　　应交税费——应交增值税(进项税额)　　　850
　贷:银行存款　　　　　　　　　　　　　　　　　　5 850

(3) 加工完成,收回委托加工材料

借:库存商品　　　　　　　　　　　　　　　25 000
　贷:委托加工物资——乙企业　　　　　　　　　　25 000

三、发出存货的核算

(一) 存货发出成本的确定方法

存货按取得时的实际成本计价并入库后,根据用途不同分别出库,如原材料发出主要用于产品的生产,产成品主要用于销售。存货发出的计价由于产地、价格、距离、运输方式以及生产过程的耗费等不同,使得同一种存货不同批次的成本往往不完全相等。这时如何确定发出存货的价值,就存在一些可供选择的余地。发出存货的计价方法是指对发出存货和每次发出后结存存货价值的计算确定方法。发出存货价值的确定是否正确,直接影响到当期销售成本,影响当期损益和有关税金的计算,也直接影响到各期期末存货价值的确定,从而影响到资产负债表中的相关项目。目前会计准则允许的、基于实际成本的存货发出计价方法有:个别计价法、先进先出法、加权平均法、移动加权平均法。

1. 个别计价法

个别计价法又称个别认定法、具体辨认法、分批实际法,是逐一辨认各批发出存货和期末存货所属的购进批别或生产批别,分别按照其购入或生产时所确定的单位成本作为计算各批发出存货和期末存货成本的方法。计算公式如下:

每次(批)存货发出成本=该次(批)存货发出数量×该次(批)存货实际收入的单位成本

例 3.31 某企业 20××年 12 月份购货和存货的数据资料见表 3.1。

表 3.1

日期及摘要	收入		发出		结存数量
	数量	单位成本	数量	单位成本	
12 月 1 日存货	600	2.00			600
12 月 8 日购货	400	2.20			1 000
12 月 14 日发出			800		200
12 月 20 日购入	600	2.30			800
12 月 28 日发出			400		400
12 月 31 日购入	400	2.50			800

根据表 3.1 提供的资料,该企业 12 月 31 日存货结存 800,经确认属于以下各批购货中的留存,则期末存货成本见表 3.2。

表 3.2

批 次	数 量	单位成本(元)	每批成本(元)
期初存货	200	2.00	400
第一批购货	100	2.20	220
第二批购货	400	2.30	920
第三批购货	100	2.50	250
期末存货成本			1 790

采用这种方法,计算发出存货的成本和期末存货的成本比较合理、准确,但这种方法的前提是需要对发出和期末存货的批次进行具体认定,以辨别其所属的收入批次,所以实务操作的工作量繁重,困难较大。该方法适用于一般不能替代使用的存货以及为特定项目专门购入或制造的存货,如珠宝、船舶等贵重物品。

2. 先进先出法

先进先出法是假定先收到的存货先发出或先耗用,并根据这种假定的成本流转次序对发出存货进行计价的一种方法。具体做法是:接收有关存货时,逐笔登记每一批存货的数量单价和金额;发出存货时,按照先进先出法的原则计价,并逐笔登记存货的发出和结存金额。

根据表 3.1 提供的资料,发出存货采用先进先出法计算,见表 3.3。

表 3.3

日期	摘要	收入 数量	收入 单位成本	收入 总成本	发出 数量	发出 单位成本	发出 总成本	结存 数量	结存 单位成本	结存 总成本
12.1	结存							600	2.00	1 200
12.8	购入	400	2.20	880				600 400	2.00 2.20	1 200 880
12.14	发出				600 200	2.00 2.20	1 200 440	200	2.20	440
12.20	购入	600	2.30	1 380				200 600	2.20 2.30	440 1 380
12.28	发出				200 200	2.20 2.30	440 460	400	2.30	920
12.31	购入	400	2.50	1 000				400 400	2.30 2.50	920 1 000
合计		1 400			1 200			800		

采用先进先出法的优点在于它使期末结存的存货价值比较符合物价变动趋势,但它在计算每批发出存货成本时,有时要按两个或两个以上取得单位成本计算,计算工作较为繁琐。另外,当物价持续上涨时,会高估当期利润和库存存货价值,这样不符合稳健性原则。

3. 加权平均法

加权平均法也称综合加权平均法。它以一个月为计算期,每月末,以期初存货成本加本期收入存货成本,除以期初结存数量加本期收入存货数量,据以计算存货的加权平均单位成本,从而确定发出存货成本和期末存货成本。计算公式如下:

$$存货加权平均单位成本 = \frac{期初结存存货实际成本 + 本期收入存货实际成本}{期初结存存货数量 + 本期收入存货数量}$$

本期发出存货成本＝本期发出存货数量×存货加权平均单位成本

期末结存存货成本＝期初结存存货成本＋本期收入存货成本－本期发出存货成本

根据表 3.1 提供的资料,发出存货采用加权平均法计算,见表 3.4。

表 3.4 采用加权平均法的计算

日期	收入 数量	收入 单位成本	收入 总成本	发出 数量	发出 单位成本	发出 总成本	结存 数量	结存 单位成本	结存 总成本
12.1							600	2.00	1 200
12.8	400	2.20	880				1 000		
12.14				800			200		
12.20	600	2.30	1 380				800		
12.28				400			400		
12.31	400	2.50	1 000				800		
合计	1 400		3 260	1200	2.23	2 676	800	2.23	1 784

成本平均化,对存货成本的分摊较为折中。但是,这种方法平时从账上无法提供发出和结存存货的单位成本及金额,不利于加强对存货资金的日常管理。按照加权平均法计算发出存货的单位成本,每月只计算一次,简化了存货的计价工作,但平时不能提供发出存货单位成本资料。在将其与存货现行成本比较时,两者之间有一定差距,当物价上涨时加权平均成本将会小于现行成本。当物价下降时,加权平均成本则会超过现行成本。

4. 移动加权平均法

移动加权平均法也叫移动平均法,指每次收货以后,立即根据库存存货数量和总成本,计算出新的平均单位成本的一种方法。

移动加权平均法与上面所讲的加权平均法的计算原理基本相同,只是要求在每次收入存货时重新计算加权平均单价。其计算公式为:

$$移动加权平均单价=\frac{以前结存存货实际成本+本批收入存货实际成本}{以前结存存货数量+本批收入存货数量}$$

可根据表3.5所示了解移动加权平均法计算每次购进存货后的加权平均法单价。

表3.5

计量单位:件　　　　　　　　　　　　　　　　　　　　　　　　　　金额单位:元

年 月	日	摘要	收入			发出			结存		
			数量	单价	金额	数量	单价	金额	数量	单价	金额
3	1	结存							2 000	20	40 000
	2	发出				1 500	20	30 000	500	20	10 000
	5	购进	2 000	22	44 000				2 500	21.6	54 000
	7	发出				1 000	21.6	21 600	1 500	21.6	32 400
	10	购进	2 000	21	42 000				3 500	21.26	74 400
	15	发出				500	21.26	10 620	3 000	21.26	63 780
	20	发出				1 000	21.26	21 260	2 000	21.26	42 520
	22	购进	1 000	23	23 000				3 000	21.84	65 520
	27	发出				1 500	21.84	32 760	1 500	21.84	32 760
	31	合计	5 000		109 000	5 500		116 100	1 500	21.84	32 760

其中10 620元系倒挤结果,即74 400−3 000×21.26(保留小数点后两位)=10 620(元),这是为了保证结存金额数量之间的关系。

采用移动加权平均法,其优点是在存货发出时,可直接以新确定的加权平均单价乘以发出数量确定发出成本,并可以随时转账,核算的工作量可以分散在平时进行。但由于每收进一批货就要重新计算一次单价,每发出一次存货也要按当时的平均单价计算其发出成本,因而计价的工作量比较大,对收发货较频繁的企业不宜采用。

(二)存货不同计价方法对企业期末存货资产及当期损益信息的影响

如果一个会计期间内取得的存货价格持续上涨,按先进先出法计价,发出存货的成本最低,期末存货成本最高;反之,如物价持续下跌,应用的结果正好相反。通常,企业选用了某一种方法,除非由于外部事项等发生重大变更,否则,一般不应随意变更。如确因经济环境发生变化需要变更,应在报表附注中说明变更的原因及对当期财务状况的影响。

四、期末存货的计价

(一) 成本与可变现净值孰低法含义

在资产负债表日,存货应当按照成本与可变现净值孰低计量。所谓成本与可变现净值孰低法,是指对期末存货按照成本与可变现净值两者之中较低者计价的方法。即当成本低于可变现净值时,存货按成本计价;当可变现净值低于成本时,存货按可变现净值计价。这种方法中的"成本",是指存货的历史成本,即按前面所介绍的实际成本为基础的存货计价方法计算的期末存货实际成本。"可变现净值"是指在正常生产经营过程中,以存货的估计售价减去至完工估计将要发生的成本、估计的销售费用以及相关税金后的金额。

(二) 成本与可变现净值孰低的账务处理

在资产负债表日,存货应当按照成本与可变现净值孰低法计量。存货的成本高于其可变现净值的,按其差额计提存货跌价准备;存货的成本低于其可变现净值的,按其成本计量,不计提存货跌价准备,但原已计提存货跌价准备的,应在已计提存货跌价准备金额的范围内转回。

在资产负债表中,"存货跌价准备"列为存货项目的减项。企业计提了存货跌价准备,如果其中有部分存货已经生产领用或销售,则企业在结转销售成本的同时,应结转对其已计提的存货跌价准备,结转存货跌价准备冲减当期损益。

例 3.32 某企业,2016 年年末存货账面成本为 100 000 元,预计可变现净值为 90 000 元,2017 年年末预计可变现净值为 101 000 元。

2016 年年末计提存货跌价准备为 100 000－90 000＝10 000(元)

借:资产减值损失—计提存货跌价损失　　　　10 000
　　贷:存货跌价准备　　　　　　　　　　　　　　10 000

2017 年年末由于预计可变现净值高于了账面价值,故应将已提存货跌价准备在原范围内冲销。

借:存货跌价准备　　　　　　　　　　　　　　10 000
　　贷:资产减值损失—计提存货跌价损失　　　　10 000

五、存货清查业务核算

(一) 存货清查概述

存货清查是指通过对存货的实地盘点,确定存货的实有数量,并与账面资料相核对,从而确定存货实存数与账存数是否相符的一种专门方法。由于存货品种很多、收发频繁,在日常收发、计量、计算上可能出现差错,还可能发生损坏变质以及盗窃等情况,造成盘盈、盘亏或毁损等账实不符的情况。为了保证各项存货登记的准确性,保护存货的安全完整,企业应定期或不定期对存货进行清查。清查时采用实地盘点法,并填写盘点报告(如实存账存明细表),及时查明原因,按照规定程序报批处理。

(二)存货盘盈的账务处理

如果产生了盘盈应在账簿上予以补记,借记"原材料""库存商品"等账户,贷记"待处理财产损溢——待处理流动资产损溢"科目;报经批准后,借记"待处理财产损溢——待处理流动资产损溢"科目,贷记"管理费用"科目。

例3.33 2016年年末由仓库保管员、会计主管等人对材料进行盘点,盘盈甲材料20千克,按同类材料市场价格计算确定的价值为5 000元。会计分录如下:

① 批准前分录为:

借:原材料——甲材料　　　　　　　　　　　　　5 000
　　贷:待处理财产损溢　　　　　　　　　　　　　　　　5 000

② 批准后分录为:

借:待处理财产损溢　　　　　　　　　　　　　　　5 000
　　贷:管理费用　　　　　　　　　　　　　　　　　　　5 000

(三)存货盘亏及毁损的账务处理

存货的盘亏和毁损,先按其账面成本,借记"待处理财产损溢——待处理流动资产损溢"账户,贷记"原材料""库存商品"账户。报经批准后,按发生的原因和相应的处理决定,分别进行转销。对于入库的残料价值,记入"原材料"等账户;对于应由保险公司、过失人的赔偿,记入"其他应收款"账户,扣除残料价值和应由保险公司、过失人的赔偿净损失,属于一般性经营损失的,经批准可以记入"管理费用"账户,属于自然灾害的记入"营业外支出"账户。

例3.34 欣欣公司为一般纳税企业,适用的增值税率为17%,2016年因人为火灾造成一批原材料毁损,实际成本1 000 000元,原增值税进项税额170 000元。根据保险责任范围及保险合同规定,应由保险公司赔偿800 000元。

根据我国2009年1月1日开始实施的新《增值税暂行条例》规定,企业发生的非正常损失的购进货物及非正常损失的在产品、产成品所耗用的购进货物或应税劳务的进项税额不得从销项税额中抵扣。非正常损失指因管理不善造成被盗、丢失、霉烂变质的损失,不包括自然灾害造成的损失。因此,非正常损失的存货价值应包括其实际成本和应负担的进项税额部分。

批准处理前:

借:待处理财产损溢　　　　　　　　　　　　　1 170 000
　　贷:原材料　　　　　　　　　　　　　　　　　　　1 000 000
　　　　应交税费——应交增值税(进项税额转出)　　　170 000

批准处理后:

借:其他应收款　　　　　　　　　　　　　　　　800 000
　　营业外支出　　　　　　　　　　　　　　　　370 000
　　贷:待处理财产损溢　　　　　　　　　　　　　　　1 170 000

第四节 固定资产

一、固定资产的确认与初始计量

(一) 固定资产的概念及确认条件

固定资产,是指为生产商品、提供劳务、出租或经营管理而持有的、使用寿命超过一个会计年度的有形资产。其中"出租"不包括作为投资性房地产的以经营租赁方式租出的建筑物。使用寿命,是指企业使用固定资产的预计期间,或者该固定资产所能生产产品或提供劳务的数量。

固定资产在同时满足下列条件的,才能予以确认:
(1) 与该固定资产有关的经济利益很可能流入企业;
(2) 该固定资产的成本能够可靠地计量。

(二) 固定资产的分类

(1) 固定资产按经济用途划分,可分为生产经营用固定资产和非生产经营用固定资产。① 生产经营用固定资产,是指直接服务于企业生产、经营过程的各种固定资产,如生产经营用的房屋、建筑物、机器、设备等。② 非生产经营用固定资产,是指不直接服务于企业生产、经营过程的各种固定资产,如职工宿舍等。

(2) 固定资产按使用情况划分,可分为生产经营用固定资产、非生产经营用固定资产、租出固定资产(指采用经营出租方式出租给外单位使用的固定资产)、不需用固定资产、未使用固定资产、土地(指过去已经单独作价入账的土地)、融资租入固定资产(指企业以融资租赁方式租入的固定资产,在租赁期内,应视同自有固定资产进行管理)等七类。

(3) 固定资产按产权关系划分,可分为自有固定资产、融资租入固定资产。

(三) 固定资产的初始计量

固定资产应当按照成本进行初始计量。固定资产的成本,是指企业购建某项固定资产达到预定可使用状态前所发生的一切合理、必要的支出。主要包括:直接费用,如价款、运杂费、包装费和安装成本;间接费用,如借款费用资本化部分、外币借款折算差额和其他间接费用;特殊行业的固定资产弃置费用,如核电站核废料的处置等。

固定资产的取得方式主要包括购买、自行建造、融资租入等,取得的方式不同,初始计量方法也各不相同。

1. 外购固定资产

外购固定资产的成本,包括购买价款、相关税费、使固定资产达到预定可使用状态前所发生的可归属于该项资产的运输费、装卸费、安装费和专业人员服务费等。外购固定资产分为购入不需要安装的固定资产和购入需要安装的固定资产两类。

购入不需要安装的固定资产通过"固定资产"账户核算。"固定资产"账户核算企业持有的固定资产原价。借方登记企业增加的固定资产原价,贷方登记企业减少的固定资产原价,期末借方余额反映企业期末固定资产的账面原价。企业应当设置"固定资产登记簿"和"固定资产卡片",按固定资产类别、使用部门和每项固定资产进行明细核算。购入需要安装的固定资产先通过"在建工程"账户核算,安装完毕达到预定可使用状态时,按其实际成本,转入"固定资产"账户。"在建工程"账户核算企业基建、更新改造等在建工程发生的支出。借方登记企业各项在建工程的实际支出,贷方登记完工工程转出的成本,期末借方余额反映企业尚未达到预定可使用状态的在建工程的成本。"在建工程"账户按"建筑工程""安装工程""在安装设备""待摊支出"以及单项工程等进行明细核算。

(1) 购入不需要安装的固定资产

购入不需要安装的固定资产,按其实际成本,借记"固定资产""应交税费——应交增值税(进项税额)"账户,贷记"银行存款"等账户。

例 3.35 甲公司购入一台不需要安装即可投入使用的设备,取得的增值税专用发票上注明的设备价款为 100 000 元,增值税额为 17 000 元,另支付运杂费 3 000 元,款项以银行存款支付。

借:固定资产　　　　　　　　　　　　　　　103 000
　　应交税费——应交增值税(进项税额)　　　17 000
　　贷:银行存款　　　　　　　　　　　　　　　120 000

(2) 购入需要安装的固定资产

购入需要安装的固定资产,按实际支付的购买价款、运输费用、装卸费用和其他相关税费等,借记"在建工程——安装工程""应交税费——应交增值税(进项税额)"账户,贷记"银行存款"等账户;发生安装费用时,借记"在建工程——安装工程"账户,贷记"银行存款""应付职工薪酬"等账户;安装完毕,达到可使用状态,借记"固定资产"账户,贷记"在建工程——安装工程"账户。

例 3.36 甲公司购入一台需要安装即可投入使用的设备,取得的增值税专用发票上注明的设备价款为 100 000 元,增值税额为 17 000 元,支付运杂费 2 000 元,支付安装费 1 000 元,款项以银行存款支付。

① 购入时:

借:在建工程　　　　　　　　　　　　　　　102 000
　　应交税费——应交增值税(进项税额)　　　17 000
　　贷:银行存款　　　　　　　　　　　　　　　119 000

② 支付安装费时:

借:在建工程　　　　　　　　　　　　　　　1 000
　　贷:银行存款　　　　　　　　　　　　　　　1 000

③ 设备安装完毕交付使用时:

借:固定资产　　　　　　　　　　　　　　　103 000
　　贷:在建工程　　　　　　　　　　　　　　　103 000

2. 自行建造的固定资产

自行建造固定资产的成本，由建造该项资产达到预定可使用状态前所发生的必要支出构成。包括工程用物资成本、人工成本、交纳的相关税费、应予资本化的借款费用以及应分摊的间接费用等。

自建固定资产应先通过"在建工程"账户核算，工程达到预定可使用时，再从"在建工程"账户转入"固定资产"账户。企业自建固定资产，主要有自营和出包两种方式，由于采用的建设方式不同，其会计处理也不同。

（1）自营方式建造的固定资产

自营方式建造的固定资产是指企业自行组织工程物资采购、自行组织施工人员施工的建筑工程和安装工程。购入工程物资时，通过"工程物资"账户核算。"工程物资"账户核算企业为在建工程准备的各种物资的成本，包括工程用材料、尚未安装的设备以及为生产准备的工器具等。借方登记企业购入工程物资的成本，贷方登记企业领用工程物资的成本，期末借方余额反映企业为在建工程准备的各种物资的成本。"工程物资"账户按"专用材料""专用设备""工器具"等进行明细核算。

购入工程物资时，借记"工程物资"账户，贷记"银行存款"等账户。领用工程物资时，借记"在建工程"账户，贷记"工程物资"账户。在建工程领用本企业原材料时，借记"在建工程"账户，贷记"原材料"等账户。在建工程领用本企业生产的商品时，借记"在建工程"账户，贷记"库存商品""应交税费——应缴增值税（销项税额）"等账户。自营工程发生的其他费用（如分配工程人员工资等），借记"在建工程"账户，贷记"银行存款""应付职工薪酬"等账户。自营工程达到预定可使用状态时，按其成本，借记"固定资产"账户，贷记"在建工程"账户。

例 3.37 某企业自建厂房一栋，购入为工程准备的各种物资 500 000 元，支付的增值税税额为 85 000 元，全部用于工程建设。领用本企业生产的水泥一批，实际成本为 80 000 元，税务部门确定的计税价格为 100 000 元，增值税税率为 17%，工程人员应计工资 100 000 元，支付的其他费用 30 000 元。工程完工并达到预定可使用状态。

① 购入工程物资时：

借：工程物资　　　　　　　　　　　　　　　　585 000
　　贷：银行存款　　　　　　　　　　　　　　　　585 000

② 工程领用工程物资时：

借：在建工程　　　　　　　　　　　　　　　　585 000
　　贷：工程物资　　　　　　　　　　　　　　　　585 000

③ 工程领用本企业生产的水泥，确定应计入在建工程成本的金额为：

$$80\ 000 + 100\ 000 \times 17\% = 97\ 000 (元)$$

借：在建工程　　　　　　　　　　　　　　　　97 000
　　贷：库存商品　　　　　　　　　　　　　　　　80 000
　　　　应交税费——应交增值税（销项税额）　　17 000

④ 分配工程人员工资时：

借：在建工程　　　　　　　　　　　　　　　　100 000
　　贷：应付职工薪酬　　　　　　　　　　　　　　100 000

⑤ 支付工程发生的其他费用时：
借：在建工程　　　　　　　　　　　　　　　30 000
　　贷：银行存款　　　　　　　　　　　　　　　30 000
⑥ 工程完工转入固定资产的成本为：
　　　　585 000＋97 000＋100 000＋30 000＝812 000（元）
借：固定资产　　　　　　　　　　　　　　　812 000
　　贷：在建工程　　　　　　　　　　　　　　　812 000

(2) 出包方式建造的固定资产

在出包方式下，企业通过招标方式将工程项目发包给建造承包商，由建造承包商（即施工企业）组织工程项目施工。其工程的具体支出主要由建造承包商核算，在这种方式下，"在建工程"账户主要是企业与建造承包商办理工程价款的结算账户。其账务处理为，预付工程款时，借记"在建工程"账户，贷记"银行存款"账户；工程完成后按合同规定补付工程款时，借记"在建工程"账户，贷记"银行存款"账户；工程达到预定可使用状态时，按其成本借记"固定资产"账户，贷记"在建工程"账户。

3. 投资者投入的固定资产

对于接受固定资产投资的企业，在办理了固定资产移交手续后，应按投资合同或协议约定的价值作为固定资产的入账价值，但合同或协议约定价值不公允的除外。其账务处理为，借记"固定资产"或"在建工程"账户，"应交税费——应交增值税（进项税额）"账户，贷记"股本"或"实收资本"等账户。

4. 盘盈的固定资产

企业在财产清查中盘盈的固定资产，作为前期差错处理。企业在财产清查中盘盈的固定资产，在按管理权限报经批准前应先通过"以前年度损益调整"账户核算。盘盈的固定资产，应按以下规定确定其入账价值：如果同类或类似固定资产存在活跃市场的，按同类或类似固定资产的市场价格，减去按该项资产的新旧程度估计的价值损耗后的余额，作为入账价值；如果同类或类似固定资产不存在活跃市场的，按该项固定资产的预计未来现金流量的现值，作为入账价值。企业应按上述规定确定的入账价值，借记"固定资产"账户，贷记"以前年度损益调整"账户。

二、固定资产折旧

(一) 固定资产折旧的概念

折旧，是指在固定资产使用寿命内，按照确定的方法对应计折旧额进行系统分摊。应计折旧额，是指应当计提折旧的固定资产的原价扣除其预计净残值后的金额。已计提减值准备的固定资产，还应当扣除已计提的固定资产减值准备累计金额。

影响折旧计提的因素主要有：

(1) 折旧基数，即原始价值。

(2) 预计净残值，是指假定固定资产预计使用寿命已满并处于使用寿命终了时的预期状态，企业目前从该项资产处置中获得的扣除预计处置费用后的金额。

(3) 固定资产减值准备,是指固定资产已计提的减值准备累计金额。

(4) 固定资产的使用寿命,是指企业使用固定资产的预计期间,或者该固定资产所能生产产品或提供劳务的数量。

总之,企业应当根据固定资产的性质和使用情况,合理确定固定资产的使用寿命和预计净残值。固定资产的使用寿命、预计净残值一经确定,不得随意变更。但是,企业至少应当于每年年度终了,对固定资产的使用寿命、预计净残值和折旧方法进行复核。使用寿命预计数与原先估计数有差异的,应当调整固定资产使用寿命。预计净残值预计数与原先估计数有差异的,应当调整预计净残值。与固定资产有关的经济利益预期实现方式有重大改变的,应当改变固定资产折旧方法。固定资产使用寿命、预计净残值和折旧方法的改变应当作为会计估计变更。

(二) 固定资产折旧的范围

企业应当对所有固定资产计提折旧。但是,已提足折旧仍继续使用的固定资产和单独计价入账的土地除外。

在确定计提折旧的范围时,还应注意以下几点:

(1) 固定资产应当按月计提折旧,当月增加的固定资产当月不计提折旧,从下月开始计提;当月减少的固定资产当月仍计提折旧,从下月起不再计提折旧。

(2) 固定资产提足折旧后,不论能否继续使用,均不再计提折旧;提前报废的固定资产,也不再补提折旧。

(3) 已达到预定可使用状态但尚未办理竣工决算手续的固定资产,应当按照估计价值确定其成本,并计提折旧;待办理竣工决算后,再按实际成本调整原来的暂估价值,但不需要调整原已计提的折旧额。

(三) 固定资产折旧的计算方法

企业应当根据与固定资产有关的经济利益的预期实现方式,合理选择固定资产折旧方法。可选用的折旧方法包括年限平均法、工作量法、双倍余额递减法和年数总和法等。固定资产的折旧方法一经确定,不得随意变更。

1. 年限平均法

(1) 概念:年限平均法是指按照固定资产的预计使用年限平均计提折旧的方法。

(2) 计算公式:

$$年折旧额 = \frac{固定资产原值 - (预计残值收入 - 预计清理费用)}{预计使用年限}$$

$$= \frac{固定资产应计提折旧总额}{预计使用年限}$$

$$月折旧额 = \frac{年折旧额}{12}$$

$$年折旧率 = \frac{1 - 预计净残值率}{预计使用年限} \times 100\%$$

$$月折旧率 = \frac{年折旧率}{12} \times 100\%$$

$$月折旧额 = 固定资产原值 \times 月折旧率$$

例 3.38 甲公司某项固定资产原值为 100 000 元,预计净残值率为 4%,预计使用年限为 10 年。其折旧率和月折旧额计算如下:

$$该项固定资产年折旧率 = \frac{1-4\%}{10} \times 100\% = 9.6\%$$

$$该项固定资产月折旧率 = \frac{9.6\%}{12} = 0.8\%$$

$$该项固定资产月折旧额 = 100\ 000 \times 0.8\% = 800(元)$$

2. 工作量法

(1) 概念:工作量法是指按固定资产预计完成的工作总量平均计提折旧的方法。
(2) 计算公式:

$$某项固定资产单位工作量折旧额 = \frac{固定资产原价 \times (1-预计净残值率)}{预计总工作量}$$

某项固定资产月折旧额 = 该项固定资产单位工作量折旧额 ×
该项固定资产该月实际完成的工作总量

不同的固定资产,其工作量有不同的表现形式。对于运输设备来说,其工作量表现为运输里程;对于机器设备来说,其工作量表现为机器工时和机器台班。

例 3.39 甲公司运输汽车 1 辆,原值为 500 000 元,预计净残值率为 4%。预计行使总里程为 800 000 公里。该汽车采用工作量法计提折旧。某月该汽车行驶 6 000 公里。该汽车的单位工作量折旧额和该月折旧额计算如下:

$$单位工作量折旧额 = \frac{500\ 000 \times (1-4\%)}{800\ 000} = 0.6(元/公里)$$

$$该月折旧额 = 0.6 \times 6\ 000 = 3\ 600(元)$$

3. 双倍余额递减法

(1) 概念:双倍余额递减法是指按固定资产净值和双倍直线折旧率计提折旧的方法。
(2) 计算公式:

$$年折旧率 = \frac{2}{预计使用年限} \times 100\%$$

年折旧额 = 固定资产期初净值 × 双倍直线折旧率

$$固定资产月折旧额 = \frac{固定资产年折旧额}{12}$$

注意:采用此方法计提折旧不考虑固定资产预计净残值;采用此方法在最后两年改为直线法。

例 3.40 甲公司一台设备原值 100 000 元,折旧年限为 5 年,净残值为 4 000 元。该项固定资产采用双倍余额递减法计提折旧。年折旧额计算表如下:

折旧计算表

年份	期初净值	年折旧率	年折旧额	累计折旧	期末净值
1	100 000	40%	40 000	40 000	60 000
2	60 000	40%	24 000	64 000	36 000
3	36 000	40%	14 400	78 400	21 600
4	21 600	—	8 800	87 200	12 800
5	12 800	—	8 800	96 000	4 000

4. 年数总和法

(1) 概念：年数总和法是指按固定资产应计提折旧总额和某年尚可使用年数占各年尚可使用年数总和的比重(即年折旧率)计提折旧的方法。

(2) 计算公式：

$$年折旧率 = \frac{该年尚可使用年数}{预计使用寿命的年数总和} \times 100\%$$

$$各年尚可使用年数总和 = \frac{预计使用年限 \times (预计使用年限 - 1)}{2}$$

$$年折旧额 = 应计提折旧额 \times 年折旧率$$

例 3.41 承例 3.40，采用年数总和法计提折旧。年折旧额计算表如下：

折旧计算表

年份	应计提折旧总额	年折旧率	年折旧额	累计折旧
1	96 000	$\frac{5}{15}$	32 000	32 000
2	96 000	$\frac{4}{15}$	25 600	57 600
3	96 000	$\frac{3}{15}$	19 200	76 800
4	96 000	$\frac{2}{15}$	12 800	89 600
5	96 000	$\frac{1}{15}$	6 400	96 000

加速折旧法的特征：固定资产使用过程中加大前期折旧额，减少后期折旧额。

(四) 固定资产折旧的核算

固定资产折旧的核算通过"累计折旧"账户，"累计折旧"账户贷方登记企业按照规定计提的固定资产折旧额，借方登记企业处置固定资产转出的累计折旧额，期末贷方余额反映企业固定资产的累计折旧额。"累计折旧"账户按固定资产的类别或项目进行明细核算。固定资产按月计提折旧，并根据用途计入相关资产的成本或者当期损益。借记"制造费用""管理费用""销售费用""其他业务成本"等账户，贷记"累计折旧"账户。为了进行计提折旧的总分类核算，企业应按月根据固定资产计提折旧的范围和采用的折旧计算方法，编制固定资产折旧计算表。固定资产折旧计算表应反映各个使用单位各类固定资产的当月应计提的折旧额。

例 3.42 甲公司采用平均年限法计提折旧，该公司 2016 年 7 月固定资产折旧计算表如下：

固定资产折旧计算表

使用单位	上月计提的折旧额	上月增加固定资产计提的折旧额	上月减少固定资产计提的折旧额	本月应计提的折旧额
	(1)	(2)	(3)	(4)=(1)+(2)-(3)
基本生产车间	60 000	5 000	1 000	64 000
企业管理部门	12 000	400	600	11 800
合计	72 000	5 400	1 600	75 800

借:制造费用	64 000	
管理费用	11 800	
贷:累计折旧		75 800

三、固定资产后续支出

固定资产的后续支出,是指固定资产在使用过程中发生的更新改造支出、修理费用等。企业的固定资产投入使用后,为了适应新技术发展的需要,或者为维护或提高固定资产的使用效能,往往需要对现有固定资产进行维护、改建、扩建或者改良。

(一)资本化的后续支出

企业将固定资产进行更新改造的,如符合资本化的条件,应将该固定资产的原价、已计提的累计折旧和减值准备转销,将固定资产的账面价值转入在建工程,并停止计提折旧。固定资产发生的可资本化的后续支出,通过"在建工程"账户核算。在固定资产发生的后续支出完工并达到预定可使用状态时,再从在建工程转为固定资产,并按重新确定的使用寿命、预计净残值和折旧方法计提折旧。

企业在发生可资本化的固定资产后续支出时,可能涉及替换固定资产的某个组成部分。如果满足固定资产的确认条件,应当将用于替换的部分资本化,计入固定资产账面价值,同时终止确认被替换部分的账面价值,以避免将替换部分的成本和被替换部分的账面价值同时计入固定资产成本。

(二)费用化的后续支出

一般情况下,固定资产投入使用之后,由于固定资产磨损、各组成部分耐用程度不同,可能导致固定资产的局部损坏,为了维护固定资产的正常运转和使用,充分发挥其使用效能,企业将对固定资产进行必要的维护。固定资产的日常修理费用等支出只是确保固定资产的正常工作状态,一般不产生未来的经济利益。因此,通常不符合固定资产的确认条件,在发生时应直接计入当期损益。

与固定资产有关的修理费用等后续支出,不符合固定资产确认条件的,应当根据不同情况分别在发生时计入当期损益。企业生产车间(部门)和行政管理部门等发生的固定资产修理费用等后续支出,计入"制造费用""管理费用"等账户;企业专设销售机构的,其发生的与专设销售机构相关的固定资产修理费用等后续支出,计入"销售费用"账户。

对于处于修理、更新改造过程而停止使用的固定资产,如果其修理、更新改造支出不满足固定资产的确认条件,在发生时也应直接计入当期损益。

在具体实务中,对于固定资产发生的下列各项后续支出,通常的处理方法为:

(1)固定资产修理费用,应当直接计入当期损益。

(2)固定资产改良支出,应当计入固定资产账面价值。

(3)如果不能区分是固定资产修理还是固定资产改良,或固定资产修理和固定资产改良结合在一起,则企业应当判断,与固定资产有关的后续支出,是否满足固定资产的确认条件。如果该后续支出满足了固定资产的确认条件,后续支出应当计入固定资产账面价值;否则,后续支出应当确认为当期损益。

（三）固定资产减值

固定资产在资产负债表日存在可能发生减值的迹象时,其可收回金额低于账面价值的,企业应当将该固定资产的账面价值减记至可收回金额,减记的金额确认为减值损失,计入当期损益,同时计提相应的资产减值准备。"固定资产减值准备"账户核算企业固定资产减值准备,贷方登记按规定提取的减值准备,借方登记处置固定资产应同时结转的减值准备,期末贷方余额反映企业已计提但尚未转销的固定资产减值准备。其账务处理为,借记"资产减值损失"账户,贷记"固定资产减值准备"账户。固定资产减值损失一经确认,在以后会计期间不得转回。

四、固定资产处置

（一）固定资产终止确认的条件

当某项固定资产处于处置状态或该固定资产预期通过使用或处置不能产生经济利益时,应当予以终止确认。

（二）固定资产处置的核算

企业出售、转让、报废固定资产或发生固定资产毁损,应当将处置收入扣除账面价值和相关税费后的金额计入当期损益。固定资产的账面价值是固定资产成本扣减累计折旧和累计减值准备后的金额。固定资产处置的核算通过"固定资产清理"账户核算,"固定资产清理"账户核算企业因出售、报废、毁损、对外投资、非货币性资产交换、债务重组等原因转出的固定资产价值以及在清理过程中发生的费用等。借方登记清理过程中发生的各项费用,包括转入清理过程的固定资产净值、清理过程中发生的清理费用以及应支付的相关税费,贷方登记清理过程中发生的各项收入,包括转让收入、残料收入以及应向保险公司或有关责任者收取的赔款等。该账户贷方发生额大于借方发生额的差额为清理净收益,应作为营业外收入从该账户借方转出;反之,则为清理净损失,应作为营业外支出从该账户贷方转出。"固定资产清理"账户按被清理的固定资产项目进行明细核算。

（1）固定资产转入清理。企业因出售、报废、毁损、对外投资、非货币性资产交换、债务重组等转出的固定资产,按固定资产的账面价值,借记"固定资产清理"账户,按已计提的累计折旧,借记"累计折旧"账户,按计提的减值准备,借记"固定资产减值准备"账户,按其账面原价,贷记"固定资产"账户。

（2）发生的清理费用等。借记"固定资产清理"账户,贷记"银行存款"等账户。

（3）收回出售固定资产的价款、残料价值和变价收入等,借记"银行存款""原材料"等账户,贷记"固定资产清理"账户。

（4）保险赔偿等的处理。应由保险公司或过失人赔偿的损失,借记"其他应收款"等账户,贷记"固定资产清理"账户。

（5）清理净损益的处理。固定资产清理完成后,属于生产经营期间正常的处理损失,借记"营业外支出——处置非流动资产损失"账户,贷记"固定资产清理"账户;属于自然灾害等非正常原因造成的损失,借记"营业外支出——非常损失"账户,贷记"固定资产清理"账户。如为净收益,借记"固定资产清理"账户,贷记"营业外收入"账户。

例3.43 甲公司出售一座建筑物,原价为1 000 000元,已计提折旧500 000元,未计提减值准备,实际出售价格为600 000元,已通过银行收回价款。假设不考虑相关税金。甲公司应作如下会计处理:

① 将出售固定资产转入清理时:

借:固定资产清理　　　　　　　　　　500 000
　　累计折旧　　　　　　　　　　　　500 000
　　　贷:固定资产　　　　　　　　　　　　　1 000 000

② 收回出售固定资产的价款时:

借:银行存款　　　　　　　　　　　　600 000
　　　贷:固定资产清理　　　　　　　　　　　600 000

③ 结转出售固定资产实现的利得:

借:固定资产清理　　　　　　　　　　100 000
　　　贷:营业外收入——非流动资产处置利得　　100 000

(三)固定资产盘亏、毁损

固定资产盘亏、毁损造成的损失,应当计入当期损益。盘亏、毁损的固定资产发生时,按盘亏、毁损固定资产的账面价值,借记"待处理财产损溢——待处理固定资产损溢",按已计提的累计折旧,借记"累计折旧"账户,按已计提的减值准备,借记"固定资产减值准备"账户,按固定资产的原价,贷记"固定资产"账户。按管理权限报经批准后处理时,可收回的保险赔偿或过失人赔偿,借记"其他应收款"账户,按应计入营业外支出的金额,借记"营业外支出——盘亏损失"账户,贷记"待处理财产损溢——待处理固定资产损溢"账户。

第五节　无形资产

一、无形资产的确认与初始计量

(一)无形资产的概念和确认条件

无形资产,是指企业拥有或者控制的没有实物形态的可辨认非货币性资产,主要包括专利权、非专利技术、商标权、著作权、特许权等。如何判断可辨认非货币性资产,《企业会计准则》规定,资产满足下列条件之一的,符合无形资产定义中的可辨认性标准:(1)能够从企业中分离或者划分出来,并能单独或者与相关合同、资产或负债一起,用于出售、转移、授予许可、租赁或者交换。(2)源自合同性权利或其他法定权利,无论这些权利是否可以从企业或其他权利和义务中转移或者分离。

因为商誉的存在无法与企业自身分离，不具有可辨认性，所以不属于无形资产的范围。

土地使用权通常作为无形资产核算，但属于投资性房地产或者作为固定资产核算的土地使用权，应当按投资性房地产或固定资产的核算原则进行会计处理。

一项资产在符合无形资产定义的前提下，只有同时满足下列两项条件才能确认一项无形资产：(1) 与该无形资产有关的经济利益很可能流入企业；(2) 该无形资产的成本能够可靠地计量。

在会计实务工作中，要确定无形资产所创造的经济利益是否很可能流入企业，应当对无形资产在预计使用寿命内可能存在的各种经济因素作出合理估计，并且应当有明确证据支持。同时还需要关注一些外界因素的影响，比如是否存在与该无形资产相关的新技术、新产品冲击，或据其生产的产品是否存在市场等。在会计实务工作中，成本能够可靠地计量是确认资产的一项基本条件，例如，企业自创商誉以及内部产生的品牌、报刊名等，因其成本无法可靠地计量，不应确认为无形资产。对于无形资产来说，这个条件相对而言更为重要。尤其要注意的是，只有这两个条件同时满足才能将其确认为无形资产。

（二）无形资产的初始计量

无形资产应当按照成本进行初始计量。企业取得无形资产的主要方式有外购、自行研究开发、投资者投入等。对于不同来源取得的无形资产，其初始计量不同、会计处理也有所差别。

1. 外购的无形资产

外购无形资产的成本包括购买价款、相关税费以及直接归属于使该项资产达到预定用途所发生的其他支出。其中，直接归属于使该项资产达到预定用途所发生的其他支出，包括使无形资产达到预定用途所发生的专业服务费用，测试无形资产是否能够正常发挥作用的费用等，但不包括为引入新产品进行宣传发生的广告费用、管理费用及其他间接费用，也不包括无形资产已经达到预定用途以后发生的费用。无形资产达到预定用途后所发生的支出，不构成无形资产的成本。

购买无形资产的价款超过正常信用条件延期支付，实质上具有融资性质的，无形资产的成本以购买价款的现值为基础确定。实际支付的价款与购买价款的现值之间的差额，除按照《企业会计准则第17号——借款费用》应予资本化的以外，应当在信用期间内计入当期损益。

无形资产核算通过"无形资产"账户。"无形资产"账户核算企业持有的无形资产成本。无形资产账户借方登记取得无形资产的成本，贷方登记出售无形资产转出的账面余额，期末余额在借方，反映企业期末无形资产的成本。"无形资产"账户应按无形资产项目设置明细账进行明细核算。

例 3.44　A公司购买一项专利，支付款项合计为 64 800 元。A 公司应作如下会计处理：

借：无形资产　　　　　　64 800
　　贷：银行存款　　　　　　　64 800

2. 自行研究开发的无形资产

企业内部研究开发项目的支出，应当区分研究阶段支出与开发阶段支出。研究是指为获取并理解新的科学或技术知识而进行的独创性的有计划调查。企业内部研究开发项目研究阶段的支出，应当于发生时计入当期损益。开发是指在进行商业性生产或使用前，将研究成果或其他知识应用于某项计划或设计,以生产出新的或具有实质性改进的材料、装置、产品等。企业内部研究开发项目开发阶段的支出,同时满足下列条件的,才能确认为无形资产:

(1) 完成该无形资产以使其能够使用或出售在技术上具有可行性;

(2) 具有完成该无形资产并使用或出售的意图;

(3) 无形资产产生经济利益的方式,包括能够证明运用该无形资产生产的产品存在市场或无形资产自身存在市场,无形资产将在内部使用的,应当证明其有用性;

(4) 有足够的技术、财务资源和其他资源支持,以完成该无形资产的开发,并有能力使用或出售该无形资产;

(5) 归属于该无形资产开发阶段的支出能够可靠地计量。

内部研发形成的无形资产的成本,由可直接归属于该资产的创造、生产并使该资产能够以管理层预定的方式运作的所有必要支出组成。可直接归属成本包括:开发该无形资产时耗费的材料、劳务成本、注册费、在开发该无形资产过程中使用的其他专利权和特许权的摊销,以及按照借款费用的处理原则可以资本化的利息支出。在开发无形资产过程中发生的,除上述可直接归属于无形资产开发活动之外的其他销售费用、管理费用等,无形资产达到预定用途前发生的可辨认的无效和初始运作损失,为运行该无形资产发生的培训支出等不构成无形资产的开发成本。对于同一项无形资产在开发过程中达到资本化条件之前已经费用化计入当期损益的支出不再进行调整。

企业自行开发无形资产发生的研发支出,无论是否满足资本化条件,均应先在"研发支出"账户中核算。"研发支出"账户核算企业进行研究与开发无形资产过程中发生的各项支出,分别按"费用化支出""资本化支出"进行明细核算。企业自行开发无形资产发生的研发支出,不满足资本化条件的借记"研发支出——费用化支出"账户,满足资本化条件的借记"研发支出——资本化支出"账户,贷记"原材料""银行存款""应付职工薪酬"等账户。研究开发项目达到预定用途形成无形资产的,应按"研发支出——资本化支出"账户的余额,借记"无形资产"账户,贷记"研发支出——资本化支出"账户。期末,应将研发支出归集的费用化支出金额转入"管理费用"账户,借记"管理费用"账户,贷记"研发支出——费用化支出"账户。

例3.45 2016年,A公司董事会批准公司自行研究开发一项新产品专利技术,该公司在研究开发过程中发生材料费30 000 000元、人工工资10 000 000元,以及其他费用20 000 000元,总计60 000 000元,其中,符合资本化条件的支出为40 000 000元,年末,该专利技术已经达到预定用途。有关会计处理如下:

(1) 借:研发支出——费用化支出　　　　20 000 000
　　　　　　　——资本化支出　　　　　40 000 000
　　　　贷:原材料　　　　　　　　　　　　　　30 000 000
　　　　　　应付职工薪酬　　　　　　　　　　10 000 000
　　　　　　银行存款　　　　　　　　　　　　20 000 000

(2) 年末:
借:管理费用　　　　　　　　　　　　　20 000 000
　　无形资产　　　　　　　　　　　　　40 000 000
　　贷:研发支出——费用化支出　　　　　　20 000 000
　　　　　　　　——资本化支出　　　　　　40 000 000

3. 投资者投入的无形资产

投资者投入的无形资产其成本应当按照投资合同或协议约定的价值确定,但合同或协议约定价值不公允的除外。这里强调了"投资双方确认"的形式是必须有合同价或协议价;强调了合同价或协议价必须公允。

4. 企业取得的土地使用权

企业取得的土地使用权,通常应当按照取得时所支付的价款及相关税费确认为无形资产。土地使用权用于自行开发建造厂房等地上建筑物时,土地使用权的账面价值不与地上建筑物合并计算其成本,而仍作为无形资产进行核算。如果房地产开发企业取得的土地使用权用于建造对外出售的房屋建筑物,其相关的土地使用权的价值应当计入所建造的房屋建筑物成本。企业外购的房屋建筑物,实际支付的价款中包括土地以及建筑物的价值,则应当对支付的价款按照合理的方法(如公允价值)在土地和地上建筑物之间进行分配;无法在地上建筑物与土地使用权之间分配的,按照《企业会计准则第4号——固定资产》规定,确认为固定资产原价。

企业改变土地使用权的用途,将其作为出租或增值目的时,应将其转为投资性房地产。

二、无形资产的后续计量

(一) 无形资产的分类

1. 按无形资产取得的途径划分

按无形资产取得的途径分为外来无形资产和自创无形资产。外来无形资产包括外购的无形资产、投资者投入的无形资产等。自创无形资产是指企业自行研制、开发创造而获取的,如专利权、商标权等。

2. 按无形资产的使用寿命是否有限划分

按无形资产的使用寿命是否有限分为使用寿命有限的无形资产和使用寿命不确定的无形资产。使用寿命有限的无形资产企业可以预见无形资产为企业带来经济利益的期限,无法预见无形资产为企业带来经济利益期限的,应当视为使用寿命不确定的无形资产。

(二) 使用寿命有限的无形资产

企业应当于取得无形资产时分析判断其使用寿命。无形资产使用寿命的确定:源自合同性权利或其他法定权利取得的无形资产,其使用寿命不应超过合同性权利或其他法定权利的期限;没有明确的合同或法律规定的,企业应当综合各方面情况,来确定无形资产为企业带来未来经济利益的期限;如果经过以上努力,确实无法合理确定无形资产为企业带来经济利益期限,再将其作为使用寿命不确定的无形资产。

根据《企业会计准则第6号——无形资产》的规定:无形资产的使用寿命为有限的,应当估计该使用寿命的年限或者构成使用寿命的产量等类似计量单位数量。使用寿命有限的无形资产,其摊销金额应当在使用寿命内系统合理摊销。摊销方法包括直线法、生产总量法等。企业选择的无形资产摊销方法,应当反映与该项无形资产有关的经济利益的预期实现方式。无法可靠确定预期实现方式的,应当采用直线法摊销。企业应当按月对无形资产进行摊销,其摊销期应当自无形资产可供使用当月起开始,至不再作为无形资产确认时终止。摊销金额一般应当计入当期损益,其他会计准则另有规定的除外。无形资产应摊销的金额为其成本扣除预计残值后的金额。已计提减值准备的无形资产,还应扣除已计提的无形资产减值准备累计金额。一般情况下,使用寿命有限的无形资产,其残值应当视为零,但下列情况除外:(1) 有第三方承诺在无形资产使用寿命结束时购买该无形资产。(2) 可以根据活跃市场得到预计残值信息,并且该市场在无形资产使用寿命结束时很可能存在。企业至少应当于每年年度终了,对使用寿命有限的无形资产的使用寿命及摊销方法进行复核。无形资产的使用寿命及摊销方法与以前估计不同的,应当改变摊销期限和摊销方法。使用寿命有限的无形资产,其使用寿命的估计情况以及无形资产的摊销方法应在附注中加以披露。

无形资产的摊销通过"累计摊销"账户核算。"累计摊销"账户属于"无形资产"账户的调整账户,该账户核算企业对使用寿命有限的无形资产计提的累计摊销额,贷方登记企业计提的无形资产摊销额,借方登记处置无形资产转出的累计摊销额,期末余额在贷方,反映企业无形资产的累计摊销额。企业自用的无形资产,其摊销金额计入管理费用;出租的无形资产,其摊销金额计入其他业务成本;某项无形资产包含的经济利益通过所生产的产品或其他资产实现的,其摊销金额应当计入相关成本。

例 3.46 接例 3.44,假定该公司购买的专利,在 9 年内采用直线法进行摊销。A 公司应作如下摊销的会计处理:

每月摊销时　借:管理费用(64 800÷9÷12)　　600
　　　　　　　贷:累计摊销　　　　　　　　　　　600

(三) 使用寿命不确定的无形资产

使用寿命不确定的无形资产,在持有期间内不应摊销,但应当在每个会计期间进行减值测试。其减值测试的方法按照判断资产减值的原则进行处理,如经减值测试表明已发生减值,则需要计提相应的减值准备。企业应当在每个会计期间对使用寿命不确定的无形资产的使用寿命进行复核。如果有证据表明无形资产的使用寿命是有限的,应当估计其使用寿命,并按使用寿命有限的无形资产规定处理。使用寿命不确定的无形资产,其使用寿命不确定的判断依据应在附注中进行披露。

(四) 无形资产的减值

无形资产在资产负债表日存在可能发生减值的迹象时,其可收回金额低于账面价值时,企业应当将该无形资产的账面价值减记至可收回金额,减记的金额确认为减值损失,计入当期损益,同时计提相应的资产减值准备,按应减记的金额,借记"资产减值损失——计提的无形资产减值准备"账户,贷记"无形资产减值准备"账户。无形资产减值损失一经确认,在以后会计期间不得转回。

三、无形资产的处置

(一) 无形资产的出售

企业处置无形资产,应当将取得的价款与该无形资产账面价值的差额计入当期损益。

例 3.47 接例 3.44,假定该公司购买的专利,买入三年后将其所有权转让给甲公司,协商作价 50 000 元。假定不考虑相关税金。A 公司应作如下会计处理:

借:银行存款　　　　　　　　　　　　　50 000
　　累计摊销　　　　　　　　　　　　　21 600
　　贷:无形资产　　　　　　　　　　　　　　64 800
　　　　营业外收入——处置非流动资产利得　　6 800

(二) 无形资产的出租

企业将所拥有的无形资产的使用权让渡给他人,并收取租金,在满足收入准则规定的确认标准的情况下,应确认相关的收入及成本。

出租无形资产时,取得的租金收入,借记"银行存款"等账户,贷记"其他业务收入"等账户;摊销出租无形资产的成本并发生与转让有关的各项费用支出时,借记"其他业务成本"账户,贷记"累计摊销"等账户。

(三) 无形资产的报废

如果无形资产预期不能为企业带来未来经济利益,不再符合无形资产的定义,应将其转销。例如,该无形资产已被其他新技术所替代或超过法律保护期,不能再为企业带来经济利益等应予转销。转销时,应按已计提的累计摊销,借记"累计摊销"账户,按已计提的减值准备,借记"无形资产减值准备"账户,按其账面余额,贷记"无形资产"账户,按其差额,借记"营业外支出"账户。

例 3.48 接例 3.44,假定该公司购买的专利,摊销 6 年后,用其生产的产品已没有市场,决定应予转销。假定未计提减值准备。则该公司的会计处理如下:

借:累计摊销　　　　　　　　　　　　　43 200
　　营业外支出　　　　　　　　　　　　21 600
　　贷:无形资产　　　　　　　　　　　　　　64 800

本 章 小 结

货币资金是企业生产经营过程中处于货币形态的资产,包括现金、银行存款和其他货币资金。企业应严格遵守国家有关现金管理制度,正确进行现金收支的核算,监督现金使用的合法性和合理性。企业按照国家《支付结算办法》的规定在银行开设账户,办理存款、取款和转账结算。其他货币资金包括外埠存款、银行汇票存款、银行本票存款、信用证存款、信用卡存款、存出投资款等。

应收款项包括应收账款、应收票据、其他应收款等。会计实务中,应收账款按实际交易价格计价。在有现金折扣的情况下,应收账款具体方法有总价法和净价法。坏账核算方法包括直接转销法和备抵法。应收票据核算应掌握两个基本问题:一是带息票据和不带息票据在核算方法上的不同;二是票据贴现的核算。

对外投资是指企业为通过分配来增加财富,或为谋求其他利益,而将资产让渡给其他单位所获得的另一项资产,具体包括交易性金融资产、持有至到期投资、可供出售金融资产、长期股权投资等。以公允价值计量且其变动计入当期损益的金融资产在初始确认时,按照公允价值来计量,其相关交易费用直接计入当期损益。持有至到期投资其相关交易费用计入持有至到期投资的成本。长期股权投资的核算方法有两种:成本法、权益法。成本法是指长期股权投资的账面价值只反映投资的初始投资成本,只有在追加投资或收回投资时,其账面价值才发生变化。权益结合法在投资之初以初始投资成本计价,以后根据投资企业享有被投资单位所有者权益份额的变动对账面价值进行调整。

存货是指企业在日常活动中持有以备出售的产成品或商品,处在生产过程中的在产品、在生产过程或提供劳务过程中耗用的材料和物料等,包括库存商品、半成品、原材料、辅助材料、周转材料等。存货取得时按实际成本计价,收入存货的实际成本由于其取得的渠道不同而有所差异,发出存货的计价可以采用先进先出法、加权平均法、移动加权平均法、个别计价法。期末存货实际价值的确定,除了历史成本外,还有"成本与可变现净值孰低法"。

固定资产,是指为生产商品、提供劳务、出租或经营管理而持有的、使用寿命超过一个会计年度的有形资产。固定资产应当按照成本进行初始计量。固定资产的成本,是指企业构建某项固定资产达到预定可使用状态前所发生的一切合理必要的支出。固定资产的取得方式主要包括购买、自行建造、融资租入等,取得方式不同,初始计量方法也各不相同。固定资产折旧的计算方法分为年限平均法、工作量法、双倍余额递减法和年数总和法等。固定资产处置包括清理处置和盘亏等。

无形资产,是指企业拥有或者控制的没有实物形态的可辨认非货币性资产,主要包括专利权、非专利技术、商标权、著作权、特许权等。无形资产应当按照成本进行初始计量。企业取得无形资产的主要方式有外购、自行研究开发、投资者投入等。对于不同来源取得的无形资产,其初始计量不同、会计处理也有所差别。企业应当于取得无形资产时分析判断其使用寿命。使用寿命有限的无形资产,应当在使用寿命内系统合理摊销。摊销方法包括直线法、生产总量法等。使用寿命不确定的无形资产,在持有期间内不应摊销,但应当在每个会计期间进行减值测试。无形资产的处置包括无形资产的出售、出租、报废。

复习思考题

1. 如何确认交易性金融资产?
2. 什么是持有至到期投资?有何特征?
3. 简述总价法和净价法的区别。
4. 什么是坏账损失?如何核算?
5. 交易性金融资产和持有至到期投资在初始计量上有何区别?
6. 简述权益法核算长期股权投资的范围。
7. 存货发出的计量方法有哪些?
8. 外购材料按实际成本计价如何进行账务处理?
9. 企业的固定资产包括哪些内容?
10. 固定资产应如何进行初始计量?
11. 固定资产的折旧应如何进行会计处理?
12. 固定资产处置应如何进行会计处理?

13. 何谓无形资产？无形资产通常包括哪些项目？
14. 无形资产的摊销应如何进行会计处理？
15. 研究阶段和开发阶段如何进行区分？账务处理有何不同？
16. 简述无形资产出售和报废的账务处理。

实 训 题

一、单项选择题

1. 下列银行转账结算方式中,只可用于同城结算的是(   )。
   A. 银行汇票结算   B. 委托银行收款结算
   C. 商业汇票结算   D. 支票结算
2. 企业下列存款的增加,不通过"其他货币资金"账户核算的是(   )。
   A. 银行汇票存款   B. 银行本票存款
   C. 信用证存款   D. 转账支票存款
3. 备用金的核算账户是(   )。
   A. 其他应收款   B. 银行存款   C. 库存现金   D. 其他货币资金
4. 按照企业会计准则规定,下列票据中应通过"应收票据"账户核算的是(   )。
   A. 银行汇票   B. 银行本票   C. 商业汇票   D. 银行支票
5. 企业购入股票作为交易性金融资产,投资成本是指(   )。
   A. 股票的面值   B. 股票的公允价值
   C. 实际支付的价款   D. 实际支付的交易费用
6. 按会计准则规定,持有至到期投资的溢价折价摊销方法应采用(   )。
   A. 实际利率法   B. 直线法
   C. 年限法   D. 双倍余额递减法
7. 企业取得长期股权投资时,实际支付的价款中包含的已宣告但尚未发放的现金股利,应作为(   )处理。
   A. 长期股权投资   B. 投资收益
   C. 营业外收入   D. 应收股利
8. 企业采购材料在运输途中的合理损耗应计入(   )。
   A. 材料成本   B. 管理费用
   C. 运输费用   D. 其他业务支出
9. 企业出租无形资产取得的收入,应当计入(   )。
   A. 主营业务收入   B. 其他业务收入
   C. 投资收益   D. 营业外收入
10. 通过盘存先确定期末结存存货的数量,然后推算出本期发出存货的数量,这种方法称之为(   )。
    A. 实地盘存制   B. 权责发生制
    C. 永续盘存制   D. 收付实现制
11. 按照《企业会计准则第4号——固定资产》的规定:固定资产应当(   )计提折旧,

并根据用途计入相关资产的成本或者当期损益。
  A. 按月　　　　　B. 按季　　　　　C. 按半年　　　　D. 按年

12. 下列固定资产中，需要计提折旧的是(　　)。
  A. 以经营租赁方式租入的车床
  B. 已提足折旧仍继续使用的生产线
  C. 以融资租赁方式租入的机器设备
  D. 按照规定单独估价作为固定资产入账的土地

13. 某企业于2010年12月31日购入的一台设备原价320 000元，预计净残值10 000元，预计使用年限为5年，按双倍余额递减法计算折旧。该设备2012年计提的折旧额为(　　)元。
  A. 62 000　　　B. 82 667　　　C. 64 000　　　D. 76 800

14. 某企业生产车间发生的固定资产修理费计入(　　)。
  A. 管理费用　　B. 财务费用　　C. 销售费用　　D. 制造费用

15. 甲企业的某项固定资产原价为2 000万元，采用年限平均法计提折旧，使用寿命为10年，预计净残值为0，在第5年年初企业对该项固定资产的某一主要部件进行更换，发生支出合计1 000万元，并且符合固定资产的确认条件，被更换的部件的原价为800万元。则该项固定资产进行更换后的原价为(　　)万元。
  A. 3 000　　　B. 2 600　　　C. 1 720　　　D. 2 200

16. 无形资产预期不能为企业带来经济利益的，应当将该无形资产的账面价值予以转销，转销时应借记(　　)账户。
  A. 营业外支出　B. 管理费用　　C. 财务费用　　D. 营业费用

17. 企业出售无形资产的净收入，会计上应确认为(　　)。
  A. 投资收益
  B. 营业收入
  C. 营业外收入
  D. 其他业务收入

18. 无形资产应当按照进行(　　)初始计量。
  A. 成本　　　　B. 公允价值　　C. 可变现净值　D. 重置成本

19. 企业摊销无形资产时应贷记(　　)账户。
  A. 营业外支出　B. 管理费用　　C. 累计摊销　　D. 无形资产

20. 甲股份有限公司接受乙公司以其所拥有的专利权作为出资，双方协议约定的价值为8 000 000元，按照市场情况估计其公允价值为6 000 000元，双方已办妥相关手续。则甲公司该项专利权的入账价值为(　　)元。
  A. 8 000 000　B. 6 000 000　C. 7 000 000　D. 2 000 000

二、多项选择题

1. 下列各项选项中，属于其他货币资金内容的有(　　)。
  A. 银行汇票存款　　　　　　　B. 银行本票存款
  C. 外埠存款　　　　　　　　　D. 备用金

2. 企业可以设立的银行存款账户包括(　　)。
  A. 基本存款账户　　　　　　　B. 一般存款账户
  C. 临时存款账户　　　　　　　D. 专项存款账户

3. 货币资金包括( )。
   A. 库存现金   B. 银行存款
   C. 短期借款   D. 其他货币资金
4. 在采用备抵法核算坏账损失的企业,下列各项中,计提坏账准备的项目有( )。
   A. 应收账款   B. 预付账款
   C. 应收票据   D. 其他应收款
5. "持有至到期投资"账户下应设置的明细账户有( )。
   A. 成本   B. 公允价值变动
   C. 利息调整   D. 应计利息
6. 核算长期股权投资的方法有( )。
   A. 成本法   B. 权益法
   C. 账面法   D. 成本与市价孰低法
7. 权益法核算长期股权投资的范围包括( )。
   A. 企业能够对被投资单位实施控制的长期股权投资
   B. 企业对被投资单位具有共同控制的长期股权投资
   C. 企业对被投资单位不具有控制、共同控制或重大影响,且在活跃市场中没有报价、公允价值不能可靠计量的长期股权投资
   D. 企业对被投资单位具有重大影响的长期股权投资
8. 长期股权投资账户借方登记的内容包括( )。
   A. 长期股权投资取得时的成本
   B. 采用权益法核算时按被投资企业实现的净亏损计算的应分享的份额
   C. 收回长期股权投资的价值
   D. 采用权益法核算时按被投资企业实现的净利润计算的应分享的份额
9. 企业对于材料已到,但结算凭证未到且货款尚未支付的采购业务,应作的会计处理是( )。
   A. 材料验收入库时入账
   B. 材料验收入库时先不入账
   C. 收到结算凭证时入账
   D. 月末仍未收到发票则按暂估价入,下月初用红字冲回
10. 企业存货发生盘盈或盘亏,应先计入"待处理财产损溢"账户,待查明原因后分别转入( )。
    A. 营业外支出   B. 营业外收入   C. 管理费用   D. 其他应收款
11. 发出材料的成本,根据其具体领用的部门和用途,可能计入的账户是( )。
    A. 生产成本   B. 制造费用   C. 管理费用   D. 在建工程
12. 不计提折旧的固定资产有( )。
    A. 未使用的房屋、建筑物   B. 未使用的机器设备
    C. 已提足折旧仍继续使用的固定资产 D. 单独计价入账的土地
13. 固定资产的折旧方法包括( )。
    A. 年限平均法   B. 工作量法   C. 双倍余额递减法 D. 年数总和法

14. "固定资产清理"账户贷方核算的内容包括(　　)。
   A. 固定资产变价收入　　　　　　B. 转入清理的固定资产净值
   C. 发生的清理费用　　　　　　　D. 结转的固定资产清理净损失

15. 采用自营方式建造固定资产的情况下,下列项目中应计入固定资产取得成本的有(　　)。
   A. 工程人员的工资　　　　　　　B. 工程领用本企业商品的实际成本
   C. 工程耗用原材料　　　　　　　D. 生产车间为工程提供的水、电等费用

16. 下列固定资产折旧方法中,体现谨慎性要求的有(　　)。
   A. 年限平均法　　　　　　　　　B. 工作量法
   C. 双倍余额递减法　　　　　　　D. 年数总和法

17. 下列各项不应计入外购的无形资产初始成本的是(　　)。
   A. 购买价款
   B. 为引入新产品进行宣传发生的广告费
   C. 使该项资产达到预定用途所发生的其他费用
   D. 无形资产已经达到预定用途以后发生的费用

18. "研发支出"账户分别按(　　)进行明细核算。
   A. 费用化支出　　B. 资本化支出　　C. 累计摊销　　D. 研究开发支出

19. 无形资产包括(　　)。
   A. 专利权　　　　B. 商标权　　　　C. 著作权　　　D. 特许权

20. 下列各项属于无形资产特征的有(　　)。
   A. 没有实物形态　　　　　　　　B. 可辨认
   C. 使用寿命有限　　　　　　　　D. 非货币性资产

三、判断题

1. 现金收入必须当日送存银行,不得将当天收取的现金直接用于支付,即"坐支"现金。(　　)

2. 银行本票的付款期限自出票日起最长不超过2个月。(　　)

3. 基本存款账户主要用于办理日常结算和现金收付。一个企业只能选择一家银行的一个营业机构开立一个基本存款账户。(　　)

4. 持有至到期投资指到期日固定、回收金额固定或可确定且企业有明确意图和能力持有至到期的非衍生金融资产。(　　)

5. 持有至到期投资应当按照公允价值和相关交易费用之和作为初始入账金额。(　　)

6. 应收票据是指企业因销售商品、提供劳务或让渡资产使用权而收到的银行汇票。(　　)

7. 现金折扣是指企业为了鼓励顾客在一定期限内及早偿还货款而从发票价格中让渡给顾客的一定数额的款项。(　　)

8. 在赊销的情况下,销货单位应将赊销金额计入"应收票据"账户。(　　)

9. 企业取得交易性金融资产,按其账面价值记账。(　　)

10. 企业能够对被投资单位实施控制的长期股权投资采用权益法核算。(　　)

11. 公允价值变动一定计入"公允价值变动损益"账户。(　　)

12. 被投资单位实行净损益,投资方须增加长期股权投资的账面价值。(　　)

13. 凡是在盘存日期,法定产权属于企业的一切为销售或耗用而储存的资产,不管其存放地点如何,都是企业的存货。（　　）

14. 采购材料在运输途中发生的一切损耗,均应计入购进材料的采购成本中。（　　）

15. 采用年限平均法计提折旧时,各月折旧额一定相等。（　　）

16. 自行建造固定资产的成本,由建造该项资产达到预定可使用状态前所发生的必要支出构成。（　　）

17. 投资者投入固定资产的成本,应当按照投资合同或协议约定的价值确定。（　　）

18. 企业自创商誉以及内部产生的品牌、报刊名等,不应确认为无形资产。（　　）

19. 对自用无形资产进行摊销时,相应的账务处理是:借记"管理费用",贷记"无形资产"。（　　）

20. 对于使用寿命不确定的无形资产,在持有期间内不需要摊销,也不需要进行减值测试。（　　）

四、业务处理题

1.【资料】(1) 某公司职工李明出差预借差旅费 1 800 元,以现金支付,出差归来报销差旅费 1 600 元,余款补付现金。

(2) 某公司销售产品一批,售价 100 000 元,增值税税率 17%,货款及税款均存入银行。

(3) 委托银行开出银行本票 600 000 元向甲公司采购 A 材料。当日,材料运达企业并验收入库,增值税专用发票上注明的价款为 500 000 元,增值税 85 000 元。

【要求】根据上述业务编制会计分录。

2.【资料】2016 年 1 月 20 日,金海公司按每股 3.8 元的价格购入每股面值 1 元的 B 公司股票 50 000 股作为交易性金融资产,并支付交易税费 1 200 元。2016 年 3 月 5 日,B 公司宣告分派每股 0.2 元的现金股利,并于 2016 年 4 月 10 日发放。2016 年 9 月 20 日,金海公司将该股票转让,取得转让收入 220 000 元。

【要求】编制金海公司有关该股票投资的下列会计分录:

(1) 2016 年 1 月 20 日,购入股票。

(2) 2016 年 3 月 5 日,B 公司宣告分派现金股利。

(3) 2016 年 4 月 10 日,收到现金股利。

(4) 2016 年 9 月 20 日,转让股票。

3.【资料】淮鑫公司赊销一批商品,货款为 100 000 元,规定对货款部分的付款条件为 2/10,N/30,适用的增值税税率为 17%。假设折扣时不考虑增值税。

【要求】采用总价法编制淮鑫公司相关的账务处理。

4.【资料】A 公司 2017 年 1 月 10 日购入 C 公司发行的股票 5 000 000 股准备长期持有,拥有 C 公司 30% 的股份,每股买入价为 6 元,另支付相关税费 500 000 元,款项已由银行存款支付。2016 年 12 月 31 日,C 公司的所在者权益的账面价值(与其公允价值不存在差异)100 000 000 元。

【要求】计算初始投资成本并编制会计分录。

5.【资料】承上例,2017 年 C 公司发生净亏损 10 000 000 元,A 公司按持股比例确认投资损失 3 000 000 元。

【要求】编制会计分录。

第三章 资　产

6.【资料】某企业6月份发生如下有关经济业务：

(1) 3日购入甲材料3 000件，每件40元；乙材料2 000吨，每吨50元；增值税37 400元；甲、乙材料的运杂费4 000元；已开出转账支票支付货款、税金及运杂费，两种材料已验收入库。甲、乙材料的运杂费按重量比例分配，甲材料每件按1吨计。

(2) 9日，向C公司购入甲材料2 000件，每件41元，增值税13 940元，以银行汇票支付，以转账支票支付上述甲材料2 000件的运杂费2 000元。材料未到。

(3) 15日，购入乙材料1 000吨，每吨52元，运输费840元，增值税8 874元，以银行支票支付，材料尚未到厂。

(4) 16日，购入生产工具1 000件，单价52.2元，运输费800元，增值税8 840元，以银行支票支付，生产工具如数入库。

(5) 20日，6月9日付款的甲材料2 000件到厂验收入库，实收1 800件，缺少200件，系发货单位少发运，已同意补发。

(6) 21日，生产车间领用生产工具600件，单位成本53元，采用五五摊销。

(7) 28日，6月15日付款的乙材料1 000吨到厂验收入库，实收990吨（途耗率1%，在规定范围内）。

(8) 30日，前已运达企业的乙材料800吨，账单发票仍未收到，按每吨50元暂估入账。

(9) 30日，根据领料凭证汇总表，仓库发出材料如下：
① 生产A产品领用：甲材料180 000元，乙材料130 000元。
② 生产车间一般耗用：甲材料13 000元，乙材料8 000元。
③ 管理部门耗用：甲材料2 500元，乙材料4 500元。

【要求】根据上述资料编制会计分录（为简化核算，不考虑与运费有关的增值税的扣除）。

7.【资料】某企业基本生产车间报废设备一台，经批准后进行清理。该设备原价54 000元，已提折旧48 000元，以银行存款支付清理费用350元，取得残值收入700元已存入银行。设备已清理完毕。

【要求】编制全部清理业务的会计分录。

8.【资料】甲公司于2011年3月对某生产线进行改造。该生产线的账面原价为3 600万元，已计提折旧为1 000万元，在改造过程中，领用工程物资310万元，应付人工费用100万元，耗用水电等其他费用120万元。该生产线于2012年1月改造完工并投入使用。改造后的生产线可使其产品质量得到实质性提高，该项改造支出应予资本化。

【要求】编制必要的会计分录。

9.【资料】某企业生产用机械设备一台，原价为100 000元，预计使用年限为5年，净残值为4%。

【要求】(1) 按平均年限法计算该设备的月折旧额，并作计提折旧的会计分录；(2) 按双倍余额递减法计算第二年和第四年的折旧额；(3) 按年数总和法计算第二年和第四年的折旧额。

10.【资料】甲公司将其购买的专利权转让给乙公司，该专利权的成本为500 000元，已摊销200 000元，实际取得的转让价款为400 000元，款项已存入银行。

【要求】作甲公司出售该专利权的账务处理。

第四章 负 债

> **学习目标**
>
> 理解负债的概念和特征；
> 掌握短期借款、应付账款、应付票据入账价值的确定及主要账务处理；
> 掌握一般纳税人企业增值税的基本账务处理；
> 掌握应交消费税、其他应交税费的基本账务处理；
> 掌握应付职工薪酬的内容及基本账务处理；
> 了解城市维护建设税、资源税、教育费附加、印花税等税种；
> 理解长期借款和应付债券的相关账务处理。

负债指企业过去的交易或事项形成的、预期会导致经济利益流出企业的现时义务。负债通常具有以下几个特征：

（1）负债是基于企业过去交易或事项而产生的导致负债的交易或事项必须已经发生，例如企业向供应商购买货物会产生应付款（已经付款或是在交货时支付的款项除外），从银行借入款项则会产生还款的义务等。企业正在筹划的未来交易或事项，如借款计划等，并不会产生负债。

（2）负债是企业承担的现时义务。现时义务是指企业在现行条件下已承担的义务。未来发生的交易或事项形成的义务不属于现时义务，因此不属于负债。

（3）负债的清偿预期会导致经济利益流出企业。负债的发生往往伴随着资产或劳务的取得，或者费用、损失的发生；负债的清偿预期会导致经济利益流出企业，通常需要在未来某一特定时日用资产或劳务来偿付。

负债一般按其偿还速度或偿还时间的长短划分为流动负债和非流动负债。流动负债是指将在一年或超过一年的一个营业周期内偿还的债务，主要包括短期借款、应付票据、应付账款、预收账款、应付职工薪酬、应交税费、应付利息、应付股利、其他应付款等。非流动负债是指偿还期在一年或超过一年的一个营业周期以上的债务，主要包括长期借款、应付债券、长期应付款等。

第一节 流 动 负 债

一、短期借款

短期借款是指企业向银行或其他金融机构等借入的期限在一年以下（含一年）的各种借

款。企业借入短期借款主要是为了满足正常生产经营的需要。

企业应通过"短期借款"科目核算短期借款的借入、归还等情况。该科目贷方登记取得借款本金的数额,借方登记偿还的本金数额,期末贷方余额表示企业尚未偿还的短期借款。企业短期借款利息一般采用月末预提的方式进行核算(银行一般于每季度末收取短期借款利息),短期借款利息属于筹资费用,应记入"财务费用"科目。

企业从银行或其他金融机构取得借款时,借记"银行存款"科目,贷记"短期借款"科目;按月计提利息时,借记"财务费用"科目,贷记"应付利息"科目;季度末实际支付利息时,根据已预提的利息,借记"应付利息"科目,根据月应计利息,借记"财务费用"科目,根据应付利息总额,贷记"银行存款"科目;到期偿还本金时,借记"短期借款"科目,贷记"银行存款"科目。

例4.1 A企业于2015年1月1日向银行借入一笔生产经营用短期借款,共计200 000元,期限六个月,年利率为9%。利息分月预提,按季支付。

(1)1月1日借入时:

借:银行存款　　　　　200 000
　　贷:短期借款　　　　　　200 000

(2)1月末预提利息:

月利息=200 000×9%÷12=1 500(元)

借:财务费用　　　　　1 500
　　贷:应付利息　　　　　　21 500

2月末预提利息分录同上。

(3)3月末支付第一季度借款利息时:

借:财务费用　　　　　1 500　　(3月份的利息)
　　应付利息　　　　　3 000　　(1月至2月已经计提的利息)
　　贷:银行存款　　　　　　4 500　　(一个季度实际应支付的利息)

第二季度会计处理同上。

(4)7月1日归还短期借款本金时:

借:短期借款　　　　　200 000
　　贷:银行存款　　　　　　200 000

二、应付票据

应付票据指企业购买材料、商品和接受劳务供应等而开出、承兑的商业汇票,包括商业承兑汇票和银行承兑汇票。

企业应通过"应付票据"科目核算应付票据的发生、偿付等情况。该科目贷方登记开出、承兑汇票的面值,借方登记支付票据的金额,期末贷方余额表示企业尚未到期的商业汇票的票面金额。

通常商业汇票的付款期限不超过六个月。由于应付票据的偿付时间较短,企业一般按开出、承兑的应付票据的面值入账。

企业因购买材料、商品和接受劳务供应等而开出、承兑的不带息商业汇票,应当按其票面金额作为应付票据的入账金额,借记"材料采购""库存商品""应付账款""应交税费——应交增值税(进项税额)"等科目,贷记"应付票据"科目。企业支付的银行承兑汇票手续费应当计入当期财务费用,借记"财务费用"科目,贷记"银行存款"科目。

应付票据到期支付票款时,应按票面金额予以结转,借记"应付票据"科目,贷记"银行存款"科目。应付商业承兑汇票到期,如企业无力支付票款,应将应付票据按账面余额转作应付账款,借记"应付票据"科目,贷记"应付账款"科目。应兑付的银行承兑汇票到期,如果企业无力支付票款,应将应付票据的账面余额转作短期借款,借记"应付票据"科目,贷记"短期借款"科目。

例4.2 A企业为增值税一般纳税人,本月采购材料一批。增值税专用发票上注明价款为50 000元,增值税额为8 500元。该企业于2015年2月1日开出一张面值为58 500元,期限为5个月的不带息银行承兑汇票。另支付手续费30元,该企业5个月后如期付款。

(1) 开出汇票

借:材料采购　　　　　　　　　　　　　　　50 000
　　应交税费——应交增值税(进项税额)　　　 8 500
　　贷:应付票据　　　　　　　　　　　　　　　　　58 500

(2) 支付手续费

借:财务费用　　　　　　　　　　　　　　　　　30
　　贷:银行存款　　　　　　　　　　　　　　　　　　30

(3) 到期付款

借:应付票据　　　　　　　　　　　　　　　58 500
　　贷:银行存款　　　　　　　　　　　　　　　　58 500

三、应付账款

应付账款指企业因购买材料、商品或接受劳务供应等经营活动应支付的款项。

企业应通过"应付账款"科目核算应付账款的发生、偿还、转销等情况。该科目贷方登记企业因购买材料、商品和接受劳务供应等而发生的应付账款;借方登记偿还的应付账款,或开出商业汇票抵付应付账款的款项,或冲销无法支付的应付账款;期末贷方余额表示企业尚未支付的应付账款的余额。本科目一般按照债权人设置明细科目进行明细核算。

企业购入材料、商品等或接受劳务所产生的应付账款,应按应付金额入账。购入材料、商品等验收入库,但货款尚未支付,根据有关凭证(发票账单、随货同行发票上记载的实际价款或暂估价值),借记"材料采购""在途物资"等科目,按可抵扣的增值税额,借记"应交税费——应交增值税(进项税额)"科目,按应付的价款,贷记"应付账款"科目。企业接受供应单位提供劳务而发生的应付未付款项,根据供应单位的发票账单,借记"生产成本""管理费用"等科目,贷记"应付账款"科目。

应付账款附有现金折扣条件的,应按照扣除现金折扣前的应付款总额入账。因在折扣期限内付款获得的现金折扣,应在偿付应付账款时冲减当期财务费用。

企业偿还应付账款或开出商业汇票抵付应付账款时,借记"应付账款"科目,贷记"银行存款""应付票据"等科目。

企业转销确实无法支付的应付账款,应按其账面余额计入营业外收入,借记"应付账款"科目,贷记"营业外收入"科目。

例4.3 A企业为增值税一般纳税人,2015年3月1日购入一批材料,增值税专用发票上注明价款为100 000元,增值税额为17 000元,材料已验收入库,款项尚未支付。3月31日A企业开出转账支票支付上述款项。

(1) 材料验收入库时:

借:原材料　　　　　　　　　　　　　　　　100 000
　　应交税费——应交增值税(进项税额)　　　 17 000
　　贷:应付账款　　　　　　　　　　　　　　　　　117 000

(2) 付款时:

借:应付账款　　　　　　　　　　　　　　　117 000
　　贷:银行存款　　　　　　　　　　　　　　　　　117 000

例4.4 甲公司在2015年5月1日向乙公司购入一批商品,增值税专用发票上注明的销售价格为10 000元,增值税额为1 700元。为及早收回货款,乙公司和甲公司约定的现金折扣条件为:"2/10,n/20"。假定计算现金折扣时不考虑增值税额。

甲公司的账务处理如下:

(1) 5月1日

借:库存商品　　　　　　　　　　　　　　　 10 000
　　应交税费——应交增值税(进项税额)　　　　1 700
　　贷:应付账款——乙公司　　　　　　　　　　　　11 700

(2) 如果甲公司在5月9日付清货款,则可享受2%的现金折扣,现金折扣为200(=10 000×2%)元,实际付款11 500(=11 700-200)元。

借:应付账款——乙公司　　　　　　　　　　 11 700
　　贷:银行存款　　　　　　　　　　　　　　　　　 11 500
　　　　财务费用　　　　　　　　　　　　　　　　　　　200

(3) 如果甲公司在5月20日付清货款,则全额付款,不能享受现金折扣。

借:应付账款——乙公司　　　　　　　　　　 11 700
　　贷:银行存款　　　　　　　　　　　　　　　　　 11 700

四、应付职工薪酬

(一) 应付职工薪酬的内容

应付职工薪酬指企业为获得职工提供的服务而给予各种形式的报酬或补偿。这里所称的"职工"包括三类人员:一是与企业订立劳动合同的所有人员,含全职、兼职和临时职工。二是未与企业订立劳动合同,但由企业正式任命的企业治理层和管理层人员,如董事会成员、监事会成员等。三是在企业的计划和控制下,虽未与企业订立劳动合同或未由企业正式任命,但为企业提供与职工类似服务的人员。

职工薪酬主要包括以下几方面内容:

1. 短期薪酬

（1）职工工资、奖金、津贴和补贴，是指按照构成工资总额的计时工资、计件工资、支付给职工的超额劳动报酬和增收节支的劳动报酬、为了补偿职工特殊或额外的劳动消耗和因其他特殊原因支付给职工的津贴，以及为了保证职工工资水平不受物价影响支付给职工的物价补贴等。其中企业按短期奖金计划向职工发放的奖金属于短期薪酬，按长期奖金计划向职工发放的奖金属于其他长期职工福利。

（2）职工福利费，是指企业向职工提供的生活困难补助、丧葬补助费、抚恤费、职工异地安家费、防暑降温费等职工福利支出。

（3）医疗保险费、工伤保险费和生育保险费等社会保险费，是指企业按照国家规定的基准和比例计算，向社会保险经办机构缴纳的医疗保险金、工伤保险费和生育保险费。

（4）住房公积金，是指企业按照国家规定的基准和比例计算，向住房公积金管理机构缴存的住房公积金。

（5）工会经费和职工教育经费，是指企业为改善职工文化生活、为职工学习先进技术和提高文化水平和业务素质，用于开展工会活动和职工教育及职业技能培训等相关支出。

（6）短期带薪缺勤，是指职工虽然缺勤但企业仍向其支付报酬的安排，包括年休假、病假、婚假、产假、丧假、探亲假等。

（7）短期利润分享计划，是指因职工提供服务而与职工达成的基于利润或其他经营成果提供薪酬的协议。

（8）其他短期薪酬，是指除上述薪酬外的其他为获得职工提供的服务而给予的短期薪酬。

2. 离职后福利

离职后福利，是指企业为获得职工提供的服务而在职工退休或与企业解除劳动合同关系后，提供的各种形式的报酬和福利。

3. 辞退福利

辞退福利，企业在职工劳动合同到期之前解除与职工的劳动关系，或为鼓励职工自愿接受裁减而给予职工的补偿。

4. 其他长期职工福利

其他长期职工福利，是指除短期薪酬、离职后福利、辞退福利之外的所有职工薪酬，包括长期带薪缺勤、长期残疾福利、长期利润分享计划等。

（二）应付职工薪酬的核算

企业应当通过"应付职工薪酬"科目，核算应付职工薪酬的提取、结算、使用等情况。该科目贷方登记已分配计入有关成本费用项目的职工薪酬的数额，借方登记实际发放给职工薪酬的数额，包括扣还的款项等；期末贷方余额反映企业应付未付的职工薪酬。

"应付职工薪酬"科目应按"工资、奖金、津贴和补贴""职工福利费""非货币性福利""社会保险费""住房公积金""工会经费和职工教育经费""带薪缺勤""利润分享计划""设定提存计划""设定受益计划义务""辞退福利"等项目设置明细科目，进行明细核算。

企业按照有关规定向职工支付工资、奖金、津贴、补贴等，借记"应付职工薪酬——工资、奖金、津贴、补贴"科目，贷记"银行存款""库存现金"等科目，企业从应付职工薪酬中扣还的各种款项(代垫的家属药费、个人所得税等),借记"应付职工薪酬"科目,贷记"银行存款""库存现金""其他应收款""应交税费——应交个人所得税"等科目。

例4.5 A企业根据"工资结算汇总表"结算本月应付职工工资总额462 000元,代扣职工房租40 000元,企业代垫职工家属医药费2 000元,实发工资420 000元。A企业的账务处理如下:

(1) 提取现金:

借:库存现金　　　　　　　　　　　　　　　　420 000
　　贷:银行存款　　　　　　　　　　　　　　　　　420 000

(2) 现金发放工资:

借:应付职工薪酬——工资、奖金、津贴、补贴　420 000
　　贷:库存现金　　　　　　　　　　　　　　　　　420 000

(3) 代扣款项:

借:应付职工薪酬——工资、奖金、津贴、补贴　 42 000
　　贷:其他应收款——职工房租　　　　　　　　　　40 000
　　　　　　　　——代垫医药费　　　　　　　　　 2 000

对于职工工资、奖金、津贴和补贴等货币性职工薪酬,企业应当在职工为其提供服务的会计期间内,将实际发生的职工工资、奖金、津贴和补贴等,根据职工提供服务的受益对象,将应确认的职工薪酬,借记"生产成本""制造费用""劳务成本"等科目,贷记"应付职工薪酬——工资、奖金、津贴和补贴"科目。

例4.6 承上例,A企业本月应付工资总额462 000元,工资费用分配表中列示产品生产人员工资为320 000元,车间管理人员工资为70 000元,企业行政管理人员工资为72 000元。A企业的账务处理如下:

借:生产成本　　　　　　　　　　　　　　　　320 000
　　制造费用　　　　　　　　　　　　　　　　 70 000
　　管理费用　　　　　　　　　　　　　　　　 72 000
　　贷:应付职工薪酬——工资、奖金、津贴、补贴　462 000

对于职工福利费,企业应当在实际发生时根据实际发生额计入当期损益或相关资产成本,借记"生产成本""制造费用""管理费用""销售费用"等科目,贷记"应付职工薪酬——职工福利"科目。

五、应交税费

企业根据税法规定应交纳的各种税费包括:增值税、消费税、城市维护建设税、资源税、所得税、土地增值税、房产税、车船使用税、土地使用税、教育费附加、矿产资源补偿费、印花税、耕地占用税等。

企业应通过"应交税费"科目核算各种税费的交纳情况,并按照应交税费项目进行明细核算。该科目贷方登记应交纳的各种税费,借方登记实际交纳的税费,期末余额一般在贷方表示企业尚未交纳的税费,期末余额如果在借方表示企业多交或尚未抵扣的税费。

企业交纳的印花税、耕地占用税等不需要预计应交数的税金,不通过"应交税费"科目核算。

（一）应交增值税

增值税是以商品（含应税劳务）在流转过程中产生的增值额作为计税依据而征收的一种流转税。增值税的征税范围包括在我国境内销售货物、加工修理修配劳务、服务、无形资产或不动产，以及进口货物。增值税的纳税人分为一般纳税人和小规模纳税人。本书仅讨论增值税一般纳税人的业务。

一般纳税人企业应纳增值税计算公式：

应纳增值税额＝本期销项税额－本期进项税额

本期销项税额＝本期销售额×增值税税率

为了核算企业应交增值税的发生、抵扣、交纳、退税及转出等情况，企业应在"应交税费"科目下设"应交增值税"明细科目，并在"应交增值税"明细账内设置"进项税额""销项税额""已交税费""出口退税""进项税额转出"等专栏。

例 4.7 华星公司购入一台不需安装的设备，增值税专用发票上注明价款 100 000 元，增值税 17 000 元，款项尚未支付。

借：固定资产　　　　　　　　　　　　　　　　　　100 000
　　应交税费——应交增值税（进项税额）　　　　　　17 000
　　贷：应付账款　　　　　　　　　　　　　　　　　　　　117 000

例 4.8 A 企业为增值税一般纳税人，本月购入原材料一批。增值税专用发票上注明价款 60 000 元，增值税额 10 200 元，已用银行存款支付，材料已入库。

借：原材料　　　　　　　　　　　　　　　　　　　60 000
　　应交税费——应交增值税（进项税额）　　　　　　10 200
　　贷：银行存款　　　　　　　　　　　　　　　　　　　　70 200

例 4.9 承上例，A 企业为增值税一般纳税人，本月销售产品一批。增值税专用发票上注明价款 500 000 元，增值税额 85 000 元。提货单和增值税专用发票已交给买方，款项尚未收到。

借：应收账款　　　　　　　　　　　　　　　　　585 000
　　贷：主营业务收入　　　　　　　　　　　　　　　　500 000
　　　　应交税费——应交增值税（销项税额）　　　　　85 000

企业交纳增值税时，借记"应交税费——应交增值税（已交税金）"科目，贷记"银行存款"科目。"应交税费——应交增值税"的贷方余额表示企业应交纳的增值税。

例 4.10 承上例，A 企业交纳本月应交的增值税 74 800 元。

借：应交税费——应交增值税（已交税金）　　　　74 800
　　贷：银行存款　　　　　　　　　　　　　　　　　　　74 800

（二）应交消费税

消费税指在我国境内生产、委托加工和进口应税消费品的单位和个人，按其流转额交纳的一种税。国家对某些消费品除征收增值税以外，还征收消费税，目的是通过税收，调节消费品的利润水平。

消费税有从价定率和从量定额两种征收方式。从价定率方式下:应纳消费税税额=销售额×适用税率;从量定额方式下:应纳消费税税额=销售数量×单位税额。

企业应在"应交税费"科目下设"应交消费税"明细科目,核算消费税的发生、交纳情况。该科目贷方登记应交纳的消费税,借方登记实际交纳的消费税。期末贷方余额表示企业尚未交纳的消费税,期末借方余额表示企业多交纳的消费税。

例 4.11 某企业为增值税一般纳税人,本月销售一批消费品,价款 100 000 元,增值税率为 17%,适用消费税税率为 10%。货款已收到,该批产品成本为 75 000 元。

产品销售时:
借:银行存款　　　　　　　　　　　　　　　　117 000
　　贷:主营业务收入　　　　　　　　　　　　　　　100 000
　　　　应交税费——应交增值税(销项税额)　　　　17 000
计算应交消费税:
　　　　应交消费税=100 000×10%=10 000(元)
借:营业税金及附加　　　　　　　　　　　　　　10 000
　　贷:应交税费——应交消费税　　　　　　　　　　10 000
结转已销产品成本:
借:主营业务成本　　　　　　　　　　　　　　　75 000
　　贷:库存商品　　　　　　　　　　　　　　　　　75 000

企业交纳消费税时,借记"应交税费——应交消费税"科目,贷记"银行存款"科目。

(三) 其他应交税费

其他应交税费是指除上述应交税费以外的应交税费,包括应交资源税、应交城市维护建设税、应交教育费附加、应交个人所得税、应交土地增值税、应交所得税、应交房产税、应交土地使用税、应交车船税、应交矿产资源补偿费等。

企业应当在"应交税费"科目下设置相应的明细科目进行核算,贷方登记应交纳的有关税费,借方登记已交纳的有关税费,期末贷方余额表示尚未交纳的有关税费。

1. 应交资源税

资源税是对在我国境内开采矿产品或者生产盐的单位和个人征收的税。资源税按照应税产品的课税数量和规定的单位税额计算。开采或生产应税产品对外销售的,以销售数量为课税数量;开采或生产应税产品自用的,以自用数量为课税数量。

对外销售应税产品应交纳的资源税应记入"营业税金及附加"科目,借记"营业税金及附加"科目,贷记"应交税费——应交资源税"科目;自产自用应税产品应交纳的资源税应记入"生产成本""制造费用"等科目,借记"生产成本""制造费用"等科目,贷记"应交税费——应交资源税"科目。

例 4.12 某企业对外销售某种资源税应税矿产品 2 000 吨,每吨应交资源税 5 元。该企业的有关会计分录如下:

　　　　企业对外销售应税产品而应交的资源税=2 000×5=10 000(元)
借:营业税金及附加　　　　　　　　　　　　　　10 000
　　贷:应交税费——应交资源税　　　　　　　　　　10 000

2. 应交城市维护建设税

城市维护建设税是用于保证城市公用事业和公共设施的维护与建设,其税率因纳税人所在地不同从1%到7%不等。

例4.13 某企业适用的城市维护建设税税率为7%,本期应交纳的城市维护建设税为44 870元,该企业的有关会计处理如下:

借:营业税金及附加　　　　　　　　　　　　　　44 870
　　贷:应交税费——应交城市维护建设税　　　　　　　44 870

用银行存款上交城市维护建设税时:

借:应交税费——应交城市维护建设税　　　　　　　44 870
　　贷:银行存款　　　　　　　　　　　　　　　　　　44 870

3. 应交教育费附加

教育费附加是为了发展教育事业而向企业征收的附加费用,企业按应交流转税的一定比例计算交纳。企业应交的教育费附加,借记"营业税金及附加"等科目,贷记"应交税费——应交教育费附加"科目。

例4.14 某企业按税法规定计算,应交纳教育费附加300 000元。款项已经用银行存款支付。该企业的有关会计处理如下:

借:营业税金及附加　　　　　　　　　　　　　　300 000
　　贷:应交税费——应交教育费附加　　　　　　　　　300 000
借:应交税费——应交教育费附加　　　　　　　　　300 000
　　贷:银行存款　　　　　　　　　　　　　　　　　　300 000

4. 应交个人所得税

企业按规定计算的代扣代交的职工个人所得税,借记"应付职工薪酬"科目,贷记"应交税费——应交个人所得税"科目;企业交纳个人所得税时,借记"应交税费——应交个人所得税"科目,贷记"银行存款"等科目。

例4.15 某企业结算本月应付职工工资总额200 000元,代扣职工个人所得税共计2 000元,实发工资198 000元。该企业与应交个人所得税有关的会计分录如下:

借:应付职工薪酬——工资　　　　　　　　　　　　2 000
　　贷:应交税费——应交个人所得税　　　　　　　　　　2 000

5. 应交土地增值税

土地增值税是对转让国有土地使用权、地上建筑物及其附着物(以下简称转让房地产)并取得增值性收入的单位和个人所征收的一种税。

企业应交的土地增值税视情况记入不同科目:企业转让的土地使用权连同地上建筑物及其附着物一并在"固定资产"等科目核算的,转让时应交的土地增值税,借记"固定资产清理"科目,贷记"应交税费——应交土地增值税"科目;土地使用权在"无形资产"科目核算的,按实际收到的金额,借记"银行存款"科目,按应交的土地增值税,贷记"应交税费——应交土地增值税"科目,同时冲销土地使用权的账面价值。贷记"无形资产""累计摊销""无形资产减值准备"等科目,按其差额,借记"营业外支出"科目或贷记"营业外收入"科目。

6. 应交房产税、城镇土地使用税、车船税和矿产资源补偿费

房产税是国家对在城市、县城、建制县和工矿区征收的由产权所有人缴纳的一种税。房产

税依照房产原值一次减除10%至30%后的余额计算交纳。没有房产原值作为依据的,由房产所在地税务机关参考同类房产核定;房产出租的,以房产租金收入为房产税的计税依据。

城镇土地使用税是以城市、县城、建制镇和工矿区范围内使用土地的单位和个人为纳税人,以其实际占用的土地面积和规定税额计算征收。

车船税由拥有并且使用车船的单位和个人按照适用税额计算交纳。

矿产资源补偿费是对在我国领域和管辖海域开采矿产资源而征收的费用。矿产资源补偿费按照矿产品销售收入的一定比例计征,由采矿人交纳。

企业应交的房产税、城镇土地使用税、车船税、矿产资源补偿费,记入"管理费用"科目,借记"管理费用"科目,贷记"应交税费——应交房产税(或应交城镇土地使用税、应交车船税、应交矿产资源补偿费)"科目。

六、应付股利

应付股利指企业根据股东大会或类似机构审议批准的利润分配方案确定分配给投资者的现金股利或利润。

企业应通过"应付股利"科目核算企业确定或宣告支付但尚未支付的现金股利或利润。该科目贷方登记应支付的现金股利或利润,借方登记实际支付的现金股利或利润,期末贷方余额表示企业应付未付的现金股利或利润。

企业根据股东大会或类似机构审议批准的利润分配方案,确认应付给投资者的现金股利或利润时,借记"利润分配——应付股利"科目,贷记"应付股利"科目;向投资者实际支付股利或利润时,借记"应付股利"科目,贷记"银行存款"等科目。

需要说明的是,企业董事会或类似机构通过的利润分配方案中拟分配的现金股利或利润,不作账务处理,不作应付股利核算,但应在附注中披露。企业分配的股票股利不通过"应付股利"科目核算。

例4.16 A有限责任公司本年实现净利润800 000元,经董事会批准分配股利500 000元。次年初,用银行存款支付上述股利。

借:利润分配——应付股利　　　500 000
　　贷:应付股利　　　　　　　　　　500 000
借:应付股利　　　　　　　　500 000
　　贷:银行存款　　　　　　　　　　500 000

七、应付利息

应付利息核算企业按照合同约定应支付的利息,包括短期借款、分期付息到期还本的长期借款、企业债券等应支付的利息。

企业应当设置"应付利息"科目,按照债权人设置明细科目进行明细核算,该科目贷方登记按照合同约定计算的应付利息;借方登记实际支付的利息,期末贷方余额反映企业按照合同约定应支付但尚未支付的利息。

例4.17 企业借入5年期到期还本每年付息的长期借款5 000 000元,合同约定年利

率为3.5%,假定不符合资本化条件。该企业的有关会计处理如下:

(1) 每年计算确定利息费用时:

企业每年应支付的利息＝5 000 000×3.5％＝175 000(元)

借:财务费用　　　　　　　　175 000
　　贷:应付利息　　　　　　　　　　175 000

(2) 每年实际支付利息时:

借:应付利息　　　　　　　　175 000
　　贷:银行存款　　　　　　　　　　175 000

第二节　非流动负债

一、长期借款

(一) 长期借款概述

长期借款指企业向银行或其他金融机构借入的期限在一年以上(不含一年)的各种借款。长期借款一般用于固定资产的购建、改扩建工程、大修理工程、对外投资以及为了保持长期经营能力等方面。

由于长期借款的使用关系到企业的生产经营规模和效益,企业除了要遵守有关的贷款规定、编制借款计划并要有不同形式的担保外,还应监督借款的使用、按期支付长期借款的利息以及按规定的期限归还借款本金。因此,长期借款会计处理的基本要求是反映和监督企业长期借款的借入、借款利息的结算和借款本息的归还情况,促使企业遵守信贷纪律、提高信用等级,同时也要确保长期借款发挥效益。

(二) 长期借款的利息

长期借款的利息费用应按以下原则计入有关成本、费用:属于筹建期间的计入管理费用;属于生产经营期间的计入财务费用。如果长期借款用于购建固定资产等符合资本化条件的资产,在资产尚未达到预定可使用状态前,所发生的利息支出应当资本化,计入在建工程等相关资产成本;资产达到预定可使用状态后发生的利息支出,以及按规定不予资本化的利息支出,计入财务费用。

(三) 长期借款的核算

企业应通过"长期借款"科目核算长期借款的借入、归还等情况。该科目贷方登记长期借款本息的增加额,借方登记本息的减少额,期末贷方余额表示企业尚未偿还的长期借款。该科目可以按照贷款单位和贷款种类设置明细账,分"本金"及"利息调整"等进行明细核算。

例4.18　A企业于2012年11月30日从银行借入资金4 000 000元,期限为三年,年利率为8.4%(到期一次还本付息,不计复利)。所借款项已存入银行。A企业用该借款于当日购买不需要安装的设备一台,价款 3 000 000 元,增值税额为 510 000 元,另支付保险费等费用 100 000 元,设备已于当日投入使用。按月计提利息,到期还款。

(1) 取得借款:

借:银行存款　　　　　　　　　　　　　4 000 000
　　贷:长期借款——本金　　　　　　　　　　　　　4 000 000

(2) 支付设备款运杂费

借:固定资产　　　　　　　　　　　　　3 100 000
　　应交税费——应交增值税(进项税额)　　510 000
　　贷:银行存款　　　　　　　　　　　　　　　　　3 610 000

(3) 2012 年 12 月 31 日计提利息:

　　　　　长期借款利息＝4 000 000×8.4％÷12＝28 000(元)

借:财务费用　　　　　　　　　　　　　　28 000
　　贷:应付利息　　　　　　　　　　　　　　　　　28 000

2013 年 1 月到 2015 年 10 月每月末预提利息分录同上。

(4) 2015 年 11 月 30 日还本付息:

借:财务费用　　　　　　　　　　　　　　28 000
　　长期借款——本金　　　　　　　　　　4 000 000
　　应付利息　　　　　　　　　　　　　　980 000
　　贷:银行存款　　　　　　　　　　　　　　　　　5 008 000

二、应付债券

(一) 应付债券概述

应付债券是企业为筹集长期资金而发行的债券。企业发行的超过一年期以上的债券,就形成企业的一项长期负债。企业发行债券通常经过董事会及股东会正式核准。若向社会公开发行,则还要经过有关证券管理机构核准。

企业债券发行价格的高低一般取决于债券票面金额、债券票面利率、发行当时的市场利率以及债券期限长短等因素。债券发行有面值发行、溢价发行和折价发行。如果债券的票面利率与同期银行存款利率相同,可按票面价格发行,称为面值发行。如果债券的票面利率高于同期银行存款利率,可按超过债券面值的价格发行,称为溢价发行。如果债券的票面利率低于同期银行存款利率,可按低于债券面值的价格发行,称为折价发行。本书只讲解按面值发行的应付债券的会计处理。

(二) 应付债券的利息

发行长期债券的企业,应按期计提利息。对于按面值发行的债券,在每期采用票面利率计提利息时,应当按照与长期借款相一致的原则计入有关成本费用,借记"在建工程""制造费用""财务费用""研发支出"等科目;其中,对于分期付息、到期一次还本的债券,其按票面利率计算确定的应付未付利息记入"应付利息"科目;对于一次还本付息的债券,其按票面利率计算确定的应付未付利息记入"应付债券——应计利息"科目。

（三）应付债券的核算

企业应设置"应付债券"科目，并在该科目下设"面值""利息调整""应计利息"等明细科目核算应付债券发行、计提利息及还本付息等情况。该科目贷方登记应付债券本金和利息，借方登记归还的债券本金和利息，期末贷方余额表示企业尚未偿还的长期债券。

例4.19 A企业于2011年7月1日按面值发行总额为40 000 000元的债券，期限三年，到期一次还本付息、年利率为8%（不计复利）。

借：银行存款　　　　　　　　　　　40 000 000
　　贷：应付债券——面值　　　　　　　　　　40 000 000

例4.20 承上例，A企业发行债券所筹资金用于建造固定资产，在2011年12月31日尚未完工。

6个月的债券利息＝40 000 000×8%÷12×6＝1 600 000（元）

借：在建工程　　　　　　　　　　　1 600 000
　　贷：应付债券——应计利息　　　　　　　　1 600 000

例4.21 承上例，2014年7月1日A企业偿还债券本息49 600 000元。

三年的利息＝40 000 000×8%×3＝9 600 000（元）

借：应付债券——面值　　　　　　　40 000 000
　　　　　　——应计利息　　　　　　9 600 000
　　贷：银行存款　　　　　　　　　　　　　　49 600 000

本章小结

负债指企业过去的交易或事项形成的、预期会导致经济利益流出企业的现时义务。负债具有以下三个特征：负债是基于企业过去交易或事项而产生的；负债是企业承担的现时义务；负债的清偿预期会导致经济利益流出企业。

企业的负债一般包括流动负债和长期负债。流动负债是指将在一年或超过一年的一个营业周期内偿还的债务，主要包括短期借款、应付票据、应付账款、预收账款、应付职工薪酬、应交税费、应付利息、应付股利、其他应付款等。长期负债是指偿还期在一年或超过一年的一个营业周期以上的债务，主要包括长期借款、应付债券、长期应付款等。企业发行债券的方式有三种：面值发行、溢价发行、折价发行。

复习思考题

1. 什么是负债？
2. 负债具有哪些特征？
3. 流动负债包括哪些内容？
4. 应付职工薪酬包括哪些内容？
5. 企业债券的发行方式有哪些？

实 训 题

一、单项选择题

1. 预提短期借款的利息时,应借记( )科目。
   A. 管理费用   B. 营业外支出
   C. 财务费用   D. 投资收益

2. 下列各项中不属于企业流动负债的有( )。
   A. 应付票据   B. 应付债券
   C. 应付职工薪酬   D. 短期借款

3. 下列各项中会导致负债总额变化的是( )。
   A. 现销商品   B. 用现金偿还短期借款
   C. 收回应收账款   D. 用盈余公积转增资本

4. 在下列有关应付账款的叙述中,不正确的是( )。
   A. 它是用来核算购买材料、商品或接受劳务而发生债务的账户
   B. 它属于负债类的账户
   C. 若有余额一定在贷方
   D. 贷方登记应付账款的发生额

5. 企业销售应税消费品时计算出的应交消费税额,应贷记的科目是( )。
   A. 管理费用   B. 应交税费
   C. 营业税金及附加   D. 营业费用

6. 期末计提长期借款利息时应贷记( )科目。
   A. 短期借款   B. 长期借款   C. 财务费用   D. 应付利息

7. 下列各项中不属于负债的是( )。
   A. 应付票据   B. 应付职工薪酬
   C. 预付账款   D. 预收账款

8. 为建造工程所借入的长期借款,在工程完工前的利息应记入( )科目。
   A. 管理费用   B. 财务费用   C. 固定资产   D. 在建工程

9. 下列各项中,不通过应付账款科目核算的是( )。
   A. 应付购入货物的进项税额 B. 应付购入货物的采购价款
   C. 应付销货方代垫的运杂费 D. 应付房屋租金

10. 某企业为增值税一般纳税人,本年实际交纳税金情况如下:增值税850万元,消费税150万元,城市维护建设税70.5万元,印花税1.5万元,契税10万元,所得税120万元,上述各项税金应计入"应交税费"科目借方的总金额是( )万元。
    A. 1 190   B. 1 190.5   C. 1 191.5   D. 1 192

二、多项选择题

1. 下列( )项目应计入应付账款。
   A. 出租固定资产而收取的押金
   B. 向银行借入的期限为10个月的借款

C. 购入货物应支付的货款
D. 购入货物应支付的增值税

2. 长期负债包括下列（　　）项目。
   A. 应付账款　　　B. 应付票据　　　C. 长期借款　　　D. 应付债券

3. 月末企业在分配工资时,应将发放的工资按照用途计入下列（　　）账户中。
   A. 管理费用　　　B. 制造费用　　　C. 在建工程　　　D. 生产成本

4. "应付债券"账户反映的内容有（　　）。
   A. 债券溢价的摊销　　　　　　　B. 债券折价的摊销
   C. 期末计提应付债券利息　　　　D. 归还债券本金

5. 长期借款所发生的利息支出,可能借记的科目有（　　）。
   A. 财务费用　　　　　　　　　　B. 在建工程
   C. 营业外支出　　　　　　　　　D. 管理费用

6. 在下列项目中属于流动负债的有（　　）。
   A. 应付利息　　　B. 应付账款　　　C. 应交税费　　　D. 应收票据

7. 下列项目中,通过"应交税费"账户核算的税金有（　　）。
   A. 增值税　　　　B. 车船税　　　　C. 印花税　　　　D. 消费税

8. 负债按偿还期限的长短可以分为（　　）。
   A. 流动负债　　　B. 应收账款　　　C. 预收账款　　　D. 非流动负债

9. 应付职工薪酬一般应计入的科目有（　　）。
   A. 生产成本　　　B. 制造费用　　　C. 管理费用　　　D. 销售费用

10. 企业可以按（　　）发行债券。
    A. 面值　　　　　B. 溢价　　　　　C. 任意价格　　　D. 折价

三、业务处理题

1.【目的】练习流动负债的核算。

【资料】A 企业本月发生下列经济业务。

(1) 向银行借入短期借款 50 000 元。

(2) 购入原材料,价款 100 000 元,增值税 17 000 元,按合同规定开出期限为三个月的银行承兑汇票。

(3) 兑付本企业三个月前开出的一张为 40 000 元商业承兑汇票。

(4) 开出转账支票支付董事会宣布分配的利润 420 000 元。

(5) 向银行借入三年期借款 100 000 元。

(6) 开出转账支票支付购入原料的货款 23 400 元。

(7) 销售产品一批,开出增值税专用发票注明价款 50 000 元,增值税 8 500 元,货款尚未收到。

【要求】根据上述资料编制会计分录。

2.【目的】练习长期借款的核算。

【资料】B 企业于 2013 年 1 月 1 日借入两年期银行借款 1 000 000 元用于生产经营周转,年利率 10%,到期一次归还本息。

【要求】请作如下会计分录:

(1) 2013年1月1日借入款项。
(2) 2013年年底计提利息。
(3) 2014年年底计提利息。
(4) 2015年1月1日归还本息。

3.【目的】练习应付职工薪酬的核算。

【资料】某企业本月应付工资总额 785 000 元,工资费用分配汇总表中列示:产品生产人员工资为 450 000 元,车间管理人员工资为 70 000 元,企业行政管理人员工资为 165 000 元,在建工程人员工资为 100 000 元。

【要求】编制分配职工薪酬的会计分录:

4.【目的】练习应付债券的核算。

【资料】D 企业经批准从 2009 年 1 月 1 日起发行两年期面值为 100 万元的债券,发行价格确定为面值发行,债券年利率为 6‰,每年计息一次,该债券所筹资金全部用于新生产线的建设,该生产线于 2010 年 12 月底完工交付使用,债券到期后一次支付本金和利息。

【要求】编制下列日期的会计分录:

(1) 2009年1月1日。
(2) 2009年12月31日。
(3) 2010年12月31日。
(4) 2011年1月1日。

第五章　所有者权益

> **学习目标**
>
> 掌握所有者权益的概念、特征和内容；
> 掌握一般企业实收资本的核算；
> 掌握资本公积的概念、来源及核算；
> 掌握留存收益的概念、内容；
> 熟悉利润分配的内容；
> 熟悉盈余公积的来源及用途；
> 熟悉未分配利润的概念及内容。

所有者权益也称为股东权益，它是企业取得生产经营所需资产的主要来源之一。所有者权益主要由所有者投入的资本、直接计入所有者权益的利得和损失以及企业生产经营过程形成的留存收益所构成。所有者权益按其来源主要包括所有者投入的资本、直接计入所有者权益的利得和损失、留存收益等。与负债相比，所有者权益具有以下特征：① 除非发生减资或清算，企业不需要偿还所有者权益。所有者权益通常没有期限，但负债有期限。② 企业清算时，只有在清偿所有负债后，所有者权益才可以返还给所有者。所有者提供资金在先，享受权益在后；负债是债权人对企业资产的要求权，所有者权益是所有者对企业净资产的要求权，是剩余权益。③ 所有者凭借所有者权益能够参与利润分配。所有者与债权人提供资金的目的不同，所有者投资是以参与企业的利润分配为目的的，因此所有者权益金额不是固定不变的，企业盈利，所有者权益会增加，企业亏损，所有者权益会减少。

所有者权益按其构成主要分为实收资本、资本公积、盈余公积和未分配利润。

第一节　实　收　资　本

实收资本是指企业实际收到的投资者作为资本投入到企业的各种资产的价值，我国目前实行的是注册资本制度，企业的注册资本应当与实收资本一致。在股份有限公司，实收资本为股本。

我国有关法律规定，投资者设立企业首先必须投入资本。为了反映和监督投资者投入资本的增减变动情况，企业必须按照国家统一的会计制度的规定进行实收资本的核算，真实地反映所有者投入企业资本的状况,维护所有者各方在企业的权益。除股份有限公司以外,其他各类企业应通过"实收资本"科目核算,股份有限公司应通过"股本"科目核算。

企业收到所有者投入企业的资本后,应根据有关原始凭证(如投资清单、银行通知单等),按出资方式的不同分别进行会计处理。

一、接受现金资产投资

当收到投资者以货币资金出资时,应借记"银行存款"账户,贷记"实收资本——×投资者"账户;若投资金额超过其所占投资比例的数额,其超额部分属于资本溢价,应贷记"资本公积——资本溢价"账户。

例5.1 甲、乙、丙共同投资设立A有限责任公司,注册资本为2 000 000元,甲、乙、丙持股比例分别为60%、25%和15%。按照章程规定,甲、乙、丙投入资本分别为1 200 000元、500 000元和300 000元。A公司已如期收到各投资者一次缴足的款项。A有限责任公司在进行会计处理时,应编制会计分录如下:

```
借:银行存款                    2 000 000
    贷:实收资本——甲           1 200 000
            ——乙               500 000
            ——丙               300 000
```

实收资本的构成比例即投资者的出资比例或股东的股份比例,是确定所有者在企业所有者权益中所占的份额和参与企业财务经营决策的基础,也是企业进行利润分配或股利分配的依据,同时还是企业清算时确定所有者对净资产的要求权的依据。

二、接受非现金资产投资

我国《公司法》规定,股东可以用货币出资,也可以用实物、知识产权、土地使用权等可以用货币估价并可以依法转让的非货币财产作价出资;但是,法律、行政法规规定不得作为出资的财产除外。对作为出资的非货币财产应当评估作价,核实财产,不得高估或者低估作价。全体股东的货币出资金额不得低于有限责任公司注册资本的30%。不论以何种方式出资,投资者如在投资过程中违反投资合约,不按规定如期缴足出资额,企业可以依法追究投资者的违约责任。

企业接受非现金资产投资时,应按投资合同或协议约定价值确定非现金资产价值(但投资合同或协议约定价值不公允的除外)和在注册资本中应享有的份额。

(一)接受投入固定资产

企业接受投资者作价投入的房屋、建筑物、机器设备等固定资产,应按投资合同或协议约定价值确定固定资产价值(但投资合同或协议约定价值不公允的除外)和在注册资本中应享有的份额。

例5.2 甲有限责任公司于设立时收到乙公司作为资本投入的不需要安装的机器设备一台,合同约定该机器设备的价值为2 000 000元,增值税进项税额为340 000元(假设不

允许抵扣)。合同约定的固定资产价值与公允价值相符,不考虑其他因素,甲有限责任公司进行会计处理时,应编制会计分录如下:

借:固定资产　　　　　　　　　　　　　　　2 340 000
　　贷:实收资本——乙公司　　　　　　　　　　　　　2 340 000

(二) 接受投入材料物资

企业接受投资者作价投入的材料物资,应按投资合同或协议约定价值确定材料物资价值(但投资合同或协议约定价值不公允的除外)和在注册资本中应享有的份额。

例5.3 乙有限责任公司于设立时收到B公司作为资本投入的原材料一批,该批原材料投资合同或协议约定价值(不含可抵扣的增值税进项税额部分)为100 000元,增值税进项税额为17 000元。B公司已开具了增值税专用发票。假设合同约定的价值与公允价值相符,该进项税额允许抵扣,不考虑其他因素,乙有限责任公司在进行会计处理时,应编制会计分录如下:

借:原材料　　　　　　　　　　　　　　　　100 000
　　应交税费——应交增值税(进项税额)　　　　17 000
　　贷:实收资本——B公司　　　　　　　　　　　　　117 000

本例中,原材料的进项税额允许抵扣,因此,增值税专用发票上注明的增值税税额17 000元,应借记"应交税费——应交增值税(进项税额)"科目。

(三) 接受投入无形资产

企业收到以无形资产方式投入的资本,应按投资合同或协议约定价值确定无形资产价值(但投资合同或协议约定价值不公允的除外)和在注册资本中应享有的份额。

例5.4 丙有限责任公司于设立时收到A公司作为资本投入的非专利技术一项,该非专利技术投资合同约定价值为60 000元,同时收到B公司作为资本投入的土地使用权一项,投资合同约定价值为80 000元。假设丙公司接受该非专利技术和土地使用权符合国家注册资本管理的有关规定,可按合同约定作实收资本入账,合同约定的价值与公允价值相符,不考虑其他因素。丙有限责任公司在进行会计处理时,应编制会计分录如下:

借:无形资产——非专利技术　　　　　　　　60 000
　　　　　　——土地使用权　　　　　　　　80 000
　　贷:实收资本——A公司　　　　　　　　　　　　　60 000
　　　　　　　——B公司　　　　　　　　　　　　　80 000

三、实收资本的增减变动

一般情况下,企业的实收资本应相对固定不变,但在某些特定情况下,实收资本也可能发生增减变化。我国企业法人登记管理条例规定,除国家另有规定外,企业的注册资金应当与实收资本相一致,当实收资本比原注册资金增加或减少的幅度超过20%时,应持资金信用证明或者验资证明,向原登记主管机关申请变更登记。

实收资本(或股本)的增加主要有三个途径:接受投资者追加投资、资本公积转增资本和盈余公积转增资本。由于资本公积和盈余公积均属于所有者权益,用其转增资本时,如果是独资企业比较简单,直接结转即可。如果是股份公司或有限责任公司应该按照原投资者出资比例相应增加各投资者的出资额。

例 5.5 甲、乙、丙三人共同投资设立 A 有限责任公司,原注册资本为 400 万元,甲、乙、丙三人分别出资金 50 万元、200 万元、150 万元。经批准,A 公司注册资本扩大为 500 万元,甲、乙、丙三人按原出资比例分别追加投资额 12.5 万元、50 万元、37.5 万元。A 公司如期收到追加现金投资。

A 公司会计分录如下:

借:银行存款　　　　　　　　　1 000 000
　　贷:实收资本——甲　　　　　　　　　125 000
　　　　　　　　——乙　　　　　　　　　500 000
　　　　　　　　——丙　　　　　　　　　375 000

本例中,甲、乙、丙按原出资比例追加实收资本,因此,A 公司应分别按照125 000 元、500 000 元、375 000 元的金额贷记"实收资本"科目中甲、乙、丙明细分类账。

例 5.6 承例 5.5,因扩大经营规模需要,经批准,A 公司按原出资比例将资本公积 1 000 000 元转增资本。A 公司会计分录如下:

借:资本公积　　　　　　　　　1 000 000
　　贷:实收资本——甲　　　　　　　　　125 000
　　　　　　　　——乙　　　　　　　　　500 000
　　　　　　　　——丙　　　　　　　　　375 000

本例中,资本公积 1 000 000 元按原出资比例转增实收资本,因此,A 公司应分别按照 125 000 元、500 000 元、375 000 元的金额贷记"实收资本"科目中甲、乙、丙明细分类账。

例 5.7 承例 5.5,因扩大经营规模需要,经批准,A 公司按原出资比例将盈余公积 1 000 000 元转增资本。A 公司会计分录如下:

借:盈余公积　　　　　　　　　1 000 000
　　贷:实收资本——甲　　　　　　　　　125 000
　　　　　　　　——乙　　　　　　　　　500 000
　　　　　　　　——丙　　　　　　　　　375 000

本例中,盈余公积 1 000 000 元按原出资比例转增实收资本,因此,A 公司应分别按照 125 000 元、500 000 元、375 000 元的金额,贷记"实收资本"科目中甲、乙、丙明细分类账。

第二节　资　本　公　积

资本公积是企业收到投资者的超出其在企业注册资本(或股本)中所占份额的投资,以及直接计入所有者权益的利得和损失等。资本公积包括资本溢价(或股本溢价)与直接计入所有者权益的利得和损失等。

资本溢价(或股本溢价)是企业收到投资者的超出其在企业注册资本(或股本)中所占份

额的投资。形成资本溢价(或股本溢价)的原因有溢价发行股票、投资者超额缴入资本等。

直接计入所有者权益的利得和损失是指不应计入当期损益、会导致所有者权益发生增减变动、与所有者投入资本或者向所有者分配利润无关的利得或者损失。

资本公积的核算包括资本溢价(或股本溢价)的核算、其他资本公积的核算和资本公积转增资本的核算等内容。

一、资本溢价的核算

除股份有限公司外的其他类型的企业,在企业创立时,投资者认缴的出资额与注册资本一致,一般不会产生资本溢价。但在企业重组或有新的投资者加入时,常常会出现资本溢价。因为在企业进行正常生产经营后,其资本利润率通常要高于企业初创阶段,另外,企业有内部积累,新投资者加入企业后,对这些积累也要分享,所以新加入的投资者往往要付出大于原投资者的出资额,才能取得与原投资者相同的出资比例。投资者多缴的部分就形成了资本溢价。

例5.8 A有限责任公司由两位投资者投资200 000元设立,每人各出资100 000元。一年后,为扩大经营规模,经批准,A有限责任公司注册资本增加到300 000元,并引入第三位投资者加入。按照投资协议,新投资者需缴入现金110 000元,同时享有该公司三分之一的股份。A有限责任公司已收到该现金投资。假定不考虑其他因素,A有限责任公司的会计分录如下:

借:银行存款　　　　　　　　　　110 000
　　贷:实收资本　　　　　　　　　　　　100 000
　　　　资本公积——资本溢价　　　　　　10 000

本例中,A有限责任公司收到第三位投资者的现金投资110 000元中,100 000元属于第三位投资者在注册资本中所享有的份额,应记入"实收资本"科目,10 000元属于资本溢价,应记入"资本公积——资本溢价"科目。

二、其他资本公积的核算

其他资本公积是指除资本溢价(或股本溢价)项目以外所形成的资本公积,其中主要是直接计入所有者权益的利得和损失。以因被投资单位所有者权益的其他变动产生的利得和损失为例,介绍相关的其他资本公积的核算。企业对被投资单位的长期股权投资采用权益法核算的,在持股比例不变的情况下,对因被投资单位除净损益以外的所有者权益的其他变动,如果是利得,则应按持股比例计算其应享有被投资企业所有者权益的增加额;如果是损失,则作相反的分录。在处置长期股权投资时,应转销与该笔投资相关的其他资本公积。

例5.9 C有限责任公司于2002年1月1日向F公司投资8 000 000元,拥有F公司20%的股份,并对公司有重大影响,因而对F公司长期股权投资采用权益法核算。2002年12月31日,F公司净损益以外的所有者权益增加了10 000 000元。假定除此以外,F公司的所有者权益没有变动,C有限责任公司的持股比例没有变动,F公司资产的账面价值与公允价值一致,不考虑其他因素。C有限责任公司的会计处理如下:

借：长期股权投资——F公司　　　　　200 000
　　贷：资本公积——其他资本公积　　　　　　200 000

　　　　C有限责任公司增加的资本公积＝1 000 000×20％＝200 000（元）

本例中，C有限责任公司对F公司的长期股权投资采用权益法核算，持股比例未发生变化，F公司发生了除净损益之外的所有者权益的其他变动，C有限责任公司应按其持股比例计算应享有的F公司权益的数额200 000元，作为增加其他资本公积处理。

三、资本公积转增资本的核算

经股东大会或类似机构决议，用资本公积转增资本时，应冲减资本公积，同时按照转增前的实收资本（或股本）的结构或比例，将转增的金额记入"实收资本"（或"股本"）科目下各所有者的明细分类账。

有关会计处理，参见本章例5.6。

第三节　留存收益

留存收益包括盈余公积和未分配利润两个部分。

一、利润分配

利润分配是指企业根据国家有关规定和企业章程、投资者协议等，对企业当年可供分配的利润所进行的分配。

可供分配的利润＝当年实现的净利润＋年初未分配利润
（或一年初未弥补亏损）＋其他转入

利润分配的顺序依次是：
（1）提取法定盈余公积；
（2）提取任意盈余公积；
（3）向投资者分配利润。

未分配利润是经过弥补亏损、提取法定盈余公积、提取任意盈余公积和向投资者分配利润之后剩余的利润，它是企业留待以后年度进行分配的历年结存的利润。相对于所有者权益的其他部分来说，企业对于未分配利润的使用有较大的自主权。

企业应通过"利润分配"科目，核算企业利润的分配（或亏损的弥补）和历年分配（或弥补）后的未分配利润（或未弥补亏损）。该科目应分"提取法定盈余公积""提取任意盈余公积""应付现金股利或利润""盈余公积补亏""未分配利润"等进行明细核算。企业未分配利润通过"利润分配——未分配利润"明细科目进行核算。年度终了，企业应将全年实现的净利润或发生的净亏损，自"本年利润"科目转入"利润分配——未分配利润"科目，并将"利润分配"科目所属其他明细科目的余额，转入"未分配利润"明细科目。结转后，"利润分配——未分配利润"科目如为贷方余额,表示累积未分配的利润数额;如为借方余额,则表示累积未弥补的亏损数额。

例 5.10　D 股份有限公司 2010 年初未分配利润为 0,2010 年实现净利润 2 000 000 元,2010 年提取法定盈余公积 200 000 元,宣告发放现金股利 800 000 元。假定不考虑其他因素,D 股份有限公司会计处理如下:

(1) 结转本年利润:

借:本年利润　　　　　　　　　　　　　　2 000 000
　　贷:利润分配——未分配利润　　　　　　　　　　2 000 000

如企业当年发生亏损,则应借记"利润分配——未分配利润"科目,贷记"本年利润"科目。

(2) 提取法定盈余公积、宣告发放现金股利:

借:利润分配——提取法定盈余公积　　　　200 000
　　　　　　——应付现金股利　　　　　　800 000
　　贷:盈余公积　　　　　　　　　　　　　　　　200 000
　　　　应付股利　　　　　　　　　　　　　　　　800 000
借:利润分配——未分配利润　　　　　　　1 000 000
　　贷:利润分配——提取法定盈余公积　　　　　　200 000
　　　　利润分配——应付现金股利　　　　　　　　800 000

结转后,如果"未分配利润"明细科目的余额在贷方,表示累计未分配的利润;如果余额在借方,则表示累积未弥补的亏损。本例中,"利润分配——未分配利润"明细科目的余额在贷方,余额 1 000 000 元(=本年利润 2 000 000 元－提取法定盈余公积 200 000 元－支付现金股利 800 000 元),即为 D 股份有限公司本年年末的累计未分配利润。

二、盈余公积

盈余公积是指企业按规定从净利润中提取的企业积累资金。公司制企业的盈余公积包括法定盈余公积和任意盈余公积。

按照《公司法》有关规定,公司制企业应当按照净利润(减弥补以前年度亏损,下同)的 10% 提取法定盈余公积。非公司制企业法定盈余公积的提取比例可超过净利润的 10%。法定盈余公积累计额已达注册资本的 50% 时可以不再提取。

公司制企业可根据股东大会的决议提取任意盈余公积。非公司制企业经类似权力机构批准,也可提取任意盈余公积。法定盈余公积和任意盈余公积的区别在于其各自计提的依据不同,前者以国家的法律法规为依据;后者由企业的权力机构自行决定。

企业提取的盈余公积经批准可用于弥补亏损、转增资本、发放现金股利或利润等。

(一) 提取盈余公积

企业按规定提取盈余公积时,应通过"利润分配"和"盈余公积"等科目处理。

例 5.11　E 股份有限公司本年实现净利润为 5 000 000 元,年初未分配利润为 0。经股东大会批准,E 股份有限公司按当年净利润的 10% 提取法定盈余公积。假定不考虑其他因素,E 股份有限公司的会计分录如下:

借:利润分配——提取法定盈余公积   500 000
　　贷:盈余公积——法定盈余公积   　　　　500 000
　　　　本年提取盈余公积金额＝5 000 000×10％＝500 000（元）

（二）盈余公积补亏

例 5.12　经股东大会批准,F 股份有限公司用以前年度提取的盈余公积弥补当年亏损,当年弥补亏损的数额为 600 000 元。假定不考虑其他因素,E 股份有限公司的会计分录如下:

借:盈余公积   600 000
　　贷:利润分配——盈余公积补亏   　　　　600 000

（三）盈余公积转增资本

例 5.13　因扩大经营规模需要,经股东大会批准,G 股份有限公司将盈余公积 400 000 元转增股本。假定不考虑其他因素,G 股份有限公司的会计分录如下:

借:盈余公积   400 000
　　贷:股本   　　　　400 000

（四）用盈余公积发放现金股利或利润

例 5.14　H 股份有限公司 2009 年 12 月 31 日普通股股本为 50 000 000 股,每股面值 1 元,可供投资者分配的利润为 5 000 000 元,盈余公积 20 000 000 元。2004 年 3 月 20 日,股东大会批准了 2009 年度利润分配方案,以 2009 年 12 月 31 日为登记日,按每股 0.2 元发放现金股利。H 股份有限公司共需要分派 10 000 000 元现金股利,其中动用可供投资者分配的利润 5 000 000 元、盈余公积 5 000 000 元。假定不考虑其他因素,H 股份有限公司会计处理如下:

（1）宣告分派股利时:

借:利润分配——应付现金股利   5 000 000
　　盈余公积   5 000 000
　　贷:应付股利   　　　　10 000 000

（2）支付股利时:

借:应付股利   10 000 000
　　贷:银行存款   　　　　10 000 000

本例中,H 股份有限公司经股东大会批准,以未分配利润和盈余公积发放现金股利,属于以未分配利润分发现金股利的部分 5 000 000 元应记入"利润分配——应付现金股利"科目,属于以盈余公积分发现金股利的部分 5 000 000 元应记入"盈余公积"科目。

本 章 小 结

所有者权益也称股东权益,是所有者对企业资产的剩余索取权。所有者权益可分为实收资本（或股本）、资本公积、盈余公积和未分配利润等部分。

企业的注册资本应当与实收资本一致,企业需要设置"实收资本"账户对实收资本增减进行核算,真实地反映所有者投入企业资本的状况。企业收到所有者投入企业的资本后,根据出资方式不同进行会计处理。

资本公积包括资本溢价和直接计入所有者权益的利得和损失等。企业应设置"资本公积"账户核算资本公积的增减情况。资本公积的核算主要包括资本溢价的核算、其他资本公积的核算和资本公积转增资本的核算等。

留存收益包括盈余公积和未分配利润两个部分。盈余公积来自于按照税后盈余10%的比例提取的法定盈余公积和任意盈余公积,盈余公积可用于弥补亏损、转增注册资本、发放现金股利或利润。企业应设置"盈余公积"账户核算盈余公积的提取和使用情况。未分配利润是指企业尚未向投资者分配的净利润,包括企业以前年度积存的留待以后年度分配的净利润和当年待分配的净利润。未分配利润属于企业所有者权益,其数额反映在"利润分配"账户下的"未分配利润"明细账户的贷方余额。

复习思考题

1. 什么是所有者权益?它有哪些基本特征?
2. 所有者权益包括哪些内容?
3. 企业投资者的出资方式有哪些?如何核算?
4. 资本公积有哪些主要来源?可用于哪些方面?如何核算?
5. 盈余公积包括哪些内容?可用于哪些方面?如何核算?
6. 什么叫未分配利润?对未分配利润进行会计处理时,应注意哪些问题?

实训题

一、单项选择题

1. 我国《公司法》规定,股东可以用货币出资,也可以用实物、知识产权、土地使用权等可以用货币估价并可以依法转让的非货币财产作价出资;但是,全体股东的货币出资金额不得低于有限责任公司注册资本的(   )。
    A. 20%　　　　　　B. 25%　　　　　　C. 30%　　　　　　D. 50%

2. 下列项目中,不能作为投资人出资的有(   )。
    A. 货币资金　　　　　　　　　　　B. 无形资产
    C. 租入固定资产　　　　　　　　　D. 库存商品

3. 某有限责任公司在增资扩股时,由新的投资者投入资本的数额大于其按约定比例计算的在注册资本中所占份额的部分,应计入(   )科目。
    A. "实收资本"　　　　　　　　　　B. "未分配利润"
    C. "资本公积"　　　　　　　　　　D. "盈余公积"

4. 企业的法定公益金可用于(   )。
    A. 购建集体福利设施　　　　　　　B. 发放职工奖金
    C. 发放职工住房补贴　　　　　　　D. 弥补不足的应付福利费

5. 某企业去年发生亏损235 000元,按规定可以用本年实现的利润弥补。该企业以本年实现的利润弥补去年的所有亏损时,应当作如下会计处理:( )。

    A. 借:利润分配——盈余公积补亏   235 000
         贷:利润分配——未分配利润   235 000

    B. 借:盈余公积   235 000
         贷:利润分配——未分配利润   235 000

    C. 借:其他应收款   235 000
         贷:利润分配——未分配利润   235 000

    D. 不需单独作会计分录

6. 下列各项目,能够引起所有者权益总额变化的是( )。

    A. 以资本公积转增资本   B. 增发新股
    C. 向股东支付已宣告分派   D. 以盈余公积弥补亏损

7. 在下列各项中,企业未分配利润可( )。

    A. 留待以后年度向投资者进行分配
    B. 用于计提企业的法定公益金
    C. 用于计提企业的法定盈余公积
    D. 用于计提企业的任意盈余公积

8. 某企业2010年年初未分配利润的贷方余额为200万元,本年度实现的净利润为100万元,按10%提取法定盈余公积。假定不考虑其他因素,该企业2010年年末未分配利润的贷方余额应为( )万元。

    A. 210   B. 255   C. 270   D. 290

9. 某企业年初所有者权益总额160万元,当年以其中的资本公积转增资本50万元。当年实现净利润300万元,提取盈余公积30万元,向投资者分配利润20万元。该企业年末所有者权益总额为( )万元。

    A. 360   B. 410   C. 440   D. 460

10. 下列各项中,不属于所有者权益的来源的是( )。

    A. 投资者的初始投资   B. 投资者追加的投资
    C. 企业的留存收益   D. 银行借款

二、业务处理题

1.【资料】A公司发生如下经济业务:

(1) 2009年1月1日,A有限责任公司由甲、乙、丙共同投资设立,注册资本为2 000 000元,甲、乙、丙持股比例分别为40%、40%和20%。按照章程规定,甲、乙、丙投入资本分别为800 000元、800 000元和400 000元。A公司已如期收到各投资者一次缴足的款项。

(2) 2010年1月1日,为扩大经营规模,经批准,A有限责任公司注册资本增加到3 000 000元,并引入第三位投资者加入。按照投资协议,新投资者需缴入现金1 500 000元,同时享有该公司40%的股份。A有限责任公司已收到该现金投资。假定不考虑其他因素。

【要求】编制A公司有关的会计分录。

2.【资料】某公司由A、B、C三方投资组建,注册资本为36 000 000元。其中A占50%,B和C各占25%。所得税税率为25%,假设不考虑其他相关税费。2010年度发生以下经济业务：

（1）公司按规定办理增资手续后，将资本公积 400 000 元转增资本。

（2）公司用盈余公积 100 000 元弥补以前年度亏损。

（3）提取盈余公积 45 000 元。

（4）宣告发放现金股利 500 000 元，其中动用可供投资者分配的利润 300 000 元和盈余公积 200 000 元。假定不考虑其他因素。

【要求】编制相关业务的会计分录。

第六章 收入、费用、利润

> **学习目标**
>
> 理解收入的概念及确认方法；
> 掌握主营业务收入和其他业务收入的账务处理；
> 理解费用的含义；
> 掌握管理费用、销售费用、财务费用包括的主要内容；
> 掌握管理费用、销售费用、财务费用发生及结转的账务处理；
> 理解利润的形成与分配的一般程序；
> 掌握利润的形成与利润分配的账务处理。

第一节 收 入

一、收入概述

（一）收入的含义和特点

收入是企业在日常活动中形成的、会导致所有者权益增加的、与所有者投入资本无关的经济利益的总流入。一般而言，收入只有在经济利益很可能流入从而导致企业资产增加或负债减少且经济利益的流入额能够可靠地计量时才能予以确认。

收入通常具有以下特点：

1. 收入是从企业的日常活动中产生的，而不是从偶发的交易中产生的

日常活动是指企业为完成其经营目标所从事的经常性活动以及与之相关的活动。工业企业销售产品、商业企业销售商品、咨询公司提供咨询服务、软件开发企业为客户开发软件、安装公司提供安装服务、商业银行对外贷款、租赁公司出租资产等活动，均属于企业为完成其经营目标所从事的经常性活动，由此形成的经济利益的总流入构成收入。

2. 收入可能表现为企业资产的增加，也可能表现为企业负债的减少

收入形成的经济利益总流入的形式多种多样，既可能表现为资产的增加，如增加银行存款、应收账款；也可能表现为负债的减少，如减少预收账款；还可能表现为两者的组合，如销售实现时，部分冲减预收账款，部分增加银行存款。

3. 收入可能导致企业所有者权益的增加

收入扣除与之相配比的费用后的净额,既可能增加所有者权益,也可能减少所有者权益。

4. 收入只包括本企业经济利益的流入,不包括为第三方或客户代收的款项

企业为第三方或客户代收的款项,如企业代国家收取的增值税等,一方面增加企业的资产,另一方面增加企业的负债,并不增加企业的所有者权益,因此不构成本企业的收入。

5. 收入与所有者投入资本无关

所有者投入资本主要是为谋求享有企业资产的剩余权益,应确认为企业所有者权益的组成部分,由此形成的经济利益的总流入不构成收入。

(二)收入的分类

1. 按企业从事日常活动的性质不同分类

收入可以分为销售商品收入、提供劳务收入和让渡资产使用权收入。

销售商品收入主要指取得货币资金方式的商品销售;

提供劳务收入主要有提供旅游、运输、饮食、广告等所获取的收入;

让渡资产使用权收入是指企业将资产让渡给他人使用所取得的收入。

2. 按企业经济业务的主次分类

收入可以分为主营业务收入和其他业务收入。

主营业务收入是指企业为完成经营目标而从事的经常性活动所实现的收入。其他业务收入是指企业为完成经营目标所从事的与经常性活动相关的活动实现的收入。

二、收入的确认与计量

(一)销售商品收入的确认

销售商品收入是指企业通过销售商品或产品而实现的收入。企业销售商品时,需要同时满足以下五个条件,才能确认收入:

1. 企业已将商品所有权上的主要风险和报酬转移给购货方

企业已将商品所有权上的主要风险和报酬转移给购货方,是指与商品所有权有关的主要风险和报酬同时转移。与商品所有权有关的风险,是指商品可能发生减值或毁损等形成的损失;与商品所有权有关的报酬,是指商品价值增值或通过使用商品等形成的经济利益。企业已将商品所有权上的主要风险和报酬转移给购货方,构成确认销售商品收入的重要条件。

判断企业是否已将商品所有权上的主要风险和报酬转移给购货方,应当关注交易的实质,并结合所有权凭证的转移进行判断。如果与商品所有权有关的任何损失均不需要销货方承担,与商品所有权有关的任何经济利益也不归销货方所有,则意味着该商品所有权上的主要风险和报酬转移给了购货方。

2. 企业既没有保留通常与所有权相联系的继续管理权,也没有对已售出的商品实施有效控制

通常情况下,企业售出商品后不再保留与商品所有权相联系的继续管理权,也不再对售

出商品实施有效控制。如果企业在商品销售后保留了与商品所有权相联系的继续管理权或能够继续对售出的商品实施有效控制,说明商品所有权上的风险和报酬没有转移,销售交易不能成立,不能确认此项销售收入。

3. 收入的金额能够可靠计量

收入的金额能够可靠计量指收入的金额能够合理地估计。收入的金额能否合理地估计是确认收入的基本前提,如果收入的金额不能够合理地估计就无法确认收入。企业在销售商品时,售价通常已经确定。但销售过程中由于某种不确定因素,也有可能出现售价变动的情况,在新的售价未确定前不应确认销售商品收入。

4. 相关经济利益很可能流入企业

经济利益是指直接或间接流入企业的现金或现金等价物。在销售商品的交易中,与交易相关的经济利益即为销售商品的价款。相关经济利益很可能流入企业是指销售商品价款收回的可能性大于不能收回的可能性,即销售商品价款收回的可能性超过50%。销售商品的价款能否有把握收回,是收入确认的一个重要条件。企业在销售商品时,如估计价款收回的可能性不大,即使收入确认的其他条件均已满足,也不应当确认收入。

5. 相关的、已发生的或将发生的成本能够可靠计量

相关的、已发生的或将发生的成本能够可靠计量是指与销售商品有关的已发生或将发生的成本能够合理地估计。通常情况下,如果库存商品是本企业生产的,其生产成本能够可靠计量;如果是外购的,购买成本能够可靠计量。

有些特殊情况,如订货销售,即企业已收到买方全部或部分货款,但库存无现货,需要通过制造或通过第三方交货。在这种销售方式下,企业尽管已收到全部或部分货款,但商品尚在制造过程中或仍在第三方,相关的、已发生的或将发生的成本不能可靠地计量,此时企业不应确认收入,收到的货款应作为负债处理。

(二)销售商品收入的计量

企业销售商品满足收入确认条件时,应当按照从购货方已收或应收合同或协议价款的公允价值确定销售商品收入金额。一般情况下,从购货方已收或应收合同或协议价款,通常为公允价值,应当以此确定销售商品收入金额。

销售商品涉及现金折扣的,应当按照扣除现金折扣前的金额来确认销售商品收入金额。现金折扣在实际发生时计入当期损益。

销售商品涉及商业折扣的,应当按照扣除商业折扣后的金额来确认销售商品收入金额。

企业已经确认销售商品收入的售出商品发生销售折让的,应当在发生时冲减当期销售商品收入。销售折让属于资产负债表日后事项的,适用《企业会计准则第29号——资产负债表日后事项》。

企业已经确认销售商品收入的售出商品发生销售退回的,应当在发生时,冲减当期的销售商品收入。销售退回属于资产负债表日后事项的,适用《企业会计准则第29号——资产负债表日后事项》。

三、销售商品收入的核算

(一) 一般销售商品业务收入的核算

商品销售包括销售商品、半成品、自制半成品等,其为企业的主营业务收入。因此企业要设置"主营业务收入"账户并按主营业务的种类设置明细账。该账户贷方登记销售商品等实现的收入,借方登记期末转入"本年利润"科目的主营业务收入,结转后该科目应无余额。在销售时代收的增值税额,应贷记"应交税费——应交增值税(销项税额)"科目。如果销售过程中涉及了现金折扣或商业折扣,账务处理过程参见资产部分的应收账款核算。

例 6.1 伟达股份有限公司本月销售 A 产品一批,增值税专用发票上注明价款 300 000 元,增值税额为 51 000 元,该批产品实际成本 180 000 元,产品已经发出,货款未收到。

(1) 确认收入:

借:应收账款　　　　　　　　　　　　　　351 000
　　贷:主营业务收入　　　　　　　　　　　　　　300 000
　　　　应交税费——应交增值税(销项税额)　　　51 000

(2) 结转成本:

借:主营业务成本　　　　　　　　　　　　180 000
　　贷:库存商品　　　　　　　　　　　　　　　　180 000

例 6.2 伟达股份有限公司本月销售 B 产品一批,增值税专用发票上注明价款 700 000,增值税额为 119 000 元,销售产品的实际成本 420 000 元,货款已收到存入银行。

(1) 确认收入:

借:银行存款　　　　　　　　　　　　　　819 000
　　贷:主营业务收入　　　　　　　　　　　　　　700 000
　　　　应交税费——应交增值税(销项税额)　　　119 000

(2) 结转成本:

借:主营业务成本　　　　　　　　　　　　420 000
　　贷:库存商品　　　　　　　　　　　　　　　　420 000

例 6.3 伟达股份有限公司本月采用商业承兑汇票结算方式销售 C 产品一批,收到购货方承兑的商业汇票一张,价款 250 000 元,增值税额 42 500 元。产品实际成本 150 000 元。

(1) 确认收入:

借:应收票据　　　　　　　　　　　　　　292 500
　　贷:主营业务收入　　　　　　　　　　　　　　250 000
　　　　应交税费——应交增值税(销项税额)　　　42 500

(2) 结转成本:

借:主营业务成本　　　　　　　　　　　　150 000
　　贷:库存商品　　　　　　　　　　　　　　　　150 000

例 6.4 伟达股份有限公司月末将本月发生的主营业务收入共计 125 万元转入"本年利润"科目。

借：主营业务收入　　　　　　　　　　1 250 000
　　贷：本年利润　　　　　　　　　　　　　　　1 250 000

（二）其他业务收入的核算

其他业务收入是指企业除主营业务以外的其他销售或其他业务的收入。相对而言，其他业务的收入在企业全部收入中所占的比重较小，具有服务对象不固定、业务量不稳定等特点。"其他业务收入"科目核算企业除主营业务活动以外的其他经营活动实现的收入，如销售材料、出租包装物和商品、出租固定资产、出租无形资产等实现的收入。该科目贷方登记企业实现的各项其他业务收入，借方登记期末转入"本年利润"科目的其他业务收入，结转后该科目应无余额。其他业务收入应按其他业务的种类设置明细账。

例 6.5 北方有限责任公司销售材料一批，增值税专用发票上注明价款10 000元，增值税额为1 700元，款项已由银行收妥。该批材料的实际成本为6 000元。

（1）取得原材料销售收入时

借：银行存款　　　　　　　　　　　　11 700
　　贷：其他业务收入　　　　　　　　　　　　　10 000
　　　　应交税费——应交增值税（销项税额）　　1 700

（2）结转已销材料的实际成本

借：其他业务成本　　　　　　　　　　6 000
　　贷：原材料　　　　　　　　　　　　　　　　6 000

（3）期末转入"本年利润"账户

借：其他业务收入　　　　　　　　　　10 000
　　贷：本年利润　　　　　　　　　　　　　　　10 000

第二节　费　　用

一、费用概述

（一）费用的含义

费用是指企业在日常活动中发生的、会导致所有者权益减少的、与向所有者分配利润无关的经济利益的总流出。

费用通常具有以下特征：

1. 费用是企业在日常活动中发生的经济利益的总流出

工业企业制造并销售产品、商业企业购买并销售商品、咨询公司提供咨询服务、软件开发企业为客户开发软件、安装公司提供安装服务、租赁公司出租资产等日常活动中发生的经济利益的总流出构成费用。

2. 费用会导致企业所有者权益的减少

费用既可能表现为资产的减少,如减少银行存款、库存商品等;也可能表现为债的增加,如增加应付职工薪酬、应交税费(应交营业税、消费税等)等。根据"资产－负债＝所有者权益"的会计等式,费用一定会导致企业所有者权益的减少。

3. 费用与向所有者分配利润无关

向所有者分配利润或股利属于企业利润分配的内容,不构成企业的费用。

(二)费用的分类

费用有广义和狭义之分。广义费用是指企业各种日常活动发生的所有耗费,狭义费用是指仅与本期营业收入相配比的那部分耗费。

费用也可以按功能进行分类。按照费用在企业所发挥的功能进行分类,费用可分为营业成本和期间费用。

1. 营业成本

营业成本是指企业经营主要业务和其他业务所发生的成本总额。营业成本应当与企业经营主要业务和其他业务取得的收入进行配比。

(1)主营业务成本

主营业务成本是企业销售商品、提供劳务等经常性活动所发生的成本。企业一般在确认销售商品、提供劳务等主营业务收入时,应将已销商品、已提供的劳务成本结转到主营业务成本。

(2)其他业务成本

其他业务成本是指企业除主营业务活动以外的其他经营活动所发生的支出,包括销售材料的成本、出租固定资产的折旧额、出租无形资产的摊销额、出租包装物的成本或摊销额。

2. 期间费用

期间费用是指企业日常活动发生的不能计入特定核算对象的成本,而应计入发生当期损益的费用。期间费用包括管理费用、销售费用和财务费用。

(1)管理费用

管理费用是指企业行政管理部门为组织和管理生产经营活动而发生的各种费用。包括:企业在筹建期间发生的开办费、企业董事会和行政管理部门在企业的经营管理中发生的或应由企业统一负担的公司经费(行政管理部门职工工资、差旅费、办公费、修理费、物料消耗、低值易耗品摊销等)、工会经费、待业保险费、劳动保险费、业务招待费、董事会会费(包括董事会成员津贴、差旅费、会议费等)、房产税、车船税、土地使用税、印花税、技术转让费、无形资产摊销、咨询费(包括顾问费)、诉讼费、聘请中介机构费、矿产资源补偿费、研究费、排污费等费用。

(2)销售费用

销售费用是指企业在销售商品和材料、提供劳务过程中发生的各项费用以及专设销售机构的各项经费。包括:运输费、装卸费、包装费、保险费、展览费、广告费、商品维修费、预计产品质量保证损失以及为销售本公司商品而专设的销售机构(含销售网点、售后服务网点等)的职工薪酬、业务费、折旧费等经营费用。

(3) 财务费用

财务费用是指企业筹集生产经营所需资金而发生的费用。包括：利息支出（减利息收入）、汇兑损益、金融机构手续费以及企业发生的现金折扣等。

二、费用的确认

费用的实质是资产的耗费，但不是所有的资产耗费都是费用。确认费用应遵循划分收益性支出与资本性支出原则、权责发生制及配比原则。

在确认费用时，首先应当划分生产费用和非生产费用的界限。生产费用是指与企业日常生产经营活动有关的费用，如生产产品所发生的原材料费用、人工费用等；非生产费用指不应由生产费用负担的费用，如用于购建固定资产所发生的费用。其次，应当分清生产费用与产品成本的界限。生产费用与一定的时期相联系，而与生产的产品无关；产品成本与一定品种和数量的产品相联系，而不论发生在哪一期。再次，应当分清生产费用与期间费用的界限。生产费用应当计入产品成本，期间费用进一步划分为管理费用、销售费用、财务费用，直接计入当期损益。最后，应当分清费用和损失的界限。从广义上讲，费用包括损失。损失和费用都会引起经济利益的减少。但从狭义上讲，费用和损失是有区别的。费用是相对于收入而言的，两者存在着配比关系，损失是相对于利得而言的，但两者不存在配比关系。

在实务中，确认费用的方法主要有以下几种：

(1) 按其与主营业务收入的直接关系确认费用。即凡是与本期的收入有直接关系的耗费，都应确认为本期的费用，例如销售成本的确认。

(2) 按一定的分配方式确认费用。主要对长期资产而言，其能够在若干会计期间为企业带来经济利益，因此企业就应用一定的分配方法将该资产的成本分摊计入到各个会计期，如固定资产的折旧费，无形资产的摊销费等。

(3) 在支出发生时直接确认为费用。有些支出发生时直接确认为当期费用，如管理人员工资等，其特点是与企业收入无直接关系，但与会计期直接相关，支出的效益仅涉及当期，故此在支出发生的当期确认为费用。有些支出能为企业带来长期效益，但受益期及受益大小无法估计，如广告费，故也在支出发生的当期计入费用。此外有些支出，如领用低值易耗品等，发生当期直接计入费用，是为了贯彻重要性原则，简化会计核算。

三、费用的核算

(一) 营业成本的核算

营业成本是指企业为生产产品、提供劳务等发生的可归属于产品成本、劳务成本等的费用。营业成本包括主营业务成本和其他业务成本。

1. 主营业务成本

主营业务成本是企业销售商品、提供劳务等经常性活动所发生的成本。主营业务成本按主营业务的种类进行明细核算，该科目借方登记本月销售各种商品、提供各种劳务等的实际成本,贷方登记期末转入"本年利润"科目的主营业务成本,结转后该科目无余额。

例 6.6 甲公司本月向乙公司销售一批产品,开出的增值税专用发票上注明的销售价格为 100 000 元,增值税额为 17 000 元。货款已收到,该批产品成本为 68 000 元。

① 销售实现时

借:银行存款　　　　　　　　　　　　　117 000
　　贷:主营业务收入　　　　　　　　　　　　100 000
　　　　应交税费——应交增值税(销项税额)　17 000

② 结转产品成本

借:主营业务成本　　　　　　　　　　　68 000
　　贷:库存商品　　　　　　　　　　　　　68 000

③ 期末转入"本年利润"科目

借:本年利润　　　　　　　　　　　　　68 000
　　贷:主营业务成本　　　　　　　　　　　68 000

2. 其他业务成本的核算

"其他业务成本"科目核算企业除主营业务活动以外的其他经营活动所发生的支出,包括销售材料的成本、出租固定资产的折旧额、出租无形资产的摊销额、出租包装物的成本或摊销额。该科目借方登记企业结转或发生的其他业务成本,贷方登记期末转入"本年利润"科目的其他业务成本,结转后该科目应无余额。其他业务支出应按其他业务的种类设置明细账。

例 6.7 A 公司销售原材料一批,增值税专用发票上注明价款 30 000 元,增值税额为 5 100 元,款项尚未收到,该批材料的实际成本为 26 000 元。

① 销售原材料时

借:应收账款　　　　　　　　　　　　　35 100
　　贷:其他业务收入　　　　　　　　　　　30 000
　　　　应交税费——应交增值税(销项税额)　5 100

② 结转已销材料的实际成本

借:其他业务成本　　　　　　　　　　　26 000
　　贷:原材料　　　　　　　　　　　　　26 000

③ 期末转入"本年利润"账户

借:本年利润　　　　　　　　　　　　　26 000
　　贷:其他业务成本　　　　　　　　　　　26 000

(二)营业税金及附加的核算

营业税金及附加是指企业经营活动应负担的相关税费,包括消费税、城市维护建设税、教育费附加和资源税等。企业应设置"营业税金及附加"科目,该科目借方登记按规定计算确定的与经营活动有关的相关税费,贷方登记期末转入"本年利润"科目的营业税金及附加,结转后该科目应无余额。

例 6.8 B 企业本月实际计算应交纳的城建税为 42 000 元,教育费附加为 18 000 元,已通过银行存款支付。

① 计算应交纳的城建税和应交纳的教育费附加

借：营业税金及附加　　　　　　　　60 000
　　贷：应交税费——应交城建税　　　　42 000
　　　　　　　　——应交教育费附加　　18 000
② 实际缴纳城建税和教育费附加
借：应交税费——应交城建税　　　　42 000
　　　　　　——应交教育费附加　　　18 000
　　贷：银行存款　　　　　　　　　　　60 000
③ 期末结转至"本年利润"科目
借：本年利润　　　　　　　　　　　60 000
　　贷：营业税金及附加　　　　　　　　60 000

（三）期间费用的核算

对于期间费用，应分设"管理费用""销售费用""财务费用"科目核算，并按费用项目设置明细账。发生期间费用时，应分别借记"管理费用""销售费用""财务费用"科目，贷记"银行存款"等相关科目。期末要把"管理费用""销售费用""财务费用"科目的余额结转到"本年利润"账户。结转后"管理费用""销售费用""财务费用"科目无余额。

例 6.9　伟达股份有限公司本月发生业务招待费 10 000 元，用银行存款支付。
借：管理费用——业务招待费　　　　10 000
　　贷：银行存款　　　　　　　　　　　10 000

例 6.10　伟达股份有限公司本月支付专家咨询费 30 000 元，用银行存款支付。
借：管理费用——咨询费　　　　　　30 000
　　贷：银行存款　　　　　　　　　　　30 000

例 6.11　伟达股份有限公司本月用银行存款支付商品展览费 10 000 元。
借：销售费用——展览费　　　　　　10 000
　　贷：银行存款　　　　　　　　　　　10 000

例 6.12　伟达股份有限公司本月用银行存款支付产品保险费 10 000 元。
借：销售费用——保险费　　　　　　10 000
　　贷：银行存款　　　　　　　　　　　10 000

例 6.13　伟达股份有限公司本月预期短期借款利息 3 000 元，用现金支付银行手续费 300 元。
借：财务费用——利息支出　　　　　3 000
　　贷：应付利息　　　　　　　　　　　3 000
借：财务费用——手续费　　　　　　300
　　贷：库存现金　　　　　　　　　　　300

例 6.14　月末伟达股份有限公司将管理费用、销售费用和财务费用分别结转到"本年利润"科目中。
　　　　本月管理费用合计＝10 000＋30 000＝40 000（元）
　　　　本月销售费用合计＝10 000＋10 000＝20 000（元）
　　　　本月财务费用合计＝3 000＋300＝3 300（元）

```
借：本年利润                          40 000
    贷：管理费用                              40 000
借：本年利润                          20 000
    贷：销售费用                              20 000
借：本年利润                           3 300
    贷：财务费用                               3 300
```

第三节　利润及利润分配

一、利润概述

利润是指企业在一定会计期间的经营成果。利润包括收入减去费用后的净额、直接计入当期利润的利得和损失等。利得是指由企业非日常活动所形成的、会导致所有者权益发生增加的、与所有者投入资本无关的经济利益的流入。损失指由企业非日常活动所发生的、会导致所有者权益发生减少的、与向所有者分配利润无关的经济利益的流出。

企业利润包括营业利润、利润总额和净利润三个部分。

计算公式如下：

营业利润＝营业收入－营业成本－营业税金及附加－销售费用－管理费用
　　　　　－财务费用－资产减值损失＋公允价值变动收益
　　　　（－公允价值变动损失）＋投资收益（－投资损失）

营业收入是企业经营业务所确定的收入总额，包括主营业务收入和其他业务收入；营业成本是企业经营活动所发生的实际成本总额，包括主营业务成本和其他业务成本；营业税金及附加包括企业的主营业务和其他业务所承担的营业税、消费税、城市维护建设税、资源税、土地增值税和教育费附加等；资产减值损失是企业计提的各项资产减值准备所形成的损失；公允价值变动收益（或损失）是指交易性金额资产等公允价值变动形成的应计入当期损益的利得或损失；投资收益（或损失）是企业对外投资取得的收益或损失。

利润总额＝营业利润＋营业外收入－营业外支出

营业外收入和营业外支出是指企业发生的与日常活动无直接关系的各项利得或损失。

净利润＝利润总额－所得税费用

所得税费用是企业确认的应从当期利润总额中扣除的所得税费用。

二、营业外收支的核算

（一）营业外收入的内容

营业外收入是指企业确认的与其日常活动无直接关系的各项利得。营业外收入主要包括非流动资产处置利得、政府补助、盘盈利得、捐赠利得、非货币性资产交换利得、债务重组利得等。

非流动资产处置利得包括固定资产处置利得和无形资产出售利得。固定资产处置利得,指企业出售固定资产所取得价款,或报废固定资产的材料价值和变价收入等,扣除处置固定资产的账面价值、清理费用与相关处置税费后的净收益。无形资产出售利得,指企业出售无形资产所取得的价款,扣除被出售无形资产的账面价值、出售相关税费后的净收益。

盘盈利得,主要指对于现金等资产清查盘点时发生的盘盈,报经批准后计入营业外收入的金额。

捐赠利得,指企业接受捐赠产生的利得。

企业应设置"营业外收入"科目核算营业外收入的取得及结转情况。该科目贷方登记取得的各项营业外收入,借方登记期末转入"本年利润"科目的营业外收入,结转后该科目应无余额。

(二)营业外支出的内容

营业外支出是指企业发生的与其日常活动无直接关系的各项损失。营业外支出主要包括非流动资产处置损失、公益性捐赠支出、盘亏损失、罚款支出、非货币性资产交换损失、债务重组损失等。

非流动资产处置损失包括固定资产处置损失和无形资产出售损失。固定资产处置损失,指企业出售固定资产所取得价款,或报废固定资产的材料价值和变价收入等,不足以抵补处置固定资产的账面价值、清理费用、处置相关税费所发生的净损失。无形资产出售损失,指企业出售无形资产所取得价款,不足以抵补出售无形资产的账面价值、出售相关税费后所发生的净损失。

盘亏损失,主要指对于财产清查盘点中盘亏的资产,查明原因并报经批准计入营业外支出的金额。

罚款支出,指企业支付的行政罚款、税务罚款,以及其他违反法律法规、合同协议等而支付的罚款、违约金、赔偿金等支出。

公益性捐赠支出,指企业对外进行公益性捐赠发生的支出。

非常损失,指企业对于因客观因素(如自然灾害等)造成的损失,在扣除保险公司赔偿后应计入营业外支出的净损失。

企业应设置"营业外支出"科目核算营业外支出的发生及结转情况。该科目贷方登记取得的各项营业外支出,借方登记期末转入"本年利润"科目的营业外支出,结转后该科目应无余额。

(三)营业外收支的账务处理

例6.15 某企业将固定资产报废清理的净收益5 000元转作营业外收入,应编制如下会计分录:

借:固定资产清理　　　　　　　　　　　5 000
　　贷:营业外收入——非流动资产处置利得　　5 000

期末转入"本年利润"科目

借：营业外收入　　　　　　　　　　　　　　5 000
　　贷：本年利润　　　　　　　　　　　　　　　　5 000

例 6.16　某企业用银行存款支付税款滞纳金 20 000 元，应编制如下会计分录：
借：营业外支出　　　　　　　　　　　　　　20 000
　　贷：银行存款　　　　　　　　　　　　　　　　20 000
期末转入"本年利润"科目
借：本年利润　　　　　　　　　　　　　　　20 000
　　贷：营业外支出　　　　　　　　　　　　　　　20 000

三、利润的核算

企业应设置"本年利润"账户，核算企业本年度内实现的净利润（或发生的净亏损）。期末结转利润时，应将"主营业务收入""其他业务收入""补贴收入""营业外收入"等账户的期末余额，转入"本年利润"账户的贷方；将"主营业务成本""营业税金及附加""其他业务成本""销售费用""管理费用""财务费用""营业外支出""所得税费用""资产减值损失"等账户的期末余额，分别转入"本年利润"账户的借方。企业还应将"投资收益""公允价值变动损益"科目的净收益转入"本年利润"账户的贷方；将"投资收益""公允价值变动损益"科目的净损失转入"本年利润"账户的借方。结转后"本年利润"科目如为贷方余额，表示当年实现的净利润；如为借方余额，表示当年发生的净亏损。

年度终了，企业还应将"本年利润"科目的本年累计余额转入"利润分配——未分配利润"科目。结转后，"本年利润"账户应无余额。

例 6.17　某公司 2015 年有关损益类科目年末余额如下，该企业年末一次结转损益类科目，所得税税率为 25%。

科目名称	借或贷	结账前余额（单位：元）
主营业务收入	贷	6 000 000
其他业务收入	贷	700 000
公允价值变动损益	贷	150 000
投资收益	贷	600 000
营业外收入	贷	50 000
主营业务成本	借	4 000 000
其他业务成本	借	400 000
营业税金及附加	借	80 000
销售费用	借	500 000
管理费用	借	770 000
财务费用	借	200 000
资产减值损失	借	100 000
营业外收入	借	250 000

该公司 2015 年末结转本年利润应编制如下会计分录：
（1）结转各项收入、利得类科目到"本年利润"科目

借:主营业务收入　　　　　　　　6 000 000
　　其他业务收入　　　　　　　　　700 000
　　公允价值变动损益　　　　　　　150 000
　　投资收益　　　　　　　　　　　600 000
　　营业外收入　　　　　　　　　　 50 000
　　贷:本年利润　　　　　　　　　7 500 000

（2）结转各项费用、损失类科目到"本年利润"科目

借:本年利润　　　　　　　　　　6 300 000
　　贷:主营业务成本　　　　　　　4 000 000
　　　　其他业务成本　　　　　　　　400 000
　　　　营业税金及附加　　　　　　　 80 000
　　　　销售费用　　　　　　　　　　500 000
　　　　管理费用　　　　　　　　　　770 000
　　　　财务费用　　　　　　　　　　200 000
　　　　资产减值损失　　　　　　　　100 000
　　　　营业外支出　　　　　　　　　250 000

经过上述结转后，"本年利润"科目的贷方发生额合计数为750万元，借方发生额合计数为630万元，借贷方数额相抵后"本年利润"科目出现贷方余额120万元，表示该公司实现的税前会计利润120万（=750万－630万）元。

（3）假设该公司2015年度不存在纳税调整因素

$$应交所得税=1\ 200\ 000×25\%=300\ 000（元）$$

确认所得税费用:

借:所得税费用　　　　　　　　　　300 000
　　贷:应交税费——应交所得税　　　300 000

将所得税费用转入"本年利润"科目

借:本年利润　　　　　　　　　　　300 000
　　贷:所得税费用　　　　　　　　　300 000

（4）结转"本年利润"科目年末余额

"本年利润"科目年末余额（表示本年实现的净利润）

$$=7\ 500\ 000-6\ 300\ 000-300\ 000$$
$$=900\ 000（元）$$

借:本年利润　　　　　　　　　　　900 000
　　贷:利润分配——未分配利润　　　900 000

四、利润分配

（一）利润分配的程序

企业取得的净利润，应当按规定进行分配。利润的分配过程和结果，不仅关系到所有者

的合法权益是否得到保护,而且还关系到企业能否长期、稳定地发展。企业本年实现的净利润加上年初未分配利润为可供分配的利润。

利润分配的一般程序为:

1. 弥补企业以前年度亏损

企业发生的年度亏损,可以用下一年度的税前利润弥补。下一年度利润不足弥补的,可以在五年内延续弥补。五年内不足弥补的,用净利润弥补,也可以用以前年度提取的盈余公积弥补。企业以前年度的亏损未弥补完,不得提取法定盈余公积金和法定公益金。而在提取法定盈余公积金和法定公益金前,不得向投资者分配利润。

2. 提取法定盈余公积

盈余公积由企业从税后利润中提取。根据《公司法》的相关规定,公司制企业要按本年实现净利润的10%提取盈余公积金。法定盈余公积金已达注册资金50%时可不再提取。法定盈余公积可用于弥补亏损、转增资本或扩大企业的生产经营,但企业用盈余公积转增资本后,法定盈余公积金的余额不得低于注册资本的25%。

3. 提取任意盈余公积

公司制企业按照公司章程或股东会决议可以提取任意盈余公积金。非公司制企业经类似权力机构批准,也可提取任意盈余公积。

4. 向投资者分配利润或股利

企业根据国家的有关规定和企业章程、投资协议等,对企业当年可供分配的利润向投资者进行分配。以前年度未分配的利润,可以并入本年度按照公司利润分配方案向投资者分配。

(二)利润分配的核算

企业应设置"利润分配"科目核算企业利润的分配(或亏损的弥补)和历年分配(或弥补)后的结存余额。

"利润分配"科目下应分别设置:"提取法定盈余公积""提取任意盈余公积""应付现金股利或利润""盈余公积补亏""未分配利润"等明细科目进行核算。

(1) 年度终了企业应将全年实现的净利润,自"本年利润"科目转入利润分配科目。

借:本年利润
　　贷:利润分配——未分配利润

如为净亏损:

借:利润分配——未分配利润
　　贷:本年利润

(2) 企业按规定提取盈余公积。

借:利润分配——提取法定盈余公积
　　贷:盈余公积

(3) 经股东大会或类似机构决议,分配给股东或投资者现金股利或利润。

借:利润分配——应付现金股利或利润
　　贷:应付股利

(4) 将"利润分配"账户下的其他明细账户的余额转入"利润分配"账户的"未分配利润"

明细账户。

　　借：利润分配——未分配利润
　　　　贷：利润分配——提取法定盈余公积
　　　　　　　　　　——应付股利
（5）企业若用盈余公积弥补亏损。

　　借：盈余公积——法定盈余公积（或任意盈余公积）
　　　　贷：利润分配——盈余公积补亏

年度终了，企业应将"利润分配"科目所属其他明细科目的余额转入"利润分配—未分配利润"明细科目。除"利润分配——未分配利润"明细科目外，"利润分配"科目的其他明细科目应无余额。"利润分配"账户年末余额，反映企业历年结存的未分配利润（或未弥补亏损）。

例 6.18 南方股份有限公司本年实现净利润 500 000 元，按 10% 提取法定盈余公积，按 8% 提取任意盈余公积，分配给普通股股东现金股利 100 000 元。根据上述业务，可作如下账务处理：

（1）结转本年利润：

　　借：本年利润　　　　　　　　　　　　　　500 000
　　　　贷：利润分配——未分配利润　　　　　　　　　500 000

（2）提取法定盈余公积：

　　　　　　应提取的法定盈余公积数额＝500 000×10%＝50 000（元）
　　借：利润分配——提取法定盈余公积　　　　50 000
　　　　贷：盈余公积　　　　　　　　　　　　　　　　50 000

（3）提取任意盈余公积：

　　　　　　应提取的任意盈余公积数额＝500 000×8%＝40 000（元）
　　借：利润分配——提取任意盈余公积　　　　40 000
　　　　贷：盈余公积　　　　　　　　　　　　　　　　40 000

（4）分配现金股利：

　　借：利润分配——应付现金股利　　　　　　100 000
　　　　贷：应付股利　　　　　　　　　　　　　　　　100 000

（5）结转利润分配的明细账户：

　　借：利润分配——未分配利润　　　　　　　190 000
　　　　贷：利润分配——提取法定盈余公积　　　　　　50 000
　　　　　　利润分配——提取任意盈余公积　　　　　　40 000
　　　　　　利润分配——应付现金股利　　　　　　　　100 000

本 章 小 结

利润是企业在一定会计期间的经营结果，是反映企业经济效益的一个重要指标。要正确核算企业的利润，必须正确核算企业的各项收入和各项费用。营业收入是利润的一项主要来源，费用是指获得当期收入而发生的费用，包括营业成本、期间费用等，费用的确认必须遵循权责发生制原则，收入减去费用后的差额就是企业的利润。利润分配是一项政策性很强的工作,必须严格按国家法律和企业章程的规定进行分配并核算。

复习思考题

1. 什么是收入?
2. 商品销售收入确认条件是什么?
3. 期间费用包括哪些内容?
4. 企业提取的盈余公积有哪些用途?
5. "利润分配——未分配利润"科目的年末借方余额或贷方余额分别表示什么含义?

实 训 题

一、单项选择题

1. 我国的会计实务中通常采用( )方法核算现金折扣。
   A. 总价法　　　　　　　　　　B. 净价法
   C. 售价法　　　　　　　　　　D. 成本法

2. 企业对外销售需要安装的商品时,若安装和检验属于销售合同的重要组成部分,则确认该商品销售收入的时间是( )。
   A. 发出商品时　　　　　　　　B. 收到商品销售货款时
   C. 商品运抵并开始安装时　　　D. 商品安装完毕并检验合格时

3. 某企业3月份发生的业务有:计提车间用固定资产折旧80万元,发生车间管理人员工资50万元,支付广告费用30万元,计提短期借款利息40万元,计提管理部门劳动保险费30万元。则该企业当期的期间费用总额为( )万元。
   A. 110　　　　B. 100　　　　C. 140　　　　D. 150

4. 下列科目中,月末一般无余额的是( )科目。
   A. 固定资产　　　　　　　　　B. 应付利息
   C. 生产成本　　　　　　　　　D. 财务费用

5. 下列不属于管理费用核算的内容有( )。
   A. 专设销售机构人员工资　　　B. 厂部管理人员工资
   C. 公司经费　　　　　　　　　D. 无形资产摊销

6. 下列各项应当计入销售费用的有( )。
   A. 借款利息
   B. 生产设备的折旧
   C. 广告费
   D. 本企业负担的采购材料运杂费

7. 以下不属于期间费用的有( )。
   A. 管理费用　　　　　　　　　B. 销售费用
   C. 制造费用　　　　　　　　　D. 财务费用

8. 企业销售商品应交纳的各项税金中,通过"营业税金及附加"账户核算的有( )。

A. 所得税费用 B. 增值税
C. 消费税 D. 印花税

9. 费用类账户一般平时只记( )。

A. 借方发生额 B. 贷方发生额
C. 借方余额 D. 贷方余额

10. 年度终了利润结转后,"利润分配——未分配利润"科目的借方余额表示( )。

A. 利润分配总额 B. 未分配利润
C. 未弥补亏损 D. 已弥补亏损额

二、多项选择题

1. 下列各项中,属于销售商品收入确认条件的有( )。

A. 相关的经济利益很可能流入企业
B. 企业已将商品所有权上的主要风险和报酬转移给购货方
C. 相关的已发生或将发生的成本的金额能够可靠地计量
D. 企业既没有保留通常与所有权相联系的继续管理权,也没有对已售出的商品实施有效控制

2. 下列构成营业利润的项目是( )

A. 销售费用和财务费用 B. 其他业务成本
C. 其他业务收入 D. 营业外收入

3. 下列项目中,应计入营业外支出的有( )。

A. 公益性捐赠支出 B. 处理固定资产净损失
C. 违反经济合同的罚款支出 D. 债务重组损失

4. 下列收到的银行存款中,属于企业的收入的有( )。

A. 销售商品取得的银行存款 B. 销售材料取得的银行存款
C. 投资者投入的银行存款 D. 接受的外部捐赠

5. 下列支出属于销售费用核算范围的是( )。

A. 销售货物应负担的运费
B. 销售货物发生的装卸费
C. 销售人员工资
D. 管理部门的固定资产折旧

三、业务处理题

1. 【目的】练习收入的核算。

【资料】某制造企业6月份发生下列经济业务:

(1) 向本市大华公司销售A产品600件,售价20元/件,增值税率17%,产品已发出并收到商业承兑汇票一张。该批产品成本为8 000元。

(2) 销售给本市裕丰公司B产品200吨,每吨30元,增值税率为17%,货款尚未收到,该批产品成本为4 000元。

(3) 企业上月销售给太平洋公司D产品100吨,每吨500元,增值税率17%,货款已在本月收妥入账。

(4) 企业将库存积压的甲材料一批对外销售,价款120 000元,增值税率为17%,该批

材料的成本为100 000元,货款已收存银行。

【要求】根据上述经济业务,编制相应的会计分录。

2.【目的】练习费用的核算。

【资料】某公司6月份发生下列经济业务:

(1) 开出转账支票支付产品广告费35 000元;

(2) 销售商品时用银行存款支付运输费用8 500元;

(3) 以现金支付专设销售机构办公费1 000元;

(4) 公司管理人员出差后前来报销出差费用2 360元,原借支差旅费2 000元,差额以现金支付;

(5) 开出转账支票支付业务招待费8 500元;

(6) 现金支付银行承兑汇票手续费180元;

(7) 以银行存款3 200元支付印花税款;

(8) 月终将有关的管理费用、销售费用和财务费用转至"本年利润"账户。

【要求】根据以上资料编制会计分录。

3.【目的】练习利润的核算。

【资料】某企业2015年年末,各损益类科目的余额如下:

科目名称	结转前余额(元)
主营业务收入	500 000(贷)
主营业务成本	200 000(借)
营业税金及附加	15 000(借)
其他业务收入	25 000(贷)
其他业务成本	15 000(借)
销售费用	20 000(借)
管理费用	22 000(借)
财务费用	8 000(借)
资产减值损失	30 900(借)
投资收益	50 000(贷)
营业外收入	50 000(贷)
营业外支出	29 700(借)
所得税费用	96 500(借)

【要求】

(1) 根据上述资料分别计算营业利润、利润总额和净利润的数额。

(2) 编制将损益类科目结转到"本年利润"科目的会计分录。

4.【目的】练习利润分配的核算。

【资料】乙公司2015年实现净利润800 000元,按10%提取法定盈余公积,分配给股东现金股利200 000元。

【要求】

(1) 根据上述业务编制利润分配的相关会计分录。

(2) 结转利润分配各明细账科目。

第三部分 财务报表分析篇

第七章 财务报表及分析

学习目标

了解各类报表的作用；
掌握资产负债表、利润表、现金流量表的内容、结构及其编制方法；
了解财务报告分析的意义和分析的主要内容；
理解财务报告分析的方法；
掌握财务比率分析中四大类基本财务指标的涵义及计算；
掌握四大类指标的运用分析方法。

财务会计报告是企业对外提供的反映企业某一特定日期的财务状况和某一会计期间的经营成果、现金流量等的会计信息文件。包括财务报表和其他应当在财务报告中披露的相关信息和资料。其中财务报表是对企业财务状况、经营成果和现金流量的结构性表述。编制财务会计报表是会计部门提供会计信息的一种重要手段，也是会计核算方法之一。企业财务会计报表分为年度和中期财务报表。中期是指短于一个完整的会计年度的报告期间，如半年度、季度和月度。半年度、季度和月度财务会计报表统称为中期财务会计报表。一般企业的财务报表主要包括资产负债表、利润表和现金流量表。

第一节 财务报表

一、资产负债表

（一）资产负债表的内容及结构

1. 资产负债表的内容

资产负债表是反映企业在某一特定日期财务状况的报表。它反映企业在某一特定日期所拥有或控制的经济资源、所承担的现时义务和所有者对净资产的要求权。通过资产负债表提供的信息，有助于报表使用者了解企业资产的构成及状况，了解企业债务结构与资本结构，从而分析判断企业资金营运的能力、偿还债务的能力和具有的财务实力，为报表使用者按照各自的经济要求，进行科学有效的经济决策提供依据。

资产负债表是以"资产＝负债＋所有者权益"这一基本会计等式为理论依据编制的。因

此,资产负债表必须反映资产、负债和所有者权益三个方面的内容。其中,资产、负债和所有者权益的列示应当遵循下列规定:

(1) 列示原则

按照流动性和非流动性分别列示,金融企业如按流动性列示能提供更可靠的相关信息,可以按流动性顺序列示。

(2) 流动性与非流动性的分类标准

现行制度:通常以一年或一个正常营业周期为标准。在一个营业周期内变现或被耗用的资产称流动资产;在一个营业周期内需用资产或劳务偿还的债务称流动负债。

正常营业周期:企业从购买用于加工的资产起至实现现金或现金等价物的期间。通常短于一年,也存在长于一年的情况(房地产开发企业开发用于出售的房地产开发产品、造船企业制造的用于对外出售的大型船只等,往往超过一年才变现、出售或耗用)仍应划分为流动资产。正常营业周期不能确定时,以一年(12个月)作为划分标准。

列报准则:资产中除现行标准以外,增加了主要为交易目的而持有的、清偿能力不受限制的现金或现金等价物。负债中应付账款等经营性项目,属于企业正常经营周期中使用的营运资金的一部分,有时在资产负债表日后超过一年才到期清偿的仍应划分为流动负债。

2. 资产负债表的结构

资产负债表的格式有报告式和账户式两种。报告式资产负债表是将资产项目、负债项目和所有者权益项目采用垂直排列的方式,表的上部为资产项目,下面依次是负债和所有者权益项目。报表中三要素的关系为"资产－负债＝所有者权益";而账户式资产负债表是将资产项目列示在表的左方,负债和所有者权益项目列示在表的右方,使资产负债表左右两方的资产总计金额和负债与所有者权益的总计金额相等。报表中三要素的关系为"资产＝负债＋所有者权益"。我国企业会计准则中规定的资产负债表,采用的是账户式。一般企业资产负债表的格式如表7.1所示。

表7.1 资产负债表

会企01表

编制单位: 年 月 日 单位:元

资产	期末余额	年初余额	负债和所有者权益(或股东权益)	期末余额	年初余额
流动资产:			流动负债:		
货币资金			短期借款		
交易性金融资产			交易性金融负债		
应收票据			应付票据		
应收账款			应付账款		
预付款项			预收款项		
应收利息			应付职工薪酬		
应收股利			应交税费		
其他应收款			应付利息		
存货			应付股利		

续表

资　　产	期末余额	年初余额	负债和所有者权益（或股东权益）	期末余额	年初余额
一年内到期的非流动资产			其他应付款		
其他流动资产			一年内到期的非流动负债		
流动资产合计			其他流动负债		
非流动资产：			流动负债合计		
可供出售金融资产			非流动负债：		
持有至到期投资			长期借款		
长期应收款			应付债券		
长期股权投资			长期应付款		
投资性房地产			专项应付款		
固定资产			预计负债		
在建工程			递延所得税负债		
工程物资			其他非流动负债		
固定资产清理			非流动负债合计		
生产性生物资产			负债合计		
油气资产			所有者权益（或股东权益）：		
无形资产			实收资本（或股本）		
开发支出			资本公积		
商誉			减：库存股		
长期待摊费用			盈余公积		
递延所得税资产			未分配利润		
其他非流动资产			所有者权益（或股东权益）合计		
非流动资产合计					
资产总计			负债和所有者权益（或股东权益）总计		

（二）资产负债表的编制方法

1. 年初余额的填列

资产负债表"年初余额"栏内各项数字，应根据上年末资产负债表"期末余额"栏内所列数字填列。如果本年度资产负债表规定的各个项目名称和内容同上年度不一致，应对上年末资产负债表各项目的名称和数字按照本年度的规定进行调整，填入本表"年初余额"栏内。

2. 期末余额的填列

（1）根据总账科目余额直接填列。资产负债表各项目的数据来源，主要是根据总账科目的期末余额直接填列，如"应收票据"项目，根据"应收票据"总账科目的期末余额直接填列；"短期借款"项目,根据"短期借款"总账科目的期末余额直接填列等。

(2) 根据总账科目余额计算填列。资产负债表某些项目需要根据若干个总账科目的期末余额计算填列,如"货币资金"项目,根据"库存现金""银行存款""其他货币资金"科目的期末余额的合计数填列;"存货"项目,根据"原材料""库存商品""周转材料"等科目的期末余额的合计数填列等。

(3) 根据明细科目余额计算填列。资产负债表某些项目不能根据总账科目的期末余额,或若干个总账科目的期末余额计算填列,需要根据有关科目所属的相关明细科目的期末余额计算填列,如"应收账款"项目,根据"应收账款""预收账款"科目的所属相关明细科目的期末借方余额计算填列;"应付账款"项目,根据"应付账款""预付账款"科目的所属相关明细科目的期末贷方余额计算填列。

(4) 根据总账科目和明细科目余额分析计算填列。资产负债表上某些项目不能根据有关总账科目余额计算填列,也不能根据有关科目所属相关明细科目的期末余额计算填列,需要根据总账科目和明细科目余额分析计算填列,如"长期借款"项目,根据"长期借款"总账科目余额扣除"长期借款"科目所属的明细科目中反映的将于一年内到期的长期借款部分分析计算填列。

(5) 根据科目余额减去其备抵项目后的余额填列。如"持有至到期投资"项目,由"持有至到期投资"科目的期末余额减去其"持有至到期投资减值准备"备抵科目余额后的净额填列。又如,"长期股权投资"项目,按照"长期股权投资"科目的期末余额减去"长期股权投资减值准备"科目期末余额后的净额填列,以反映长期股权投资的期末可收回金额。

例 7.1 红星公司 2016 年 12 月 31 日有关账户余额如表 7.2 所示。

表 7.2

会计科目	借方余额	贷方余额
库存现金	2 000	
银行存款	42 000	
应收票据	3 000	
应收账款	58 000	
预付账款	9 000	
原材料	80 000	
库存商品	190 000	
包装物	3 000	
低值易耗品	7 000	
固定资产	218 000	
累计折旧		35 000
应付票据		18 000
应付账款		80 500
应付职工薪酬		1 500
应交税费		4 000

续表

会计科目	借方余额	贷方余额
应付股利		2 500
实收资本		413 000
盈余公积		53 000
利润分配		4 500
合计	612 000	612 000

要求:根据上述资料编制红星公司 2016 年 12 月 31 日资产负债表(不考虑年初数)。
资产负债表如表 7.3 所示。

表 7.3 资产负债表

会企 01 表

编制单位:红星公司　　　　　　2016 年 12 月 31 日　　　　　　单位:元

资产	期末余额	年初余额	负债和所有者权益（或股东权益）	期末余额	年初余额
流动资产:			流动负债:		
货币资金	44 000		短期借款		
交易性金融资产			交易性金融负债		
应收票据	3 000		应付票据	18 000	
应收账款	58 000		应付账款	80 500	
预付款项	9 000		预收款项		
应收利息			应付职工薪酬	1 500	
应收股利			应交税费	4 000	
其他应收款			应付利息		
存货	280 000		应付股利	2 500	
一年内到期的非流动资产			其他应付款		
其他流动资产			一年内到期的非流动负债		
流动资产合计	394 000		其他流动负债		
非流动资产:			流动负债合计	106 500	
可供出售金融资产			非流动负债:		
持有至到期投资			长期借款		
长期应收款			应付债券		
长期股权投资			长期应付款		
投资性房地产			专项应付款		
固定资产	183 000		预计负债		
在建工程			递延所得税负债		
工程物资			其他非流动负债		
固定资产清理			非流动负债合计		

续表

资产	期末余额	年初余额	负债和所有者权益（或股东权益）	期末余额	年初余额
生产性生物资产			负债合计		
油气资产			所有者权益(或股东权益)：		
无形资产			实收资本(或股本)	413 000	
开发支出			资本公积		
商誉			减:库存股		
长期待摊费用			盈余公积	53 000	
递延所得税资产			未分配利润	4 500	
其他非流动资产			所有者权益(或股东权益)合计	470 500	
非流动资产合计	183 000				
资产总计	577 000		负债和所有者权益(或股东权益)总计	577 000	

二、利润表的内容及结构

（一）利润表的内容

利润表,是反映企业在一定会计期间经营成果的报表。利润表是根据会计核算的配比原则,把一定时期内的收入和相对应的成本费用配比,从而计算出企业一定时期的各项利润指标。利润表的列报必须能充分反映企业经营业绩的主要来源和构成,有助于使用者判断净利润的质量、风险和预测净利润的持续性,从而做出正确的决策。

利润表是以"收入－费用＝利润"这一会计等式为理论依据编制的,按照各项收入、费用以及构成利润的各个项目分类分项列示。其中包括收入、费用和利润三项基本内容。

（二）利润表的结构

利润表的格式主要有单步式利润表和多步式利润表两种。按照我国企业会计准则的规定,我国企业的利润表采用多步式。内容主要包括营业收入、营业成本、资产减值损失、公允价值变动损益、投资净收益、营业外收支、每股收益等。企业可分三个步骤编制利润表,用公式表示如下：

营业利润＝营业收入－营业成本－营业税金及附加－销售费用－管理费用
　　　　－财务费用－资产减值损失＋公允价值变动收益＋投资收益
利润总额＝营业利润＋营业外收入－营业外支出
净利润＝利润总额－所得税费用

其基本结构如表 7.4 所示。

表 7.4 利润表

会企 02 表

编制单位： 年 月 单位:元

项　　目	本期金额	上期金额
一、营业收入		
减:营业成本		
营业税金及附加		
销售费用		
管理费用		
财务费用		
资产减值损失		
加:公允价值变动收益(损失以"－"号填列)		
投资收益(损失以"－"号填列)		
其中:对联营企业和合资企业的投资收益		
二、营业利润(亏损以"－"号填列)		
加:营业外收入		
减:营业外支出		
其中:非流动资产处置净损失		
(净收益以"－"号填列)		
三、利润总额(亏损总额以"－"号填列)		
减:所得税费用		
四、净利润(净亏损以"－"号填列)		
五、每股收益:		
(一)基本每股收益		
(二)稀释每股收益		

(三)利润表的编制方法

利润表反映企业在一定期间内利润(亏损)的实际情况,利润表中各项目的数据来源主要是根据各损益类科目的发生额分析填列。

1. 上期金额栏的填列方法

本表"上期金额"栏内各项数字,应根据上年度利润表"本年金额"栏内所列数字填列。如果上年度利润表规定的各个项目的名称和内容同本年度不一致,应对上年度利润表各项目的名称和数字按本年度的规定进行调整,填入本表"上期金额"栏内。

2. 本期金额栏的填列方法

本期金额栏根据"主营业务收入""主营业务成本""营业税金及附加""销售费用""管理费用""财务费用""资产减值损失""公允价值变动损益""营业外收入""营业外支出""所得税

费用"等科目的发生额分析填列。其中,"营业利润""利润总额""净利润"等项目根据该表中相关项目计算填列。

例7.2 假设红星公司2016年12月31日有关账户余额如表7.5所示。

表7.5

会计科目	1月—11月		12月	
	借方发生额	贷方发生额	借方发生额	贷方发生额
主营业务收入		560 000		52 000
其他业务收入		8 000		2 000
营业外收入		3 000		6 000
主营业务成本	410 000		4 000	
销售费用	40 000		3 000	
营业税金及附加	5 000		500	
其他业务成本	2 000		1 500	
管理费用	25 000		3 500	
财务费用	5 600		400	
营业外支出	3 100		200	
所得税费用	26 500		3 597	

要求:根据上述资料编制红星公司2016年利润表。

如表7.6所示。

表7.6 利润表

会企02表

编制单位:红星公司　　　　　　2016年12月　　　　　　　　单位:元

项　　目	本期金额	上期金额
一、营业收入	622 000	略
减:营业成本	417 500	
营业税金及附加	5 500	
销售费用	43 000	
管理费用	28 500	
财务费用	6 000	
资产减值损失		
加:公允价值变动收益(损失以"－"号填列)		
投资收益(损失以"－"号填列)		
其中:对联营企业和合资企业的投资收益		
二、营业利润(亏损以"－"号填列)	121 500	
加:营业外收入	9 000	

续表

项 目	本期金额	上期金额
减:营业外支出	3 300	
其中:非流动资产处置净损失（净收益以"－"号填列）		
三、利润总额(亏损总额以"－"号填列)	127 200	
减:所得税费用	30 097	
四、净利润(净亏损以"－"号填列)	97 103	
五、每股收益:		
（一）基本每股收益		
（二）稀释每股收益		

三、现金流量表的内容和结构

（一）基本概念

现金流量表是指反映企业在一定会计期间现金和现金等价物流入和流出的报表。主要用于说明企业一定时期内现金流入、流出的原因,评价企业未来获取现金的能力以及企业的偿债能力和支付能力;通过净利润与经营活动的现金净流量的差异可分析企业收益的质量;通过对现金投资与融资、非现金投资与融资的分析,全面了解企业的财务状况。

现金流量表是以现金为基础编制的,这里的现金是指企业库存现金、可以随时用于支付的存款,以及现金等价物。具体包括以下内容:

1. 库存现金。库存现金是指企业持有可随时用于支付的现金限额,即与会计核算中"库存现金"科目所包括的内容一致。

2. 银行存款。银行存款是指企业存在金融企业随时可以用于支付的存款,即与会计核算中"银行存款"科目所包括的内容基本一致。

3. 其他货币资金。其他货币资金是指企业存在金融企业的有特定用途的资金,如外埠存款、银行本票存款、银行汇票存款、信用证保证金存款、信用卡存款、在途货币资金等。

4. 现金等价物。现金等价物是指企业持有的期限短、流动性强、易于转换为已知金额的现金、价值变动风险很小的交易性金融资产。现金等价物虽然不是现金,但其支付能力与现金的差别不大,可视为现金。一项投资是否能够作为现金等价物的主要标志是其购入日至到期日在3个月或更短时间内转换为已知金额的现金。

（二）现金流量表的内容

现金流量表以"现金流入量－现金流出量＝现金流量净额"为理论依据。但是并不是把企业所有的现金流入量与所有的现金流出量直接对比计算出现金流量净额,而是应当按照经营活动、投资活动和筹资活动的现金流量分类分项列示。因此,现金流量表通常包括以下内容：

1. 经营活动产生的现金流量

经营活动，是指企业投资活动和筹资活动以外的所有交易和事项，包括销售商品或提供劳务、购买商品或接受劳务、收到的税费返还、支付职工薪酬、支付的各项税费、支付广告费用等。

2. 投资活动产生的现金流量

投资活动，是指企业长期资产的购建和不包括在现金等价物范围内的投资及其处置活动，包括取得和收回投资、购建和处置固定资产、购买和处置无形资产等。

3. 筹资活动产生的现金流量

筹资活动，是指导致企业资本及债务规模和构成发生变化的活动，包括发行股票或接受投入资本、分派现金股利、取得和偿还银行借款、发行和偿还公司债券等。

（三）现金流量表的结构

现金流量表分为正表和补充资料两个组成部分，正表按现金流量的性质分别以现金流入量和现金流出量的差额来反映各种活动产生的现金流量净额。补充资料除了按间接法把净利润调整为经营活动的现金额外，还提供对分析未来现金流量有用的不影响当期现金流量的有关信息，两部分之间存在相互勾稽关系，以检验现金流量表编制的正确性。现金流量表的基本结构如表7.7所示。

表7.7 现金流量表

会企03表

编制单位：　　　　　　　　　年度　　　　　　　　　单位：元

项目	行次	本年金额	上年金额
一、经营活动产生的现金流量：	1		
销售商品、提供劳务收到的现金	2		
收到的税费返还	3		
收到其他与经营活动有关的现金	4		
经营活动现金流入小计	5		
购买商品、接受劳务支付的现金	6		
支付给职工以及为职工支付的现金	7		
支付的各项税费	8		
支付其他与经营活动有关的现金	9		
经营活动现金流出小计	10		
经营活动产生的现金流量净额	11		
二、投资活动产生的现金流量：	12		
收回投资收到的现金	13		
取得投资收益收到的现金	14		

续表

项　　目	行次	本年金额	上年金额
处置固定资产、无形资产和其他长期资产收回的现金净额	15		
处置子公司及其他营业单位收到的现金净额	16		
收到其他与投资活动有关的现金	17		
投资活动现金流入小计	18		
购建固定资产、无形资产和其他长期资产支付的现金	19		
投资支付的现金	20		
取得子公司及其他营业单位支付的现金净额	21		
支付其他与投资活动有关的现金	22		
投资活动现金流出小计	23		
投资活动产生的现金流量净额	24		
三、筹资活动产生的现金流量：	25		
吸收投资收到的现金	26		
取得借款收到的现金	27		
收到其他与筹资活动有关的现金	28		
筹资活动现金流入小计	29		
偿还债务支付的现金	30		
分配股利、利润或偿付利息支付的现金	31		
支付其他与筹资活动有关的现金	32		
筹资活动现金流出小计	33		
筹资活动产生的现金流量净额	34		
四、汇率变动对现金的影响	35		
五、现金及现金等价物净增加额	36		
期初现金及现金等价物余额	37		
期末现金及现金等价物余额	38		
补充资料	行　次	本年金额	上年金额
1.将净利润调节为经营活动现金流量：	39		
净利润	40		
加:资产减值准备	41		
固定资产折旧、油气资产折耗、生产性生物资产折旧	42		
无形资产摊销	43		
长期待摊费用摊销	44		
待摊费用减少(增加以"—"号填列)	45		
预提费用增加(减少以"—"号填列)	46		

续表

补充资料	行　次	本年金额	上年金额
处置固定资产、无形资产和其他长期资产的损失（收益以"－"号填列）	47		
固定资产报废损失（收益以"－"号填列）	48		
公允价值变动损失（收益以"－"号填列）	49		
财务费用（收益以"－"号填列）	50		
投资损失（收益以"－"号填列）	51		
递延所得税资产减少（增加以"－"号填列）	52		
递延所得税负债增加（减少以"－"号填列）	53		
存货的减少（增加以"－"号填列）	54		
经营性应收项目的减少（增加以"－"号填列）	55		
经营性应付项目的增加（减少以"－"号填列）	56		
其他	57		
经营活动产生的现金流量净额	58		
2.不涉及现金收支的重大投资和筹资活动：	59		
债务转为资本	60		
一年内到期的可转换公司债券	61		
融资租入固定资产	62		
3.现金及现金等价物净变动情况：	63		
现金的期末余额	64		
减：现金的期初余额	65		
加：现金等价物的期末余额	66		
减：现金等价物的期初余额	67		
现金及现金等价物净增加额	68		

第二节　财务报告分析

一、财务报告分析方法

财务分析的基本功能是运用各种分析方法和技术，将财务报告所反映的信息转换成决策有用信息。财务分析的方法和技术种类繁多，在实务中广泛使用的财务报告分析方法主要包括趋势分析法、比较分析法、比率分析法和因素分析法。

（一）趋势分析法

趋势分析法又称水平分析法,是通过对比两期或连续数期财务报告中相同的指标,确定其增减变动的方向、数额和幅度,来说明企业财务状况和经营成果的变动趋势的一种方法。

趋势分析法的具体运用主要有三种方式:一是重要财务指标的比较;二是会计报表的比较;三是会计报表项目构成的比较。

1. 重要财务指标的比较

重要财务指标的比较是将不同时期财务报告中相同指标或比率进行比较,考察其发展趋势,预测其发展前景。对不同时期财务指标的比较通常有两种方法:

（1）定基比率

定基比率是以某一时期的数额为固定的基期数额而计算出来的动态比率。其计算公式为:

$$定基比率=分析期数额\div 固定基期数额\times 100\%$$

（2）环比比率

环比比率是以每一分析期的前期数额为基期数额而计算出来的动态比率。其计算公式为:

$$环比比率=分析期数额\div 前期数额\times 100\%$$

2. 会计报表项目比较

会计报表项目比较是将连续数期的会计报表项目的金额并列起来,比较其相同项目的增减变动金额和幅度,据以判断企业财务状况、经营成果和资金变动情况发展变化的一种方法。会计报表项目比较既要计算出有关项目增减变动的绝对额,又要计算出其增减变动的百分比。

3. 会计报表项目构成的比较

会计报表项目构成比较是在会计报表项目比较的基础上发展而来的。它是以会计报表中的某个总体指标作为100%,计算出其各组成项目占该总体指标的百分比,从而来比较各个项目百分比的增减变动,以此来判断有关财务活动的变化趋势。它既可用于同一企业不同时期财务状况的纵向比较,又可用于不同企业之间的横向比较。

（二）比较分析法

比较分析法也称比较法,是通过财务指标的对比确定数量差异的一种方法。也就是将报表中的各项数据,与计划、前期、其他企业等同类数据进行比较,从数量上确定差异的一种方法。根据分析内容的不同,比较分析法可以单独使用,也可以与其他分析方法结合使用。采用比较分析法时,有许多对比形式,主要可分为三类:

1. 分析期实际数据与计划数据比较

这种比较可以找出实际与计划的差异,主要作用是说明计划的完成情况,给进一步分析、查找原因提供方向。

2. 纵向比较

实际指标与前期指标(历史同期或历史最好水平)对比,考察其发展变化情况。其计算公式如下:

本期实际水平与前期水平差额＝本期水平－前期水平

本期水平为前期水平的百分比＝本期水平÷前期水平×100％

通过本期水平与历史最高水平的对比，找出差异，并采取相应对策。

3. 横向比较

就是把本企业和同行业先进企业或行业平均水平对比，能够反映出财务状况的发展状态，揭示当期财务状况和营业状况增减变化，从而分析判断引起这种变化的主要原因是什么。

（三）比率分析法

比率分析法是通过计算各种比率指标来确定经济活动变动程度的分析方法。比率分析可以直接说明某项目比率指标水平的高低，也可以和比较分析法结合起来分析该项比率指标与对比指标的差异。比率分析主要有以下三种方法：

1. 构成比率

构成比率又称结构比率，指某一事物指标的各个组成部分占总体的比重。反映部分与总体的关系。其计算公式为：

$$构成比率＝某一组成部分数额÷总体数额$$

2. 效率比率

效率比率是某项财务活动中所发生的费用与所得额的比例，反映投入与产出的关系。比如销售利润率、成本利润率等。利用效率比率指标可以进行得失比较，考察经营成果，评价经济效益。

3. 相关比率分析

相关比率是以某个项目和与其有关但又不同的项目加以对比所得的比率，反映有关经济活动的相互关系。利用相关比率指标，可以考察与企业有联系的相关业务安排是否合理。比如，流动比率、资产负债率等。

（四）因素分析法

因素分析法是依据分析指标与其影响因素的关系，从数量上确定各因素对分析指标影响方向和影响程度的一种财务分析方法。因素分析法具体又可分为连环替代法和差额分析法两种。

1. 连环替代法

连环替代法又称因素替换法，是将分析指标分解为各个可以计量的因素，并根据各个因素之间的依存关系，顺次用各因素的比较值替代基准值，据以测定各因素对分析指标的影响。采用这种方法的出发点在于，当有若干因素对分析对象发生作用时，假定其他各个因素都无变化，顺序确定每一个因素单独变化所产生的影响。

例 7.3 某股份公司 2016 年净资产收益率 15.87％，较 2015 年的 17.01％下降了 1.14％。已知净资产收益率是销售净利率、资产周转率和权益乘数三个因素的乘积，因此，可以把净资产收益率这一指标分解为三个因素，然后逐个来分析它们对其的影响程度。某股份公司 2016 年和 2015 年销售净利率、资产周转率和权益乘数的数据如表 7.8 所示。

表 7.8　某股份公司 2016 年和 2015 年净资产收益相关数据表

指　　标	2016 年	2015 年
销售净利率	8.245 2%	10.003 7%
总资产周转率(次)	1.044 6	0.891 5
权益乘数	1.843 1	1.907 0
净资产收益率	15.87%	17.01%

要求:运用连环替代法,按销售净利率、总资产周转率和权益乘数的顺序,分析该股份公司 2016 年度净资产收益率变动及变动原因。

解　2016 年度净资产收益率变动及变动原因
2015 年净资产收益率:10.003 7%×0.891 5×1.907 0＝17.01%　　①
替代销售净利率:8.245 2%×0.891 5×1.907 0＝14.02%　　②
替代资产周转率:8.245 2%×1.044 6×1.907 0＝16.42%　　③
替代资产周转率:8.245 2%×1.044 6×1.843 1＝15.87%　　④
销售净利率下降对净资产收益率的影响:②－①＝14.02%－17.01%＝－2.99%
资产周转率上升对净资产收益率的影响:③－②＝16.42%－14.02%＝2.40%
权益乘数下降对净资产收益率的影响:④－③＝15.87%－16.42%＝－0.55%
综合影响:－2.99%＋2.40%－0.55%＝－1.14%

由计算结果可知,导致 2016 年度某股份净资产收益率下降的主要原因是销售净利率的下降,其次为权益乘数下降。所以,如何扩大销售收入、控制成本费用,以提升销售净利率,在控制财务风险前提下适度提高负债比重,获取更多的财务杠杆利益,是该公司提升净资产收益率的重要途径。

2. 差额分析法

差额分析法是连环替代法的一种简化形式。它是利用各个因素比较值与基准值之间的差额,来计算各因素对分析指标的影响。

例 7.4　仍用例 7.3 中的相关数据。

要求:运用差额分析法,按销售净利率、总资产周转率和权益乘数的顺序,剖析该股份公司 2016 年度净资产收益率变动及变动原因。

解　净资产收益率变动为:
$$15.87\% - 17.01\% = -1.14\%$$
销售净利率变动对净资产收益率的影响为:
$$(8.245\ 2\% - 10.003\ 7\%) \times 0.891\ 5 \times 1.907\ 0 = -2.99\%$$
资产周转率变动对净资产收益率的影响为:
$$8.245\ 2\% \times (1.044\ 6 - 0.891\ 5) \times 1.907\ 0 = 2.40\%$$
权益乘数变动对净资产收益率的影响为:
$$8.245\ 2\% \times 1.044\ 6 \times (1.843\ 1 - 1.907\ 0) = -0.55\%$$
检验分析结果为:
$$-2.99\% + 2.40\% - 0.55\% = -1.14\%$$

二、财务比率分析

财务会计报告中有大量数据,可以组成许多有意义的财务指标。这些财务指标涉及企业经营管理的各个方面,大体上可归类为偿债能力指标、运营能力指标、获利能力指标和发展能力指标等四大类。

现将后面将要用到的资产负债表和利润表列举如表7.9、表7.10所示。

表7.9 资产负债表

编制单位:天地公司　　　　2016年12月31日　　　　　　　　会企01表　单位:万元

资　产	期末余额	年初余额	负债和所有者权益（或股东权益）	期末余额	年初余额
流动资产:			流动负债:		
货币资金	390	210	短期借款	200	170
交易性金融资产	20	10	交易性金融负债		
应收票据			应付票据		
应收账款	1 500	1 480	应付账款	1 900	2 000
预付款项	250	200	预收款项	400	300
应收利息			应付职工薪酬		
应收股利			应交税费		
其他应收款			应付利息		
存货	2 000	1 900	应付股利		
一年内到期的非流动资产			其他应付款	100	100
其他流动资产			一年内到期的非流动负债		
流动资产合计	4 160	3 800	其他流动负债		
非流动资产:			流动负债合计	2 600	2 570
可供出售金融资产			非流动负债:		
持有至到期投资			长期借款	900	1 200
长期应收款			应付债券		
长期股权投资	400	400	长期应付款		
投资性房地产			专项应付款		
固定资产	1 800	2 100	预计负债		
在建工程			递延所得税负债		
工程物资			其他非流动负债		

续表

资产	期末余额	年初余额	负债和所有者权益（或股东权益）	期末余额	年初余额
固定资产清理			非流动负债合计	900	1 200
生产性生物资产			负债合计	3 500	3 770
油气资产			所有者权益（或股东权益）：		
无形资产	550	500	实收资本（或股本）	2 500	2 500
开发支出			资本公积		
商誉			减：库存股		
长期待摊费用			盈余公积	230	230
递延所得税资产			未分配利润	680	300
其他非流动资产			所有者权益（或股东权益）合计	3 410	3 030
非流动资产合计	2 750	3 000			
资产总计	6 910	6 800	负债和所有者权益（或股东权益）总计	6 910	6 800

表 7.10　利润表

会企02表

编制单位：天地公司　　　　　2016 年 12 月　　　　　　　　单位：万元

项　　目	本期金额	上期金额
一、营业收入	7 960	6 950
减：营业成本	6 110	5 430
营业税金及附加	470	410
销售费用	200	150
管理费用	280	180
财务费用	160（利息100）	120（利息80）
资产减值损失		
加：公允价值变动收益（损失以"－"号填列）		
投资收益（损失以"－"号填列）	30	20
其中：对联营企业和合资企业的投资收益		
二、营业利润（亏损以"－"号填列）	770	680
加：营业外收入	10	30
减：营业外支出	30	40
其中：非流动资产处置净损失（净收益以"－"号填列）		

续表

项　　　　目	本期金额	上期金额
三、利润总额（亏损总额以"－"号填列）	750	670
减：所得税费用（税率为40%）	300	268
四、净利润（净亏损以"－"号填列）	450	402
五、每股收益：		
（一）基本每股收益		
（二）稀释每股收益		

（一）偿债能力比率指标分析

偿债能力是指企业对债务清偿的承受能力或保证程度。偿债能力是反映企业财务状况和经营能力的重要标志。一般而言，企业偿还流动负债的能力取决于流动资产的变现能力；而企业偿还长期负债的能力一方面取决于负债与资产总额的比例，另一方面取决于企业的获利能力。偿债能力的分析应从短期偿债能力分析和长期偿债能力分析两个方面进行。

1. 短期偿债能力分析

短期偿债能力是指企业流动资产对流动负债及时足额偿还的保证程度，是衡量企业当前财务能力，特别是流动资产变现能力的重要标志。衡量短期偿债能力的主要指标有：

（1）流动比率

流动比率是流动资产与流动负债的比率。它用以衡量企业用可在短期内变现的流动资产偿还其流动负债的能力。其计算公式为：

$$流动比率 = 流动资产 \div 流动负债$$

表明企业每一元流动负债有多少流动资产作为偿还的保证，反映企业用可在短期内转变为现金的流动资产偿还其流动负债的能力。一般情况下，流动比率越高，反映企业短期偿债能力越强，债权人的权益越有保证。但流动比率也不能过高，过高则表明企业流动资产占用较多，会影响资金的使用效率。国际上通常认为，流动比率的下限为1，而流动比率等于2时较为适当，它表明企业财务状况稳定可靠。

例 7.5 根据表 7.9 的资料，天地公司 2016 年的流动比率如下：

$$年初流动比率 = 3\,800 \div 2\,570 = 1.48$$
$$年末流动比率 = 4\,160 \div 2\,600 = 1.6$$

从计算结果来看，天地公司 2010 年年初流动比率超过一般公认标准的下限，年末流动比率比年初有所提高，但相对于一般公认标准仍有些许差距，反映该公司的短期偿债能力并不很强。

（2）速动比率

速动比率是企业速动资产与流动负债的比率。所谓速动资产，是指流动资产减去变现能力较差且不稳定的存货、预付账款、一年内到期的非流动资产和其他流动资产等非速动资产之后的余额。由于剔除了存货等变现能力较弱且不稳定的资产，速动比率较之流动比率能够更加准确、可靠地评价企业资产的流动性及其偿还短期债务的能力。其计算公式为：

$$速动比率＝速动资产÷流动负债$$

其中：

$$速动资产＝货币资金＋交易性金融资产＋应收账款＋应收票据$$
$$＝流动资产－存货－预付账款－一年内到期的非流动资产$$
$$\quad －其他流动资产$$

一般来说，以上比率指标越大，说明企业短期偿债能力就越强。但并非越大越好，根据国外的经验，一般认为速动比率维持在1∶1的比例为好。

例 7.6 根据表7.9的资料，该公司2016年的速动比率如下：

$$年初速动比率＝(3\,800－1\,900)÷2\,570＝0.74$$
$$年末速动比率＝(4\,160－2\,000)÷2\,600＝0.831$$

分析表明该公司年末速动比率比年初速动比率有所提高，公司的实际短期偿债能力通过降低存货量等措施已有所改善。

(3) 现金流动负债比率

虽然流动比率、速动比率能够反映资产的流动性或偿债能力，但这两个比率有一定的局限性，因为真正能用于偿还债务的是现金，而有利润的年份不一定有足够的现金来偿还债务，所以利用以收付实现制为基础的现金净流量和债务之比可以更好地反映偿债能力的强弱。其计算公式为：

$$现金流动负债比率＝年经营活动现金净流量÷年末流动负债$$

上式中年经营活动现金净流量是指一定时期内由企业经营活动所产生的现金及其等价物的流入量与流出量的差额，可以从企业的现金流量表中直接得到。

例 7.7 根据表7.9的资料，假定该公司2016年现金流量表中经营活动产生的现金流入与现金流出的差额，即现金净流量为1 500万元，则该公司2016年的现金流动负债比率为：

$$1\,500÷2\,600＝0.576\,9$$

这一比率可以衡量由经营活动产生的现金用于支付即将到期债务的能力，利用该指标评价企业偿债能力将更为谨慎。一般比率越大，说明企业现金流动性越好，短期偿债能力越强。但是，如果这个比率过高，可能意味着企业拥有过多的获利能力较低的现金类资产，企业的资产未能得到有效运用。

2. 长期偿债能力分析

长期偿债能力是企业偿还长期债务的能力。其分析的主要指标有：

(1) 资产负债率

资产负债率是企业负债总额与资产总额的比率。它表明在企业资产总额中，债权人提供资产所占的比重以及企业资产对债权人权益的保障程度。其计算公式为：

$$资产负债率＝负债总额÷资产总额×100\%$$

这一比率越小，表明企业的长期偿债能力越强，但也并不是说该指标小越好。从债权人的立场看，该指标越小越好。从所有者立场看，若此比率较大，可利用较少量的自有资金投资，形成较多的生产经营用资产，进而为企业获取较多的经营利润，但比率过大，则表明企业的债务负担重,企业资金实力不强,不仅对债权人不利,而且企业有濒临倒闭的危险。资产负债率按比较保守的经验判断,一般认为以不高于50%为好,国际上一般认为60%比较好。

例7.8 根据表7.9的资料,该公司2016年的资产负债率如下:

年初资产负债率 = 3 770 ÷ 6 800 × 100% = 55.44%

年末资产负债率 = 3 500 ÷ 6 910 × 100% = 50.65%

该公司2016年年初和年末的资产负债率均未超过国际标准,说明企业长期偿债能力较强,年末比年初偿债能力还有所提高,这样有利于增强债权人对公司出借资金的信心。

(2) 产权比率

产权比率又称资本负债率,是指负债总额与所有者权益总额的比率。其计算公式如下:

产权比率 = 负债总额 ÷ 所有者权益总额 × 100%

该指标说明了由债权人提供的资本与所有者提供的资本的相对关系,是企业财务结构稳健与否的重要标志,也称资本负债率。产权比率高,是高风险、高收益的财务结构;产权比率低,是低风险、低收益的财务结构。它反映企业所有者权益对债权人权益的保障程度。该比率越小,表明企业的长期偿债能力越强,债权人权益的保障程度越高,承担的风险越小。

例7.9 根据表7.9的资料,该公司2016年的产权比率如下:

年初产权比率 = 3 770 ÷ 3 030 × 100% = 124.42%

年末产权比率 = 3 500 ÷ 3 410 × 100% = 102.64%

该公司年末产权比率比年初有所下降,表明公司的长期偿债能力较强,债权人保障程度较高。

(3) 股东权益比率与权益乘数

股东权益比率是股东权益与资产总额的比率,该比率反映企业资产中有多少是所有者投入的。其计算公式为:

股东权益比率 = 股东权益总额 ÷ 资产总额 × 100%

从上述公式可知,股东权益比率与资产负债比率之和等于1。因此,这两个比率是从不同的侧面来反映企业长期财务状况的,股东权益比率越大,资产负债率就越小,企业的财务风险也越小,偿还长期债务的能力就越强。

股东权益比率的倒数,称作权益乘数,该乘数越大,说明股东投入的资本在资产中所占比重越小。其计算公式为:

权益乘数 = 资产总额 ÷ 股东权益总额

例7.10 根据表7.9的资料,该公司2016年的股东权益比率如下:

年初股东权益比率 = 3 030 ÷ 6 800 × 100% = 44.56%

年末股东权益比率 = 3 410 ÷ 6 910 × 100% = 49.35%

权益乘数为:

年初权益乘数 = 6 800 ÷ 3 030 = 2.24

年末权益乘数 = 6 910 ÷ 3 410 = 2.03

从计算结果可以看出,该企业年末股东权益比率高于年初股东权益比率,同样年末权益乘数小于年初权益乘数,说明长期偿债能力年末比年初有所增强。

(4) 利息保障倍数

利息保障倍数也称利息所得倍数,是税前利润加利息费用之和与利息费用的比率。其计算公式为:

$$利息保障倍数 = 息税前利润总额 \div 利息费用$$
$$= (税前利润 + 利息费用) \div 利息费用$$

公式中的税前利润是指缴纳所得税之前的利润总额,利息费用不仅包括财务费用中的利息费用,还包括计入固定资产成本的资本化利息。利息保障倍数反映了企业的经营所支付债务利息的能力。如果这个比率太低,说明企业难以保证用经营所得来按时按量支付债务利息。一般来说,企业的利息保障倍数至少要大于1,否则,就难以偿付债务及利息。

例 7.11 根据表 7.10 的资料,则该公司 2016 年的利息保障倍数如下:

$$年初利息保障倍数 = (670 + 80) \div 80 = 9.38$$
$$年末利息保障倍数 = (770 + 100) \div 100 = 8.7$$

从以上计算结果来看,该企业 2016 年利息保障倍数很高,有很强的偿付负债利息的能力,但年末利息保障倍数小于年初利息保障倍数,说明年末偿付负债利息的能力比年初有所下降。

(二)营运能力比率指标分析

营运能力是指企业营运资产的效率和效果,反映企业资产管理水平和资金周转状况。资产营运能力的强弱关键取决于周转速度。一般来说,周转速度越快,资产的使用效率越高,资产的营运能力越强;反之,营运能力就越差。

周转率是企业一定时期内资产的周转额与平均余额的比率,它反映企业资金在一定时期的周转次数。周转次数越多,周转速度越快,表明营运能力越强。这一指标的反指标是周转期,它是计算期天数除以周转次数,反映资产周转一次所需要的天数。周转率和周转期的计算公式为:

$$周转率(周转次数) = 周转额 \div 平均资产余额$$
$$周转期(周转天数) = 计算期天数 \div 周转率$$

营运能力分析实际上是对企业总资产及其各个组成部分的营运能力分析,在实务中应用较广泛的主要包括应收账款周转率、存货周转率、流动资产周转率、固定资产周转率和总资产周转率等指标。

1. 应收账款周转率

应收账款周转率是企业一定时期内营业收入与平均应收账款余额的比率,是反映应收账款周转速度的指标。其计算公式为:

$$应收账款周转率 = 营业收入 \div 平均应收账款余额$$
$$平均应收账款余额 = (应收账款期初余额 + 应收账款期末余额) \div 2$$
$$应收账款周转期 = 360 \div 应收账款周转率$$
$$= 平均应收账款余额 \times 360 \div 营业收入$$

公式中的"营业收入"是指扣除折扣与折让后的净额,"平均应收账款余额"是指应收账款余额期初和期末的平均数,应收账款包括了会计核算中"应收账款"和"应收票据"等全部赊销账款在内。

一般来说,应收账款周转率越高,企业的平均收现期越短,应收账款收账越迅速,同时也意味着资产流动性强,短期偿债能力强。一般情况下,应收账款周转率越高对企业越有利,但过高的应收账款周转率对企业也可能是不利的。因为,过高的应收账款周转率也可能是企业过紧信用政策所致。

需要指出的是:季节性经营、大量使用分期收款、大量使用现金结算等因素会对该指标的计算结果产生较大的影响,在分析时应引起重视。应收账款周转率高低同样难以以一个具体数值标准来衡量。会计报表的外部使用人可以将计算出的指标与该企业前期指标、与行业平均水平或其他类似企业的指标相比较,判断该指标的高低。

例 7.12 根据表 7.9 和表 7.10 的资料,天地公司 2016 年的应收账款周转率为:

$$7\ 960 \div [(1\ 480 + 1\ 500) \div 2] = 5.34 (次)$$

应收账款周转期为:

$$360 \div 5.34 = 67.42 (天)$$

从以上计算可以看出,该公司 2016 年应收账款周转速度较快,说明应收账款资产利用效率较高。

2. 存货周转率

存货周转率是企业一定时期的营业成本与平均存货余额的比率,是反映流动资产流动性的一个指标,也是衡量生产经营环节中存货营运效率的一个综合性指标。其计算公式为:

$$存货周转率 = 营业成本 \div 平均存货余额$$

$$平均存货余额 = (存货期初余额 + 存货期末余额) \div 2$$

$$存货周转期 = 360 \div 存货周转率$$

$$= 平均存货余额 \times 360 \div 营业成本$$

存货周转速度的快慢,不仅反映企业购入存货、投入生产、销售收回等各环节管理状况的好坏,而且对企业的偿债能力及获利能力有着重大的影响。一般来说,存货周转速度越快,存货的占用水平越低,流动性越强,存货的变现能力越强。提高存货周转率可以提高企业的变现能力,而存货周转速度越慢则变现能力越差。

例 7.13 根据表 7.9 和表 7.10 的资料,天地公司 2016 年的存货周转率为:

$$6\ 110 \div [(1\ 900 + 2\ 000) \div 2] = 3.13 (次)$$

存货周转期为:

$$360 \div 3.13 = 115.02 (天)$$

从以上计算可以看出,该公司 2016 年存货周转速度不是太高,说明存货利用效率不高。

3. 流动资产周转率

流动资产周转率是企业一定时期的营业收入与平均流动资产余额的比率,是反映企业流动资产周转速度的指标。其计算公式为:

$$流动资产周转率 = 营业收入 \div 平均流动资产余额$$

$$平均流动资产余额 = (流动资产期初余额 + 流动资产期末余额) \div 2$$

$$流动资产周转期 = 360 \div 流动资产周转率$$

$$= 平均资产总额 \times 360 \div 营业收入$$

流动资产周转率是反映企业流动资产周转速度的指标。流动资产周转速度快,会相对节约流动资产,等于扩大资产投入,增强企业盈利能力;而延缓周转速度,则会降低企业盈利能力。

例 7.14 根据表 7.9 和表 7.10 的资料,天地公司 2016 年的流动资产周转率为:
$$7\,960 \div [(3\,800 + 4\,160) \div 2] = 2 \text{(次)}$$

流动资产周转期为:
$$360 \div 2 = 180 \text{(天)}$$

从以上计算可以看出,该企业 2016 年流动资产周转率较低,流动资产周转速度较慢,流动资金的利用效率较低。

4. 固定资产周转率

固定资产周转率是指企业一定时期的营业收入与平均固定资产净值的比率。它是反映企业固定资产周转情况,衡量企业固定资产利用效率的一项指标。其计算公式为:

$$固定资产周转率 = 营业收入 \div 平均固定资产净值$$
$$平均固定资产净值 = (期初固定资产净值 + 期末固定资产净值) \div 2$$
$$固定资产周转期 = 360 \div 固定资产周转率$$
$$= 平均固定资产净值 \times 360 \div 营业收入$$

固定资产周转率高,表明固定资产利用充分,同时也表明固定资产投资得当,固定资产结构合理,能够充分发挥效率。运用固定资产周转率时,需要考虑固定资产因计提折旧的影响,其净值在不断地减少以及因更新重置,其净值突然增加的影响。同时,由于折旧方法的不同,可能影响其可比性。故在分析时要剔除这些不可比因素。

一般情况下,固定资产周转率越高,表明企业固定资产利用越充分,同时也能表明企业固定资产投资得当,固定资产结构合理,能够充分发挥效率。反之,如果固定资产周转率不高,则表明固定资产使用效率不高,提供的生产成果不多,企业营运能力不强。

例 7.15 根据表 7.9 和表 7.10 的资料,天地公司 2016 年的固定资产周转率为:
$$7\,960 \div [(2\,100 + 1\,800) \div 2] = 4.08 \text{(次)}$$

固定资产周转期为:
$$360 \div 4.08 = 88.24 \text{(天)}$$

从以上计算可以看出,该企业 2016 年固定资产周转率相对其他资产周转率较高,说明固定资产周转速度较快,固定资产的使用效率相对较高。

5. 总资产周转率

总资产周转率是企业一定时期的营业收入与平均资产总额的比率,它可用来反映企业全部资产的利用效率。其计算公式为:

$$总资产周转率 = 营业收入 \div 平均资产总额$$
$$平均资产总额 = (资产期初余额 + 资产期末余额) \div 2$$
$$总资产周转期 = 360 \div 总资产周转率$$
$$= 平均资产总额 \times 360 \div 营业收入$$

该指标反映总资产的周转速度。该比率是企业营业收入净额与资产总额的比率,它可用来反映企业全部资产的利用效率。比率越高,表明企业全部资产的使用效率越高;比率越低,说明使用效率较低,最终会影响企业的盈利能力,企业应采取各项措施来提高资产的利用程度,如提高销售收入或处理多余的资产。

例7.16 根据表7.9和表7.10的资料,天地公司2016年的总资产周转率为:
$$7\ 960 \div [(6\ 800 + 6\ 910) \div 2] = 1.16(次)$$
总资产周转期为:
$$360 \div 1.16 = 310.34(天)$$
从计算可知该比率较低,说明该企业总资产使用效率较低,应采取相应措施来提高总资产利用效率。

(三)获利能力比率指标分析

企业的获利能力又称为盈利能力,是指企业在一定时期内赚取利润的能力。盈利是企业的重要经营目标,是企业生存和发展的物质基础,它不仅关系到企业所有者利益,也是企业偿还债务的一个重要来源。不论是投资人、债权人还是企业经理人员,都十分重视和关心企业的盈利能力。

反映企业盈利能力的指标很多,通常使用的主要有营业利润率、营业净利率、成本费用利润率、总资产报酬率、总资产净利率和净资产收益率等。上市公司经常使用的获利能力指标还有每股收益和每股净资产等。

1. 总资产报酬率

总资产报酬率是企业一定时期内获得的报酬总额与平均资产总额的比率。它是反映企业综合资产利用效果的指标,也是衡量企业利用债权人和所有者权益总额所取得盈利的重要指标。其计算公式为:
$$总资产报酬率 = (息税前利润 \div 平均资产总额) \times 100\%$$
$$平均资产总额 = (资产期初余额 + 资产期末余额) \div 2$$

例7.17 根据表7.9和表7.10的资料,天地公司2016年的总资产报酬率为:
$$(750 + 100) \div [(6\ 800 + 6\ 910) \div 2] \times 100\% = 12.40\%$$

一般情况下,该指标越高,表明企业的资产利用效益越好,整个企业的盈利能力越强,经营管理水平越高。在分析企业的资产报酬率时,通常要与同行业平均水平和先进水平进行比较,从而可以了解企业的资产利用效率,发现经营管理中存在的问题。企业还可以将该指标与市场资本利率进行比较,如果前者大于后者,则说明企业可以充分利用财务杠杆,适当举债经营,以获得更多的收益。

在评价资产利用效果时,也可以用总资产净利率指标来进行评价,其计算公式为:
$$总资产净利率 = 净利润 \div 平均资产总额 \times 100\%$$

2. 营业利润率

营业利润率是企业营业利润与营业收入的比率,其计算公式为:
$$营业利润率 = (营业利润 \div 营业收入) \times 100\%$$

例7.18 根据表7.10的资料,天地公司2016年的营业利润率为:
$$770 \div 7\ 960 \times 100\% = 9.67\%$$

营业利润率反映每百元营业收入能带来多少利润,表示营业收入的收益水平。企业在增加营业收入的同时,必须相应地获得更多的营业利润,才能使营业利润率保持不变或有所提高。通过分析营业利润率的升降变动,可以促使企业在扩大销售的同时,注意考察营业利润占整个利润总额比重的升降,可以发现企业经营理财状况的稳定性、面临的危险或可能出现的转机迹象。

通常也利用营业净利率,也称销售净利率,来表示营业收入的收益水平,其计算公式为:

$$营业净利率(销售净利率)=净利润÷营业收入×100\%$$

3. 成本费用利润率

成本费用利润率是指企业一定时期的营业利润与成本费用总额的比率。其计算公式为:

$$成本费用利润率=(营业利润÷成本费用)×100\%$$

其中:

$$成本费用总额=营业成本+营业税金及附加+销售费用+管理费用+财务费用$$

例 7.19 根据表 7.10 的资料,天地公司 2016 年的成本费用利润率为:

$$770÷7\ 220×100\%=10.66\%$$

成本费用利润率反映了企业为获得利润而付出的代价。该指标越高,表明企业的成本费用控制得越好,获利能力越强。

4. 净资产收益率

净资产收益率,也称股东权益报酬率,是指企业一定时期的净利润同平均净资产的比率。净资产收益率是评价企业自有资本及其积累获取报酬水平的最具综合性与代表性的指标,又称权益净利率,反映企业资本运营的综合效益。通过对该指标的综合对比分析,可以看出企业获利能力在同行业中所处的地位以及与同类企业的差异水平。其计算公式为:

$$净资产收益率=(净利润÷平均净资产)×100\%$$

其中:

$$平均净资产=(期初所有者权益总额+期末所有者权益总额)÷2$$

例 7.20 根据表 7.9 和表 7.10 的资料,天地公司 2016 年的净资产收益率为:

$$450÷[(3\ 030+3\ 410)÷2]×100\%=13.98\%$$

一般认为,企业净资产收益率越高,企业自有资本获取收益的能力越强,运营效率越好,对企业投资人、债权人的保证程度越高。

5. 盈余现金保障倍数

盈余现金保障倍数是指公司一定时期的经营现金净流量同公司净利润的比率。其计算公式为:

$$盈余现金保障倍数=经营现金净流量÷净利润$$

该指标是从现金流入和流出的动态角度,对公司收益的质量进行评价,由于经营现金净流量的计算建立在收付实现制的基础上,所以能够充分反映公司当期净收益中有多少是有现金保障的,体现了公司当期的质量状况。

例 7.21 根据表 7.10 及例 7.6 的资料,天地公司 2016 年的盈余现金保障倍数为:

$$1\ 500÷450=3.33$$

该指标越大,表明公司经营活动产生的净利润对现金的贡献越大,但如果经营活动现金净流量变动较大,该指标的数值变动也会较大,应根据实际情况进行分析。

6. 每股收益

每股收益,又称每股利润或每股盈余,反映企业普通股股东持有每一股份所能享有的企业利润或承担的企业亏损,主要针对普通股而言。每股收益是税后净利润扣除优先股股利后的余额,除以发行在外的普通股平均股数。其计算公式为:

$$每股收益 = (净利润 - 优先股股利) \div 当期发行在外普通股的平均股数$$

例 7.22 根据表 7.9 和表 7.10 的资料,假定 2015 年天地公司发行在外的普通股平均股数为 3 000 万,2016 年发行在外普通股平均股数为 4 020 万,没有优先股,则天地公司的每股收益为:

2015 年:402÷3 000=0.13(元)
2016 年:450÷4 020=0.11(元)

每股收益是股份公司发行在外的普通股所取得的利润,它可以反映股份公司获利能力大小。每股利润越高,说明股份公司的获利能力越强。

7. 每股股利

每股股利是指上市公司股利总额与期末普通股股数之比,它反映了普通股获得的现金股利的多少。其计算公式为:

$$每股股利 = 股利总额 \div 年末普通股股数$$

公式中的股利总额是指用于分配普通股现金股利的总额。

8. 每股净资产

每股净资产,又称每股账面价值或每股权益,是上市公司净资产(即股东权益)与普通股总数的比值。其计算公式为:

$$每股净资产 = 股东权益总额 \div 当期发行在外普通股平均股数$$

公式中的年末股东权益是指扣除优先股权益后的余额。

例 7.23 根据表 7.9 和表 7.10 的资料,假定 2016 年年末天地公司发行在外的普通股平均股数为 4 020 万股,没有优先股,则天地公司 2016 年年末的每股净资产为:

3 410÷4 020=0.85(元)

每股净资产并没有一个确定的标准,但投资者可以比较分析公司历年的每股净资产的变动趋势,来了解公司的发展趋势和获利能力。

9. 市盈率

市盈率是上市公司普通股每股市价为每股收益的倍数。其计算公式为:

$$市盈率 = 普通股每股市价 \div 普通股每股收益$$

市盈率是反映股份公司获利能力的一个重要财务指标。该比率反映投资人对每元净利润所愿支付的价格,可以用来估计股票的投资报酬和风险。在市价确定的情况下,每股收益越高,市盈率越低,投资风险越小;在每股收益确定的情况下,市价越高,市盈率越高,风险越大。

例 7.24 根据表 7.9 和表 7.10 的资料,假定天地公司普通股的股票价格 2015 年、2016 年分别为每股 2 元和 1.56 元,则天地公司市盈率为:

2015 年:2÷0.13=15.38
2016 年:1.56÷0.11=14.18

根据计算可知,该公司2016年市盈率较2015年有所降低,说明该公司股票的投资风险降低,而投资价值提高。

(四) 企业发展能力比率指标分析

发展能力是企业在生存的基础上,扩大规模、壮大实力的潜在能力。在运用会计报表数据分析企业发展能力时,主要考察的指标有:

1. 销售增长率

销售增长率,又称营业增长率,是企业本年营业收入增长额同上年营业收入总额的比率。其计算公式为:

$$销售增长率 = (本年营业收入增长额 \div 上年营业收入总额) \times 100\%$$

例7.25 根据表7.10的资料,天地公司2016年的销售增长率为:

$$(7\,960 - 6\,950) \div 6\,950 \times 100\% = 14.53\%$$

销售增长率是评价企业成长状况和发展能力的重要指标。它是衡量企业经营状况、市场占有能力、预测企业经营业务拓展趋势的重要标志,也是企业扩张增量和存量资本的重要前提。不断增加的营业收入是企业生存的基础和发展的条件。该指标若大于零,表示企业本年的营业收入有所增长,指标值越高,表明增长速度越快,企业市场前景越好。若该指标小于零,则说明企业或是产品不适销对路、质次价高,或是在售后服务等方面存在问题,产品销售不出去,市场份额萎缩。

2. 资本积累率

资本积累率是指企业本年所有者权益增长额与年初所有者权益的比率,它表示企业当年资本的积累能力,是评价企业发展潜力的重要指标。其计算公式为:

$$资本积累率 = 本年所有者权益增长额 \div 年初所有者权益总额 \times 100\%$$

例7.26 根据表7.9的资料,天地公司2016年的资本积累率为:

$$(3\,410 - 3\,030) \div 3\,030 \times 100\% = 12.54\%$$

该指标反映了企业所有者权益在当年的变动水平,体现了企业资本的积累情况,是企业发展强盛的标志,也是企业扩大再生产的源泉。该指标越高,表明企业的资本积累越多,企业资本的保全性越强,应付风险、持续发展的能力越大。该指标如为负值,表明企业资本受到侵蚀,所有者利益受到损害,应予充分重视。

3. 总资产增长率

总资产增长率是企业本年总资产增长额与年初资产总额的比率,它可以衡量企业本期资产规模的增长情况,评价企业经营规模总量上的扩张程度。其计算公式为:

$$总资产增长率 = (本年总资产增长额 \div 年初资产总额) \times 100\%$$

例7.27 根据表7.9的资料,天地公司2016年的总资产增长率为:

$$(6\,910 - 6\,800) \div 6\,800 \times 100\% = 1.62\%$$

该指标是从企业资产总量扩张方面衡量企业的发展能力,表明企业规模增长水平对企业发展后劲的影响。该指标越高,表明企业一个经营周期内资产经营规模扩张的速度越快。但实际操作时,应注意资产规模扩张的质与量的关系,以及企业的后续发展能力,避免资产盲目扩张。

4. 营业利润增长率

营业利润增长率是企业本年营业利润增长额与上年营业利润总额的比率,反映企业营业利润的增减变动情况。其计算公式为:

营业利润增长率=(本年营业利润增长额÷上年营业利润总额)×100%

例 7.28 根据表 7.10 的资料,天地公司 2016 年的营业利润增长率为:

$$(770-680)÷680×100\%=13.24\%$$

利用该指标,能够反映企业资本积累或资本扩张的历史发展状况,以及企业稳步发展的趋势。一般认为,该指标越高,表明企业所有者权益得到保障程度越大,企业抗风险和持续发展能力越强。

本章小结

财务报告是企业财务状况、经营成果和现金流量的结构性的表述文件。会计报表及其附注称为财务报表,是财务会计报告的核心,它以报表的形式向信息使用者传递会计信息。通过分析财务报表可以使报表使用者了解与企业财务状况、经营成果和现金流量等有关方面的会计信息,为其投资决策服务。本章在介绍了三大主表的结构及编制方法的基础上,重点介绍了财务报告的分析。通过本章的学习,应当了解编制财务报表这一会计核算方法,掌握三大主表的内容、结构和编制方法,明确财务报告对报告使用者的意义和作用,掌握会计报告的分析方法,能够对财务会计报告上的有关数据资料进行分析、比较和研究,从而了解企业的财务状况、经营情况及其绩效,并对企业未来发展趋势作出预测。

复习思考题

1. 简述企业财务报告的分析方法。
2. 什么是财务分析?你认为财务分析应涵盖哪些内容?
3. 简述资产负债率、产权比率和权益乘数有何区别与联系。

实训题

一、单项选择题

1. 应收账款周转率是指( )与应收账款平均余额的比值,它反映了应收账款流动程度的大小。

   A. 营业成本 B. 营业利润
   C. 营业收入 D. 现销收入

2. 下列财务比率,反映营运能力的是( )。

   A. 资产负债率 B. 流动比率
   C. 存货周转率 D. 资产报酬率

3. 某企业流动资产为 10 万元,其中存货 4 万元,流动负债 6 万元,应收账款 1.5 万元,则流动比率为( )。

A. 0.67   B. 0.92
C. 1   D. 1.67

4. 某企业流动资产为 10 万元,其中存货 4 万元,流动负债 6 万元,应收账款 1.5 万元,则速动比率为( )。

A. 0.67   B. 0.92
C. 1   D. 1.67

5. 某企业当年销售收入净额为 150 万元,年初和年末应收账款余额分别为 20 万元和 25 万元,则应收账款周转天数为( )。

A. 6.67 天   B. 7.5 天
C. 6 天   D. 54 天

二、多项选择题

1. 财务分析的内容包括( )。

A. 偿债能力分析
B. 营运能力分析
C. 盈利能力分析
D. 现金流量分析

2. 反映企业偿债能力的指标是( )。

A. 流动比率   B. 资产负债率
C. 存货周转率   D. 销售毛利率

3. 反映流动资产周转情况的指标有( )。

A. 应收账款周转率
B. 应收账款周转天数
C. 流动资产周转率
D. 存货周转天数

4. 存货周转速度快( )。

A. 表明存货管理效率高
B. 会增强企业短期偿债能力
C. 会提高企业的获利能力
D. 会增加存货占用的资金

5. 反映企业盈利能力的指标有( )。

A. 销售毛利率   B. 成本利润率
C. 净资产收益率   D. 总资产周转率

三、业务处理题

【目的】练习财务报表的分析。

【资料】丙公司 2016 年 12 月 31 日资产负债表及 2016 年利润表如下:

资产负债表(简表)

会企01表

编制单位:丙公司　　　　2016年12月31日　　　　单位:元

资产	期末余额	年初余额	负债和所有者权益（或股东权益）	期末余额	年初余额
流动资产：			流动负债：		
货币资金	75 000	50 000	短期借款	314 500	183 250
应收账款	375 000	425 000	应付账款	210 500	100 000
存货	375 000	32 250	流动负债合计	525 000	283 250
流动资产合计	825 000	507 250	长期借款	375 000	300 000
固定资产	825 000	820 000	非流动负债合计	375 000	300 000
			负债合计	900 000	583 250
			所有者权益：		
			实收资本(或股本)	225 000	225 000
			资本公积	272 500	270 000
			盈余公积	129 500	129 000
			未分配利润	123 000	120 000
非流动资产合计	825 000	820 000	所有者权益(或股东权益)合计	750 000	744 000
资产总计	1 650 000	1 327 250	负债和所有者权益（或股东权益）总计	1 650 000	1 327 250

利润表

会企02表

编制单位:丙公司　　　　2016年12月　　　　单位:元

项目	本期金额	上期金额
一、营业收入	1 904 400	
减：营业成本	1 263 600	
营业税金及附加	217 800	
销售费用		
管理费用	50 000	
财务费用	60 000	
资产减值损失		

续表

项　　目	本期金额	上期金额
加：公允价值变动收益（损失以"－"号填列）		
投资收益（损失以"－"号填列）	58 120	
其中：对联营企业和合资企业的投资收益		
二、营业利润（亏损以"－"号填列）	371 120	
加：营业外收入	20 270	
减：营业外支出	15 390	
其中：非流动资产处置净损失		
（净收益以"－"号填列）		
三、利润总额（亏损总额以"－"号填列）	376 000	
减：所得税费用（税率为25%）	9 400	
四、净利润（净亏损以"－"号填列）	282 000	
五、每股收益：		
（一）基本每股收益		
（二）稀释每股收益		

补充资料：假设乙公司2016年经营活动所获现金净流量为300 000元。

【要求】根据以上资料对乙公司的偿债能力、营运能力、盈利能力进行分析评价。

参 考 文 献

[1] 中华人民共和国财政部.企业会计准则2006[M].北京:经济科学出版社,2006.
[2] 中华人民共和国财政部.企业会计准则:应用指南2006[M].北京:中国财政经济出版社,2006.
[3] 中华人民共和国财政部.企业会计准则讲解2008[M].北京:人民出版社,2008.
[4] 财政部会计资格评价中心.中级会计实务[M].北京:经济科学出版社,2010.
[5] 财政部会计资格评价中心.初级会计实务[M].北京:中国财政经济出版社,2010.
[6] 财政部会计资格评价中心.经济法基础[M].北京:经济科学出版社,2010.
[7] 赵鸿雁.中级财务会计[M].合肥:安徽大学出版社,2009.
[8] 杨有红.中级财务会计[M].北京:中央广播电视大学出版社,2008.
[9] 欧阳爱平.中级财国会计导学[M].北京:中央广播电视大学出版社,2010.
[10] 房红霞.会计学实用教程[M].北京:北京交通大学出版社,2010.
[11] 第三届全国会计知识大赛领导小组办公室.第三届全国会计知识大赛辅导讲座[M].大连:大连出版社,2007.
[12] 会计准则研究组.会计准则重点、难点解析[M].大连:大连出版社,2006.
[13] 李端生.基础会计学[M].北京:中国人民大学出版社,2006.
[14] 卢恩平,高岩.财务管理[M].北京:中国电力出版社,2007.
[15] 刘文俊.会计基础[M].北京:经济日报出版社,2006.
[16] 丁增稳.基础会计[M].合肥:合肥工业大学出版社,2005.
[17] 高香林.基础会计[M].北京:高等教育出版社,2007.
[18] 深圳职业技术学院精品课程"实用会计基础"[EB/OL].http://jpkc.szpt.edu.cn/2007/skix/.
[19] 李金茹.新编财务会计[M].北京:电子工业出版社,2008.